重大法学文库

日本文化遗产保护法律制度及中日比较研究

A Comparative Study on the Legal Protection System of the Cultural Heritage in Japan and China

周 超 著

中国社会科学出版社

图书在版编目(CIP)数据

日本文化遗产保护法律制度及中日比较研究 / 周超著. —北京：中国社会科学出版社，2017.5

（重大法学文库）

ISBN 978-7-5161-9946-6

Ⅰ.①日… Ⅱ.①周… Ⅲ.①文化遗产-保护-法律-对比研究-日本、中国 Ⅳ.①D931.321.6②D922.164

中国版本图书馆 CIP 数据核字（2017）第 042059 号

出 版 人	赵剑英
责任编辑	梁剑琴
责任校对	李 莉
责任印制	李寡寡

出　　版	中国社会科学出版社
社　　址	北京鼓楼西大街甲 158 号
邮　　编	100720
网　　址	http：//www.csspw.cn
发 行 部	010-84083685
门 市 部	010-84029450
经　　销	新华书店及其他书店

印刷装订	北京市兴怀印刷厂
版　　次	2017 年 5 月第 1 版
印　　次	2017 年 5 月第 1 次印刷

开　　本	710×1000　1/16
印　　张	19.25
插　　页	2
字　　数	326 千字
定　　价	78.00 元

凡购买中国社会科学出版社图书，如有质量问题请与本社营销中心联系调换
电话：010-84083683
版权所有　侵权必究

《重大法学文库》编委会

顾　　问：陈德敏　陈忠林
主　　任：黄锡生
副 主 任：张　舫
成　　员：黄锡生　刘西蓉　秦　鹏　张　舫
　　　　　王本存　程燎原　陈伯礼　胡光志
　　　　　曾文革　齐爱民　宋宗宇　杨春平
　　　　　张晓蓓　焦艳鹏　张　燕

出版寄语

《重大法学文库》是在重庆大学法学院恢复成立十周年之际隆重面世的，首批于2012年6月推出了10部著作，约请重庆大学出版社编辑发行。2015年6月在追思纪念重庆大学法学院创建七十年时推出了第二批12部著作，约请法律出版社编辑发行。本次为第三批，推出了20本著作，约请中国社会科学出版社编辑发行。作为改革开放以来重庆大学法学教学及学科建设的亲历者，我应邀结合本丛书一、二批的作序感言，在此寄语表达对第三批丛书出版的祝贺和期许之意。

随着本套丛书的逐本翻开，蕴于文字中的法学研究思想花蕾徐徐展现在我们面前。它是近年来重庆大学法学学者治学的心血与奉献的累累成果之一。或许学界的评价会智者见智，但对我们而言，仍是辛勤劳作、潜心探求的学术结晶，依然值得珍视。

掩卷回眸，再次审视重大法学学科发展与水平提升的历程，油然而生的依然是"映日荷花别样红"的浓浓感怀。

1945年抗日战争刚胜利之际，当时的国立重庆大学即成立了法学院。新中国成立之后的1952年院系调整期间，重庆大学法学院教师服从调配，成为创建西南政法学院的骨干师资力量。其后的40余年时间内，重庆大学法学专业和师资几乎为空白。

在1976年结束"文化大革命"并经过拨乱反正，国家进入了以经济建设为中心的改革开放新时期，我校于1983年在经济管理学科中首先开设了"经济法"课程，这成为我校法学学科的新发端。

1995年，经学校筹备申请并获得教育部批准，重庆大学正式开设了经济法学本科专业并开始招生；1998年教育部新颁布的专业目录将多个部门法学专业统一为"法学"本科专业名称至今。

1999年我校即申报"环境与资源保护法学"硕士点，并于2001年获准设立并招生；这是我校历史上第一个可以培养硕士的法学学科。

值得特别强调的是，在校领导班子正确决策和法学界同仁大力支持下，经过校内法学专业教师们近三年的筹备，重庆大学于2002年6月16日恢复成立了法学院，并提出了立足校情求实开拓的近中期办院目标和发展规划。这为重庆大学法学学科奠定了坚实根基和发展土壤，具有我校法学学科建设的里程碑意义。

2005年，我校适应国家经济社会发展与生态文明建设的需求，积极申报"环境资源与保护法学"博士学位授权点，成功获得国务院学位委员会批准。为此成就了如下第一：西部十二个省区市中当批次唯一申报成功的法学博士点；西部十二个省区市中第一个环境资源法博士学科；重庆大学博士学科中首次有了法学门类。

正是有以上的学术积淀和基础，随着重庆大学"985工程"建设的推进，2010年我校获准设立法学一级学科博士点，除已设立的环境与资源保护法学二级学科外，随即逐步开始在法学理论、宪法与行政法学、刑法学、民商法学、经济法学、国际法学、刑事诉讼法学、知识产权法学、法律史学等二级学科领域持续培养博士研究生。

抚今追昔，近二十年来，重庆大学法学学者心无旁骛地潜心教书育人，脚踏实地地钻研探索、团结互助、艰辛创业的桩桩场景和教学科研的累累硕果，仍然历历在目。它正孕育形成重大法学人的治学精神与求学风气，鼓舞和感召着一代又一代莘莘学子坚定地向前跋涉，去创造更多的闪光业绩。

眺望未来，重庆大学法学学者正在中国全面推进依法治国的时代使命召唤下，投身其中，锐意改革，持续创新，用智慧和汗水谱写努力创建一流法学学科、一流法学院的辉煌乐章，为培养高素质法律法学人才，建设社会主义法治国家继续踏实奋斗和奉献。

随着岁月流逝，本套丛书的幽幽书香会逐渐淡去，但是它承载的重庆大学法学学者的思想结晶会持续发光、完善和拓展开去，化作中国法学前进路上又一轮坚固的铺路石。

陈德敏

2017年4月

目　录

导言　文化遗产在现代社会 …………………………………………… (1)

第一章　日本文化遗产保护的基本理论问题 ………………………… (7)
　第一节　日本对文化遗产的法律界定 ……………………………… (7)
　　一　"文化财"与"文化遗产" ………………………………… (8)
　　二　日本文化遗产的法律定义 ………………………………… (9)
　第二节　日本文化遗产的分类 ……………………………………… (11)
　　一　《文化遗产保护法》中的文化遗产类型 ………………… (11)
　　二　《文化遗产保护法》之外的文化遗产 …………………… (18)
　第三节　日本文化遗产的分级 ……………………………………… (22)
　　一　文化遗产分级的含义 ……………………………………… (22)
　　二　依据价值和重要性的文化遗产分级 ……………………… (23)

第二章　战前日本文化遗产保护的立法变迁 ………………………… (26)
　第一节　《古器旧物保存法》与全国宝物临时调查 …………… (26)
　　一　《古器旧物保存法》的制定与实施 ……………………… (27)
　　二　全国宝物临时调查局的组建与调查 ……………………… (29)
　第二节　从《古社寺保存法》到《国宝保存法》 ……………… (31)
　　一　古社寺保存运动与《古社寺保存法》的制定 …………… (31)
　　二　《国宝保存法》对《古社寺保存法》的继承与发展 …… (34)
　第三节　《史迹名胜天然纪念物保存法》与《重要美术品
　　　　　保存法》 ……………………………………………… (36)

一　《史迹名胜天然纪念物保存法》的出台及其内容 ……… (37)
　　二　《重要美术品保存法》的制定及其内容 ………………… (38)

第三章　日本《文化遗产保护法》的出台及历次修订 ……… (40)
　第一节　《文化遗产保护法》的立法背景 …………………………… (40)
　　一　战时的临时保护措施与战后的紧急调查 ………………… (40)
　　二　《文化财保护法（草案）》 ……………………………………… (43)
　第二节　《文化遗产保护法》的立法目的及主要内容 ……… (45)
　　一　《文化遗产保护法》的立法目的 ………………………… (46)
　　二　现行《文化遗产保护法》的内容概要 …………………… (46)
　第三节　《文化遗产保护法》的重大修订 ………………………… (48)
　　一　1954年修订：创设无形文化遗产指定和选择记录制度 …… (49)
　　二　1968年修订：设立文化厅和新建文化遗产保护审议会 …… (50)
　　三　1975年修订：创设传统建造物群保存地区和文化遗产
　　　　保存技术制度 …………………………………………… (50)
　　四　1996年修订：创设文化遗产登录制度 …………………… (51)
　　五　2004年修订：创设文化景观保护制度 …………………… (52)
　　六　《文化遗产保护法》几经变迁的基本脉络 ………………… (54)

第四章　日本文化遗产保护的基本法律制度 ………………… (56)
　第一节　文化遗产的指定制度 ……………………………………… (56)
　　一　文化遗产的指定基准与指定程序 ………………………… (57)
　　二　指定程序的准用 …………………………………………… (59)
　　三　各类型文化遗产的指定件数 ……………………………… (59)
　第二节　无形文化遗产保持者与保持团体的认定制度 ……… (69)
　　一　个人认定 …………………………………………………… (70)
　　二　综合认定 …………………………………………………… (71)
　　三　保持团体认定 ……………………………………………… (72)
　第三节　文化遗产的选定制度 ……………………………………… (73)
　　一　重要传统建造物群保存地区的选定 ……………………… (74)
　　二　重要文化景观的选定 ……………………………………… (77)
　　三　文化遗产之"保存技术"的选定 …………………………… (78)

目录

第四节　文化遗产的登录制度 ………………………………（79）
　一　文化遗产登录制度的特点 ……………………………（80）
　二　文化遗产的登录基准与登录程序 ……………………（81）
第五节　文化遗产的选择记录制度 …………………………（82）
　一　"应该采取记录等措施"的无形文化遗产 …………（83）
　二　"有必要予以记录"的无形民俗文化遗产 …………（83）

第五章　日本文化遗产保护的举国体制 ……………………（85）
第一节　文化遗产相关各方的责任和义务 …………………（85）
　一　国家的主要责任与义务 ………………………………（85）
　二　地方公共团体（地方政府）的责任和义务 …………（90）
　三　文化遗产的所有者、占有者等的责任与义务 ………（95）
　四　一般国民的责任和义务 ………………………………（95）
第二节　保存、保护和活用、利用文化遗产的措施与案例 …（96）
　一　保存、保护的具体措施 ………………………………（97）
　二　活用、利用的具体措施 ………………………………（97）
　三　保护和利用文化遗产的典型案例 ……………………（98）
第三节　文化遗产保护的国际交流 …………………………（103）
　一　日本的世界遗产 ………………………………………（103）
　二　围绕文化遗产保护的国际合作 ………………………（104）

第六章　中国文化遗产保护法制体系的形成与发展 ………（108）
第一节　立法变迁：从《文物保护法》到《传统工艺美术保护
　　　　条例》 ……………………………………………（108）
　一　《文物保护法》的制定与实施 ………………………（109）
　二　中国工艺美术大师与《传统工艺美术保护条例》 …（110）
第二节　《非物质文化遗产法》的出台背景与立法进程 ……（112）
　一　《非物质文化遗产法》的出台背景 …………………（112）
　二　《非物质文化遗产法》的制定过程 …………………（114）
第三节　《非物质文化遗产法》的要点及其建构的法律制度 …（116）
　一　立法宗旨及保护对象 …………………………………（116）
　二　国家的保护责任和义务 ………………………………（117）

三　非物质文化遗产的调查制度 ……………………………… (118)
　　四　非物质文化遗产代表作名录制度 …………………………… (119)
　　五　传承人认定制度与全社会参与的传承和传播 …………… (120)
　　六　法律责任制度 ………………………………………………… (122)

第七章　文化遗产保护法制体系的中日比较 …………………… (124)
　第一节　中日两国之间的基本国情差异 ………………………… (124)
　　一　国家意识形态背景的不同 …………………………………… (125)
　　二　文化遗产保护理念上的差异 ………………………………… (126)
　　三　国家民族构成的不同 ………………………………………… (127)
　第二节　立法模式：单行立法与综合性立法 …………………… (129)
　　一　日本从单行立法到综合性立法的转变 ……………………… (130)
　　二　传统立法原则对中国文化遗产保护法律体系的影响 …… (132)
　第三节　原则性规定与法律的可操作性问题 …………………… (133)
　　一　《非物质文化遗产法》分则规定的"总则化" ……………… (134)
　　二　原则性规定与可操作性之间的协调 ………………………… (135)

第八章　非物质文化遗产及传承人认定的中日比较 …………… (139)
　第一节　无形文化遗产、无形民俗文化遗产和非物质文化
　　　　　遗产 ………………………………………………………… (139)
　　一　无形文化遗产与无形民俗文化遗产 ………………………… (140)
　　二　非物质文化遗产及其传承 …………………………………… (141)
　第二节　"人间国宝""工艺美术大师"与非物质文化遗产
　　　　　传承人 ……………………………………………………… (142)
　　一　日本的"人间国宝" …………………………………………… (143)
　　二　中国的"工艺美术大师"与非物质文化遗产传承人 ……… (144)
　第三节　中国二元化传承人认定体系及其制度性缺陷 ……… (149)
　　一　文化遗产现行分类标准的混乱 ……………………………… (149)
　　二　"工艺美术大师"与"传承人"等称号的权威性问题 …… (151)
　　三　二元化认定体系的协调问题 ………………………………… (152)
　第四节　中国非物质文化遗产传承人认定制度的改进与完善 … (153)
　　一　整合文化遗产的分类标准 …………………………………… (153)

二　确立一元化的传承人认定体系 …………………………… (154)

第九章　日本对文化景观的法律保护及其对中国的启示 ………… (157)
第一节　文化景观：外来的与本土的概念 ……………………… (157)
　　一　《保护世界遗产公约》中的"文化景观" ……………… (157)
　　二　《文化遗产保护法》中的"文化景观" ………………… (160)
　　三　《景观法》中的"良好景观" …………………………… (161)
第二节　从名胜、良好景观到文化景观 ………………………… (163)
　　一　日本文化景观保护制度的酝酿阶段 ……………………… (163)
　　二　从名胜到古都历史风貌：文化景观保护制度的形成 …… (165)
　　三　日本文化景观保护法制的统一化阶段 …………………… (166)
第三节　日本重要文化景观选定制度的基本内容 ……………… (167)
　　一　重要文化景观的选定申请与选定程序 …………………… (168)
　　二　相关主体的权利、义务与国家财税优惠措施 …………… (169)
　　三　法律责任制度 ……………………………………………… (170)
第四节　他山之石：对中国文化景观保护制度的启示 ………… (171)
　　一　明确文化景观在现有法律体系中的地位 ………………… (171)
　　二　明确文化景观保护的行政责任主体 ……………………… (172)
　　三　利用公益诉讼强化对文化景观的保护 …………………… (173)

第十章　日本的"庙会法"及其对中国的启示 …………………… (175)
第一节　日本"庙会法"诞生的时代背景 ……………………… (176)
　　一　经济高速成长与农村"过疏化" ………………………… (177)
　　二　"过疏五法" ……………………………………………… (177)
　　三　国民的生活方式变迁 ……………………………………… (179)
第二节　"庙会法"的立法宗旨和基本内容 …………………… (180)
　　一　"庙会法"的立法目的 …………………………………… (181)
　　二　"庙会法"涉及的几个核心概念 ………………………… (181)
　　三　基本方针和基本计划的制定与施行 ……………………… (183)
　　四　国家援助及财政金融政策的倾斜 ………………………… (184)
　　五　"庙会法"的实施现状 …………………………………… (184)
第三节　日本"庙会法"对中国的启示 ………………………… (187)

  一 庙会与中国社会 …………………………………………（187）
  二 庙会与非物质文化遗产的传承及合理利用 ……………（188）

结语 ……………………………………………………………（191）

参考文献 ………………………………………………………（196）

附录1 文化遗产保护法 ……………………………………（206）

附录2 关于利用地域传统艺能等资源、实施各种活动以振兴观光
    产业及特定地域工商业之法律（简称"庙会法"） ………（285）

后记 ……………………………………………………………（295）

导　言

文化遗产在现代社会

　　文化遗产及其保护和利用是近些年来国内外学术界的热门话题。在当代中国，这样的话题尤其反映了现时代的特征。中国在改革开放的大背景下，经济持续高速发展，社会急剧转型变迁，人民生活正在逐步地从实现温饱向小康状态迈进；而与此同时，全球化的浪潮也扑面而来，特别是国际互联网等新的传媒和信息技术带来的高科技革命，日甚一日地改变着世界和中国的文化格局。凡此种种，均不同程度地导致了中国曾经的传统生活方式日渐式微。如何才能够在全球化的发展趋势中保持中国文化的主体性？为什么在现代化的进程中，我们需要重新自觉认识到传统文化遗产的价值？文化遗产能够为现代中国提供什么样的意义？以及如何才能够通过文化遗产的保护和利用而提升人民的幸福感和国家的软实力？等等。当前的中国，从政府到民间、从知识界到一般的社会公众，均对与文化遗产相关的问题高度关注，这可以说是中国作为一个现代社会对于全球化背景下中国文化究竟该如何自持、自存和发展之类重大问题的颇为自然的反应。

　　一个现代国家、现代社会，很自然地应该善待自己的人民所创造的各种文化，很自然地应该重视那些历经冲击、如今已经是如数家珍的文化遗产。但是，中国在这方面却走了很大的弯路。长达一个世纪之久对于传统文化的嫌弃，甚或"革命"和扫荡、破除，已经使得中国这个有着五千年文明史的国度留给现代的文化遗产大幅度地减少，其凋零的状况以至于常被人们用文化的"危机"来形容。所以，全面、彻底地拨乱反正，使中国成为一个珍视文化遗产的正常的现代国家、现代社会，才终于因为中国政府、知识界和社会公众的"文化自觉"而渐渐地明确了这个大的发展方向。

现代社会是无数文化新创意自由发挥、喷涌而出的社会。传统文化似乎会受到各种挤压，遭到轻视和冷遇，但其实不然，各种形态的传统文化，包括文化遗产形态的传统文化，依然在现代社会有它顽强的生命力，依然有它能够为民众、为社区、为国家、为社会，乃至于为全人类提供的基本价值。在现代社会，传统文化依然能够成为那些文化新创意的源泉和基础，这也是为什么现代社会需要保护文化遗产的理由之一。在日本和中国这样的现代国家、现代社会，已经有无数的例子可以说明这一点，因此，保护文化遗产正是为了利用文化遗产，为了新的文化创造。文化遗产作为过往历史上民众智慧的结晶，依然能够被活用于我们当下的生活，用于丰富民众的人生意义和民众的文化创造力。

现代社会是充满"乡愁"和怀旧情感需求的社会，这在世界各国概无例外。伴随着社会的巨变和时光的流逝，人们的自我认同在很多时候，往往需要凭借那些古旧的文物、斑驳的老建筑，还有那些传统的仪式或风俗来表象、来体现。人们需要消费传统文化，需要把传统文化升格为附加了多种价值的"遗产"，需要借由对文化遗产的认定和消费，来克服"无根"的漂泊感。

现代社会同时也是市场经济和大众文化日益渗透的社会，市场经济的原理和大众文化的逻辑，也难免会或多或少地影响对于文化遗产的保护和利用。例如，将文化遗产视为可以开发的"资源"，突出地强调文化遗产在经济效益方面的利用价值，或极具功利性地对文化遗产过度"开发"，在当前中国社会这些常见的实践往往以失败而告终。另一个极端则是试图把文化遗产"化石化"或"博物馆化"，将其视为固定不变的传统，将其与社会生活和其他文化形态相互割裂开来，片面地强调其承载传统的意义，从而无法为它在现代社会的存续、传承和可持续发展提供依据和可能性。如此这般，对于文化遗产的保护和利用也就难以落在实处，而很容易沦为一句空话。现代社会的人们，经常性地会在上述问题上摇摆不定，左右为难，感到无所适从。这种情形在相当程度上恰好反映了现代社会在文化问题上所面临的"传统与现代"的认知困境。但是，我们的邻国日本通过多年切实的保护和积极地利用文化遗产的多种实践，可以说提供了超越上述困境的范例，其经验主要就是采用法律手段协调和规范现代社会里人们对文化遗产的保护与利用之间的关系问题，而这同时也是当今国际社会最为普遍的做法。对于文化遗产，不是为了保护而保护，而是为了利用而保护；利用是为了更好地保护文化遗产，并延展其在现代社会中进一步发展的空间。

现代国家、现代社会必是法制的国家和法治的社会。在文化遗产的保护和利用方面，无论是先行几步的日本，还是虽然曾经一度落伍，但正在急起直追的中国，通过立法的手段来确保各自文化遗产不受或少受来自现代化、全球化或经济开发与社会变迁的过度侵蚀，通过依法行政来建设一个能够使文化遗产得到切实保护和方便利用的社会人文环境，已经成为被实践所证明过的有效经验。文化遗产立法和文化遗产行政更多的是针对政府而言的，无论是日本的《文化遗产保护法》，还是中国的《文物保护法》和《非物质文化遗产法》，它们主要都是要规范政府及相关文化行政部门的行为。现代社会的各种法律，均无非是要调整和规范现代社会里人与环境、人与社会、人与国家、人与文化、人与人之间的各种关系，其中关于文化遗产的立法，就是要规范和调整人与文化遗产的关系。为了现代社会里最广大民众的幸福和利益，法律要求政府为保护文化遗产作出各种努力，尤其是要防止政府在文化遗产问题上的不作为或乱作为；法律不仅要求政府采取各种法定措施对不同类型的文化遗产开展具体的保护工作，同时也要求全社会均不断提高文化遗产保护和利用的意识，从而保持一个平稳祥和的社会文化环境，使得人们的文化生活如鱼得水。以中国的例子来说，过热的经济开发很可能会带来对文化遗产的破坏，但因为有了相关的法律法规，政府就应该依法推行文化遗产行政，从而在发展经济、惠及民生的同时，也能够比较有效地保护好文化遗产。换言之，文化遗产相关法律的落实，将使市场经济的发展不再以文化遗产的流失、损毁为代价，而是有可能获得双赢。

现代社会又是快速发展和瞬息万变的社会。文化遗产在现代社会里所面临的环境也是千变万化的，也因此，旨在推进保护和利用文化遗产的相关法律法规，也就时不时地会面临与时俱进地修订和改进的必要。正是在持续的修法完善的过程中，一个完整、配套的文化遗产保护和利用的法制体系才能够真正形成，从而构成现代法治社会的部分基础。日本文化遗产保护之法制体系的完善进程和中国相关法律法规今后将会面临的修法需求，都已经和还将继续证明这一点。现代社会的法制建设应是持续开放的格局，因此，我们对于先行几步的日本文化遗产保护之法制体系的建构实践进行深入的研究，当然可以作为中国今后完善自己的相关法制建设的借鉴与参考。

现代社会也是民主和平权的社会。通过法律来保护文化遗产，在很大程度上，也就意味着对于承载着这些文化遗产的个人、团体、族群和社区的文化权利的极大尊重。中国的绝大多数文化遗产，均产生于基层的城乡社区，也大都是由普通的民众所创造的，因此，最好的方式就是把文化遗产保护在基层社区。涉及文化遗产保护和利用的相关法律，体现了对于文化遗产所产生和存续的社区、地域之实践积极性的重视和鼓励；在确认文化遗产对于国家或全社会所具有意义的同时，也突出地强调其对于基层社区居民们的价值和意义。也因此，依托社区民众的力量和热情，平等地尊重其作为文化遗产之传承人和所有者的文化表现力、创造力及其他们对于文化遗产的各种基本权利，努力使文化遗产的保护和利用能够造福于当地的社区和地域，这可以说是依法从事文化遗产行政的基本课题。

长期以来，本书著者坚持从事日本《文化遗产保护法》及其经由该法和其他相关法律法规的配套而形成的日本文化遗产保护之法制体系的研究，就是想审视日本在全面实现其国家现代化的同时，究竟是如何通过保护其民族文化遗产来解决传统文化与现代社会的关系问题的。日本在东亚各国中率先实现了全面、彻底的现代化，但其传统文化却又相对地保存完好，并在文化遗产的保护与利用方面走在了世界的前列。日本政府通过立法和颇为严密的文化遗产行政，成功地建构了一系列旨在重点保护和促进积极利用文化遗产的制度。这个经验对于中国等稍晚实现现代化同时又面临这"传统与现代"之类问题困扰的国家而言，显然具有一定的启示性。

本书试图全面地概述日本文化遗产保护的基本理念、其法律对文化遗产的定义及其文化遗产的分类、分级体系（第一章）；系统地追溯和梳理日本文化遗产保护法制体系的逐步形成和发展进程，揭示其从单行立法发展到综合立法的立法变迁轨迹，并确认其法制几经变迁的基本脉络和走向（第二章、第三章）；深入地解说日本文化遗产保护法制体系的主要内容和特点，包括其针对不同文化遗产的类别和级别所分别设计的"指定""认定""选定""登录""选择记录"等各具特色而又颇为严密的制度（第四章）；在列举诸多个例说明现代日本社会保护和利用其文化遗产的种种具体方法和措施的基础之上，进一步揭示其文化遗产保护和利用的"举国体制"是如何形成的（第五章）。应该说，日本政府坚持文化遗产是全体国民珍贵的文化财产这一理念，通过法律去规范与文化遗产有关的当事各方，包括中央政府、地方公共团体（地方政府）、文化遗产所有者和管理者，以及一般国民的权利、责任和义务，从而促成了文化遗产保护的"举国体制"，可能是最值得中国借鉴的经验。

为了进一步开展文化遗产保护之法制体系的中日比较研究，本书还概要地论述了中国文化遗产保护之法制体系漫长而又曲折的形成与发展历程，尤其是《非物质文化遗产法》的出台所具有的历史意义，同时也归纳了《非物质文化遗产法》的要点和中国经由该法所确立的保护制度（第六章）；以此为基础，再通过对中日两国的文化遗产保护法制体系进行较为系统的比较分析，分别从立法形式、可操作性、相关理念和基本国情的区别等角度，探讨了两国各自文化遗产保护之法制体系的特点；从而为中国今后必要的修法提出了问题（第七章）。接着，又对两国的非物质文化遗产及其传承人的认定制度进行了详尽的比较研究，相继就基本概念的异同、传承人制度各自的特点等展开分析，最终指出了中国的非物质文化遗产传承人认定制度存在二元认定的制度性缺陷，由此也为今后如何才能够进一步完善这一制度提示了方向（第八章）。中国和日本虽然都有了文化遗产保护的基本大法，但各自又均有与其他法律、法规相互协调、配套的问题，相比之下，中国在这方面的困扰更大。接下来，本书对日本关于文化景观之法律保护的经验进行了归纳，重点突出了日本《文化遗产保护法》与其所谓"景观绿色三法"的配套和协调，同时指出了其文化景观保护制度对于中国所可能带来的启示（第九章）。最后，围绕着文化遗产的"合理利用"，本书介绍了日本的"庙会法"，包括其立法的时代背景、立法的宗旨和基本内容，以及立法带来的效果等，认为日本通过此法促进国内利用各种地域文化遗产的经验，也很值得中国研究和借鉴（第十章）。

现代国家、现代社会的法制建设是持续开放的。中国有关文化遗产保护和利用的法制建设，除了借鉴和汲取联合国教科文组织致力于推动的相关国际法之外，还应努力借鉴和汲取日本和欧美等文化遗产保护和利用之先进国家的立法及其文化遗产行政的各种经验。"他山之石，可以攻玉"，本书的主要研究对象虽然是日本文化遗产保护和利用的法制体系，但通过对中日两国之相关理念、具体的法律法规和保护制度等的比较法学研究，目的却是为中国涉及文化遗产之保护和利用的法制建设、为了中国当前的文化遗产保护工作和相关的学术研究提供一些或许具有建设性的参考性意见。

第一章

日本文化遗产保护的基本理论问题

对于"文化遗产"的保护及其利用问题，长期以来，始终是世界各现代国家均面临的基本课题，也是当下国内学术界的热门话题。在有关文化遗产的学术讨论中，经常困扰我们的是不同学科背景的学者对于文化遗产的定义和分类往往是各有理解、较难达成共识。这种状况不仅反映了各国对文化遗产的认知差异，同时也反映了各不同国家因文化遗产定位不同而导致的不同国家文化法律政策。对于文化遗产的定义，既有学术界百家争鸣、异彩纷呈的路径，也有通过法律将其予以明确界定的路径。本章主要讨论日本对文化遗产所做的法律定义及其分类与分级等，这些都是文化遗产保护法制的基本理论问题。

第一节 日本对文化遗产的法律界定

日本涉及文化遗产保护和利用的法律，最基本的就是1950年颁布、历经多次修订和补充、现已颇为完善与成熟的《文化遗产保护法》(『文化財保護法』昭和25年法律第214号)，该法可以说是日本有关文化遗产保护和利用的"基本法"，研究日本的文化遗产保护法律制度及其具体的各种保护利用制度，通常都必须以该法为主要依据。

《文化遗产保护法》的立法目的，主要是通过规范文化遗产的保护、利用和管理等事宜，明确文化遗产各相关法律主体的权利和义务，进而切实地保护好文化遗产，促进文化遗产在现当代日本社会中的利用，提高日本国民的文化素质，丰富国民的文化生活。日本《文化遗产保护法》对于文化遗产的定义、分类和分级等，是在其学术界大量的资料调查和长期深入的学术研究的基础之上实现的。尽管人们对其很多具体表述已有相当的共识，但学术界对此类问题的看法也并非完全一致，只是在讨论文化遗产保护及相关问题时，基本上都以《文化遗产保护法》对文化遗产的定义、分类和分级为前提，从而避免了因为理解的不同而在保护实践中可能产生的各种混乱。

一 "文化财"与"文化遗产"

"文化遗产"一词，在日语中被称为"文化财"，蕴含有把文化视为社会的共有"财产""财富"的意思。[①] 有的学者把"文化财"直接引入汉语使用，或将它译为"文物"或将其译为"文化财产"，[②] 但也有学者把"文化财"和"文化遗产"视为两个完全不同的概念。[③] 根据日本《文化遗产保护法》所界定和规范的内容来看，"文化财"一词的内涵颇为丰富，其实是不应该简单地将其对译成汉语的"文物"或"文化财产"。显然，对照"文物"和"文化财"这两个概念，其外延和内涵均有较大的错位，因为"文化财"的范畴要远远超出"文物"的概念。从字面上看，"文化财"一词与"文化财产"似乎更为接近，但"文化财产"在国际法上却有着更为固定的内涵，根据1954年的《武装冲突中文化财产的保护公约》（简称《1954年海牙公约》）[④] 和1970年的《关于采取措施禁止并防止文化财产非法进出口和所有权非法转让公约》（简称《1970年禁止非法进出口以及转让文物公约》）中对"文化财产"的定义，其在内容上与我国《文物法》上的不可移动文物与可移动文物相类似。所以，将日本的"文化财"翻译为"文物"或者"文化财产"都不十分妥帖。在日语文献中，"文化财"主要是属于一个在日本国内适用的本土化的法律术

---

① 根本昭・和田勝彦编著『文化財政策概論：文化遺産保護の新たな展開に向かって』東海大学出版会（2002年）第4页。

② 王军：《日本的文化财保护》，文物出版社1997年版，第1页。

③ 方李莉主编：《从遗产到资源——西部人文资源研究报告》，西北人文资源环境基础数据库课题组，西部人文资源的保护、开发和利用课题组，2006年4月，第457—458页。

④ 此处的《1954年海牙公约》，包括同时通过的《1954年海牙公约附属议定书》（通常也被称为《1954年海牙公约第一议定书》）以及1999年通过的《1954年海牙公约第二议定书》。

语，相对而言，"文化遗产"则是较具通约性的概念。上述两个公约也曾使用过"文化遗产"①一词，在日本，虽然当初日本国会参议院在讨论《文化遗产保护法（草案）》时也曾多次使用过"文化的遗产"一词，②但它终究还是在日本加入了1972年《保护世界文化与自然遗产公约》（以下简称《保护世界遗产公约》）和2003年《保护非物质文化遗产国际公约》（以下简称《保护非物质文化遗产公约》）以后，才在较为晚近逐渐普及开来。考虑到日本在上述国际公约，尤其是在《保护非物质文化遗产公约》制定过程中所发挥的独特作用，以及日本《文化遗产保护法》中一些理念对于公约内容的影响，可以认为"文化财"和"文化遗产"这两个概念之间在日语中的意义、内涵基本上相通，但也有一些微妙的差异，如果要将它们分别都理解为特定的法律用语，那就需要分别依据日本的《文化遗产保护法》和《保护世界遗产公约》里面的定义去详加辨析。在上述诸多复杂的情况下，考虑到日本"文化财"概念的范围存在持续扩大的趋势且出现混用两者的情形③以及"文化遗产"为"文化财"或"文化财产"之上位概念的主张，④同时，也考虑到汉语的用语习惯以及在国际学术交流场景下的具体用例，本书作者倾向于将日语的"文化财"翻译为汉语的"文化遗产"。

二　日本文化遗产的法律定义

根据日本学术界和日本现行《文化遗产保护法》第2条第1款中对于其"文化财"（文化遗产）的定义，它主要是指在日本国家漫长的历史上产生和孕育，并被传承守护至今的全体国民珍贵的文化财产，⑤它被认为是对于理解日本的历史和文化所不可或缺的，同时它还被认为是日本面向未来的文化建设的基础。上述定义的内涵颇为丰富，它至少包含以下三层

---

① 王云霞主编：《文化遗产法教程》，商务印书馆2012年版，第2页。
② 「第五回国会参議院会議記録第31号」『官報・号外』（昭和24年5月23日）第674頁。
③ 根本昭・和田勝彦編著『文化財政策概論：文化遺産保護の新たな展開に向かって』東海大学出版会（2002年）第231—232頁。
④ 河野俊行「文化財の国際保護と国際取引規制」『国際法外交雑誌』第91巻第6号（1992年）。
⑤ 中村賢二郎『わかりやすい文化財保護制度の解説』ぎょうせい（2007年）第1—7頁。

基本意思。

首先，文化遗产（文化财）乃是历史性的，它基本上是指传统文化或传统意义上的文化财产而言，像漫画作品、动画电影、电视剧、卡拉OK、电子游戏、时装、方便面等现代的日本大众文化，通常是不能被视为文化遗产的。文化遗产主要是指形成于过去，但又流传存续至今，其具有现在性，并不完全是"过去时"，只是它们在当下日本社会中已日趋式微，即指那些濒临消亡危机的各种传统的文化形态和文化类型等。

其次，文化遗产还特指在那些得以传承下来的文化中，被认为具有珍贵和普遍性价值的部分，而并非所有过去的和传统的文化形态、文化类型等都是文化遗产。① 也就是说，在文化遗产的概念中已经包含着某种价值判断，即它被认为对于当今或以后日本社会具有历史、艺术、科学以及文化等方面的价值。

最后，这一定义包含着文化遗产乃是全体国民的文化财富，它已经不再单纯地属于某些个人、团体、地方或政府组织所有（至于其在物权法意义上的所有权或财产关系，则另当别论），而是现代日本国民文化的基础或其重要的组成部分。这一点可以说是日本有关文化遗产理论与实践中的一个基本原理。换言之，国家就是要通过文化遗产行政，把文化遗产界说成为日本的"国民文化"，而其整个文化遗产行政也正是在"国民、国家"的意识形态指导下进行的。

日本早期对文化遗产（文化财）的理解，曾经比较偏重其物质性或作为"文物"的意义。例如，日本的《广词源》就把"文化遗产"定义为是随着文化活动而产生的、进而由《文化遗产保护法》的规范所确定的被列入保护范围之内的那些"物品"。因此，过去人们提到文化遗产，通常更多的是联想到古老的神社、寺庙、传统建筑、佛像、书画、壁画、农具、古董等"有形"的文化形态；但是，在历经了不断地发展和扩充之后，现在日本的文化遗产（文化财）概念的内涵已有了极大的丰富，除了包括物质或文物的意义，它还涵盖着艺能、工艺技术等"技能"（绝活）、传统的节庆祭典等"无形"的文化形态，以及经过悠久的历史而存留至今的人文景观、民俗和生活文

---

① 周星：《从传承的角度理解文化遗产》，《中国非物质文化遗产》2005年第9辑。

化等多种文化因素或形态等。①

第二节 日本文化遗产的分类

关于文化遗产的分类，世界各国的法律有着不尽相同的规定。以中国的"文物"这一法律概念为例，根据文物性质的不同，中国的《文物保护法》以及学术界对其有很多不同的称谓，如"不可移动文物""可移动文物""出土文物""馆藏文物""传世文物""流散文物""拣选文物""罚没文物""地下文物""历史文物""民族文物""革命文物""民俗文物"等。② 这一系列概念基本上都是根据中国的国情而在不断发展的文物保护工作的实践中逐渐形成的，虽然使用起来较为方便，但在逻辑上并不十分严密。相比较而言，日本对其文化遗产的分类则相对具有一定逻辑性和合理性，主要是根据现行《文化遗产保护法》中的界定和规范进行的，但它实际上也是经历了一个逐渐完善的过程才形成了体系。③《文化遗产保护法》既有对一般性文化遗产保护的基础性规定，也按照文化遗产的种类分别确立了多层次、多类别的综合性保护制度。

一 《文化遗产保护法》中的文化遗产类型

根据《文化遗产保护法》第2条第1款的规定，日本的文化遗产主要包括以下八大类（见图1-1）：

（一）有形文化遗产

"有形文化遗产"，主要是指那些在日本的历史上具有较高的艺术和历史价值的建造物、绘画、雕刻、工艺制品、书迹、典籍、古文书等"有形"的文化遗产（第1项）。其中"建造物"④之外的有形文化遗产，又

---

① 参见周超《日本法律对"文化遗产"的定义、分类与分级》，《宁夏社会科学》2009年第1期。
② 李晓东：《文物保护法概论》，学苑出版社2003年版，第3—6页。
③ 周星、周超：《日本文化遗产的分类体系及其保护制度》，《文化遗产》2007年创刊号。
④ 日语的"建造物"通常应翻译为"建筑物"，但考虑到日本《文化遗产保护法》中的"建造物"所指内容与汉语"建筑物"本身存在一定差异，为以示区别，多数情况下本书直接使用了日语"建造物"一词。

被总称为"美术工艺品"。至于建造物和美术工艺品的区分标准，最为简明的区分就是前者的体积比较大、位置固定，且不可移动，而后者则是体积较小，且能够随意搬动。据此，中国也有学者将"有形文化遗产"划分为"大型的不可移动文化遗产"和"小型的可移动文化遗产"，前者主要是指传统建筑或建筑群，后者则主要表现为出土文物、工艺美术品等。[①] 此外，在有形文化遗产这一概念中，有时还可包括那些具有考古学价值的考古资料和其他一些具有较高学术价值的历史资料。有形文化遗产中那些被认为重要的，可以经由国家的指定而成为"重要文化遗产"，而在"重要文化遗产"中，那些即便是从世界文化的高度来看也是具有特别高价值的，就会被进一步指定为"国宝"。

　　日本对于其有形文化遗产（尤其是建造物）的保护，大约始于明治时代依据《古社寺保存法》对于重要社寺建筑的指定。由于这些古社寺实际上收藏和保存了很多具有较高艺术价值的有形文物，所以，对古社寺的保护实际上就起到了保护有形文化遗产的作用。据不完全统计，先后被指定为日本"国宝"或"重要文化遗产"的美术工艺品，大约有60%之多是为当时日本全国各地的重要社寺所拥有或保存的。进入昭和时代后，日本国家将有形文化遗产的保护范围逐渐地进一步扩大到城郭、书院、旧宅、民居、西洋式建筑以及所谓"近代化遗产"的指定等方面。根据日本政府文化厅提供的资料，在被指定为"国宝"或"重要文化遗产"的建造物中，属于近代之前的种类，主要有"神社""寺院""城郭""宅第""民居"等；而属于近代以来的种类，则主要有"宗教""住居""学校""文化设施""官公厅舍""商业·业务""产业·交通""土木"等。[②] 大体而言，日本的"有形文化遗产"相当于汉语的"文物"，而其国家指定的"重要文化遗产"和"国宝"，则分别相当于中国的"国家重点文物保护单位"和"国家一级文物"。

　　此外，和上述重要文化遗产及国宝的指定形成互补关系的，是在有形文化遗产中还有一些被认为需要特别予以保存和活用的，则可以通过文化遗产的"登录制度"而成为"登录有形文化遗产"。

---

① 周耀林：《可移动文化遗产保护策略》，北京图书馆出版社2006年版，第23页。
② 相关信息来自日本文化厅官方网站（http://www.bunka.go.jp/seisaku/bunkazai/shokai/shitei.html）。

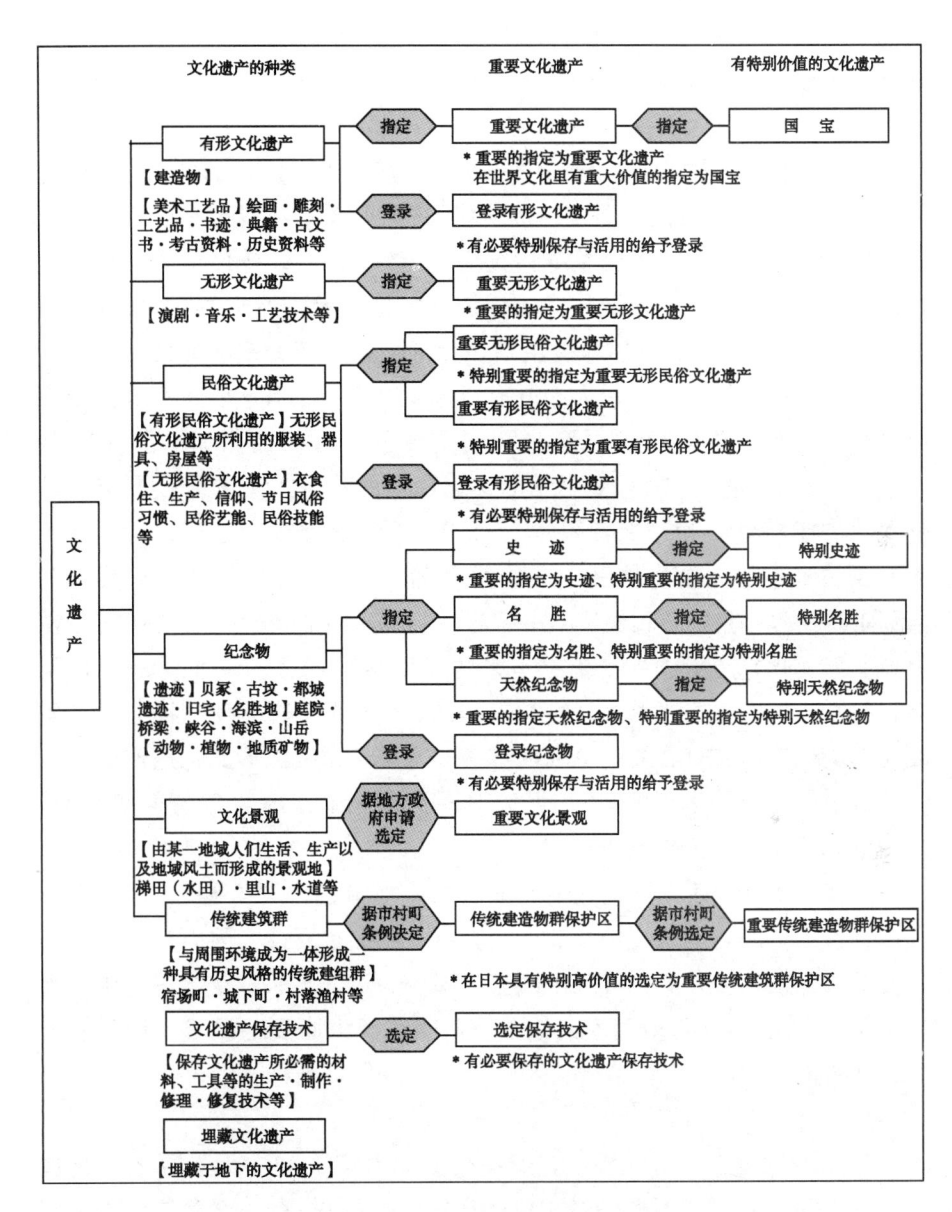

图 1-1 日本文化遗产的保护体系

(资料来源：文化厅官方网站)

(二) 无形文化遗产

"无形文化遗产"，大体上相当于中国近些年常说的"非物质文化遗产"，它主要是指那些在历史和艺术上均有较高价值的传统戏剧（演剧）、音乐、艺能、乐舞、工艺技术等"无形"的文化成果（第2项）。这里所谓的"无形",主要是说其较为缺乏物质形态,或其文化的意义不能完全体现或主要不体现在物化的载体上,换言之,"无形"文化遗产并非完全没有物质的依托。

无形文化遗产这一类文化遗产的要点,在于重视人们的"技能"(绝活)本身,由于"技能"具有"无形"的特点而较难以把握,因此,那些能够具体地"体得"(通过身体记忆)、体现、承载或传承着无形文化遗产的表演者和工艺美术及技术的传统技能持有者,即所谓的"保持者"或"传承人",也就很自然地被包括在无形文化遗产的范畴之内。日本无形文化遗产的保持者或传承人,既有可能是个人,也有可能是个人的集团或者团体。无形文化遗产中那些特别重要的,可以被国家"指定"为"重要无形文化遗产",而重要无形文化遗产的传承人则可以被国家"认定"为"保持者"和"保持团体"。其中,重要无形文化遗产保持者(个人)又被日本的大众媒体和一般国民称为"人间国宝"[①](或可翻译为"活国宝")[②]。但"人间国宝"并不是一个学术性的概念,它是相对于从重要有形文化遗产中进一步指定出来的"国宝"而言的,前者是"物",后者是"人"。"人间国宝"的称谓,非常形象地反映了日本社会对其重要无形文化遗产持有者或传承人的尊敬和喜爱。重要无形文化遗产的保持者即日语所谓的"人间国宝",可以对译为中国国家的"工艺美术大师"或"非物质文化遗产传承人"。

此外,还有一些无形文化遗产虽然未能被指定为"重要",但它对于了解日本的艺能和工艺技术及其变迁具有一定的重要性,因而被认为也有必要予以记录和公开的,可以由国家选择作为"应该采取记录等措施的无形文化遗产",进而再由国家或地方公共团体予以必要的调查、记录和公开,即所谓"记录无形文化遗产"。

(三) 民俗文化遗产

"民俗文化遗产",包括"有形民俗文化遗产"和"无形民俗文化遗产"两大类。所谓"无形民俗文化遗产",主要是指有关衣食住、生计职

---

① 日语"人间国宝"一词中的"人间"有三重意思:首先是指"人""人类";其次是指"人世间""世间";最后是指"人品""人格"等。"人间国宝"所要强调的是:"活着的人"为"国家之宝",因此,可与非物质文化遗产传承人相对应。

② 冯树龙:《日本:"人间国宝"认定制度》,《人民日报》(海外版)2002年12月13日第8版。

业、信仰、年节岁时等方面的风俗习惯、各种传统的民俗艺能（例如，民众在各种年节庆典或祭祀时举行的表演与民俗活动）、民俗技术等（第2项前半段）。所谓"有形民俗文化遗产"，则主要是指用于上述无形民俗文化遗产所规范的各种场景的衣物、器皿、民间生活的各种用具、物件和家屋等设施（第2项后半段）。① 有形民俗文化遗产，大体上相当于中国的"民俗文物"概念。民俗文化遗产被认为体现了日本国民的"生活样式"，它们在理解国民生活方式的变迁方面被认为是不可或缺的。将"民俗文化遗产"在《文化遗产保护法》中予以单列，可以说是日本文化遗产分类体系的重要特点之一。②

对于民俗文化遗产中那些特别重要的，可以由国家分别"指定"为"重要无形民俗文化遗产"和"重要有形民俗文化遗产"。其中"重要有形民俗文化遗产"，可以对译为中国的"民俗文物"或"民俗用品"。除了上述的重要有形民俗文化遗产、重要无形民俗文化遗产之外，民俗文化遗产中那些被认为需要特别予以保存和活用的，也可以通过日本的文化遗产"登录制度"而成为"登录有形民俗文化遗产"。此外，在无形民俗文化遗产中除那些被指定为"重要"的部分之外，还可以由文化厅长官选择一些被认为"需要采取记录等措施的"无形民俗文化遗产，即所谓"记录无形民俗文化遗产"。

（四）纪念物

"纪念物"主要包括"遗迹"（如贝冢、古坟、都城旧址、城堡、宫殿、旧宅等）、"名胜地"（如人文的庭园、桥梁等和自然的溪谷、海滨、山岳等）与"天然纪念物"（如日本特有的动物、植物、地质性矿物等）三大类（第4项）。纪念物中被认为重要的，可以通过国家的"指定"而成为"史迹""名胜""天然纪念物"；而它们中间特别重要的，还可以通过进一步的"指定"而分别成为"特别史迹""特别名胜""特别天然纪念物"。除上述可以"指定"的部分之外，纪念物中那些被认为需要特别予以保存和活用的，还可以通过文化遗产的登录制度成为"登录纪念物"。关于纪念物的价值，日本《文化遗产保护法》所认定是，或者是在

---

① 宫田繁幸「日本における無形文化財の保護」《中日韩非物质文化遗产保护比较暨第三届中国高校文化遗产学学科建设学术研讨会论文集》，中国·广州2011年8月，第77—87页。

② 周星、周超：《日本文化遗产的分类体系及其保护制度》，《文化遗产》2007年创刊号。

历史和学术方面具有较高的认识价值,如"遗迹"等;或者是在艺术及观赏方面具有较高的美学价值,如"名胜地"等;或者是在学术研究方面具有较高科学价值,如一些日本独特的动物、植物和矿物等。

(五) 文化景观

"文化景观"主要是指在不同的地区由于人们的生活或生计、职业以及根植于该地区的"风土"而形成的人文景观,例如,"梯田"(水田)、"里山"(浅山)①、"水渠"(灌溉系统)等(第5项),其在理解日本国民的生活或生计、产业等方面,被认为具有不可或缺的重要性。《文化遗产保护法》把此种文化景观也界定为文化遗产,并要求对其加以保存与活用。文化景观是人类在与自然的调和共生之中孕育产生的,它是各地居民在其日常生活和具体的生业经营当中,利用当地独特的气候和风土环境条件而创造出来的"景观地"。② 文化景观中特别重要的,可以被"选定"为"重要文化景观"。

(六) 传统建造物群

"传统建造物群",主要是指和周围的环境融为一体,并形成历史性风貌的传统建筑物的集合,它被认为具有较高的历史、学术和文化价值,例如,"宿场町"③、城下町④、农村、渔村等(第6项)。在传统建造物群中那些特别重要的,通常是由市、町、村等各级地方自治体(地方政府)按照有关条例划定出"传统建造物群保存地区",其中具有很高的历史或环境、景观方面价值的,则进一步由国家"选定"为"重要传统建造物群保存地区"。

像日本的南方岛屿上被防风林和石墙环绕着的开放性民居,日本海沿岸和东北"豪雪地带"能够承重和便于养蚕、具有巨大的三角形屋顶构造的"合掌造"农家,商业小镇那些有着各种图案的格子窗店铺,还有乡间以茅草苫顶的家屋(如"曲屋")等,所有这些在不同的地域环境与人文风土中孕育出来的生活文化,包括其富于个性的村落和街区,都被认为是应该传递给后代的日本文化。日本学术界认为,其中的每一栋传统的

---

① "里山",主要指环绕村落周围、与人们生活密切相关的山地和森林。
② 根木昭『日本の文化政策——「文化政策学」の構築に向けて』勁草書房(2001年)第173—174頁。
③ "宿场町",主要指以旅馆驿站为中心而发展起来的街区。
④ "城下町",以诸侯居住的城池为中心发展起来的城邑或街区。

建筑物都有自己的个性，而它们作为一个集合体往往也能够彼此调和，便构成为日本文化的"原风景"。

但是，伴随现代化街区的开发与发展，其结果是导致那些可以满足日本人乡愁和怀旧情绪的传统村落及街区迅速消失。针对此种状况，从20世纪60年代后期起，日本全国各地均出现了由当地居民参与的市民团体发动的"传统建造物群"保护运动，接着，一些地方公共团体（地方政府）也开始采取保护措施并取得了很大的成果，并最终促成了《文化财保护法》在1975年修订时增设了"传统建造物群保存地区"制度。[1] 日本在努力保护传统的村落和街区景观的同时，还试图使其适应现代社会，使其继续成为人们生活的舞台并能够传承给后代子孙。

（七）埋藏文化遗产

"埋藏文化遗产"主要是指埋藏在地下的文化遗产（第92条第1款前部）。埋藏文化遗产的概念，大体上相当于中国的"文物"或"地下文物"。通过考古发掘而出土的"出土品"，则相当于中国的"出土文物"。埋藏文化遗产是先民们经营其生活和生产所遗留下来的见证，它不需要经过筛选或指定，即是全体国民的文化遗产。经过大量科学的发掘和研究，埋藏文化遗产可以揭示出各个地域的许多不见于文字记录的历史，因此，它被认为具有不可替代的重要的历史和学术价值。日本全国已知约有44万处遗址，由于其具有不可再生性，故全部为埋藏文化遗产，不存在选择、选定或指定的问题。

关于埋藏文化遗产的出土品，首先必须向当地的警察署长报告，当其可能被判定为文化遗产时，则由警察署长向地方公共团体发出照会，进行鉴别。当判定其为文化遗产但无法判定其所有者时，原则上它应该归属于都、道、府、县。目前，日本全国各地都在致力于公开其发掘调查的成果；文化厅也从1995年起，每年都举办主题为"被发掘的日本列岛"、旨在公开各项重大发掘成果的巡回展览。[2]

（八）文化遗产的保存技术

"文化遗产的保存技术"并不是文化遗产本身，它主要是指保护和维

---

[1] 王军：《日本的文化财保护》，文物出版社1997年版，第85—89页。

[2] 相关信息来自日本文化厅官方网站（http://www.bunka.go.jp/seisaku/bunkazai/shokai/maizo.html）。

修文化遗产所必需的传统技术和技能等（第147条第1款），例如修缮古建筑的工匠所拥有的技能或绝活等，这是文化遗产在"传承"过程中所必须必备的。其中被认为有必要采取措施予以保存的，则由国家"选定"而成为"选定保存技术"。① 选定保存技术予以保护的制度始于1975年对《文化遗产保护法》的修订。选定保存技术的保持者（例如，选定保存技术"畳制作"保持者中村勇三②、选定保存技术"金唐纸制作"保持者上田尚）、保持团体一经"选定"，国家为了保护其技术，就要进行有关的记录和培养传承者的工作。对于文化遗产保存技术的保护，不仅扩大了《文化遗产保护法》的保护对象，也使文化遗产的"自我造血机能"得以加强，还使得文化遗产的"修旧如旧原则"在法律上得到了贯彻。

二 《文化遗产保护法》之外的文化遗产

以上多种类型的文化遗产是日本《文化遗产保护法》中所明确规定的文化遗产的基本分类。但是，受一个大国在开始走向衰退时就会怀念曾经辉煌之情结的影响，加上试图利用废弃的工厂、矿山和老旧产业设备等振兴地域经济的动机，于是，在日本政府主管文化遗产行政的文化厅所定义的"文化遗产保护制度"中，也就有了"近代化遗产"与"近代化产业遗产"这样一些新的规范。

（一）近代化遗产与近代化产业遗产

所谓"近代化遗产"，即"与国家和社会的近代化相关的文化遗产"，它作为文化厅定义的概念之一，主要是指建设于从江户幕府末期至第二次世界大战期间，并对日本的近代化有所贡献的产业、交通及土木工程类建造物。例如，钢铁厂、造船厂、制丝厂等工厂设备，矿山、桥梁、水库、隧道、发电厂、铁道，以及河川设施、港湾设施等建造物等。这些遗产较难为以往的文化遗产概念和分类所涵盖，但近些年却越来越受到重视，因而才开始将其视为一个新的范畴。③

"近代化遗产"这一用语，最早出现在1990年由文化厅主导，由各都、道、府、县教育委员会所开展的全国范围内的"近代化遗产综合调

---

① 文化庁『我が国の文化と文化行政』ぎょうせい（1988年）第423—431頁。
② 文化庁『我が国の文化行政』（平成17年度）文化庁（2005年）第56頁。
③ 東京国立文化財研究所『未来につなぐ人類の技：産業遺産』大河出版（1999年）第26頁。

查"。此次调查的目的,是试图将特别卓越的近代化遗产制定为"重要文化遗产",并予以保护。1993年,文化厅在"重要文化遗产·建造物"的类别中新设了"近代化遗产",并将群马县的碓冰岭铁道设施和秋田县的藤仓水源地的水渠设施指定为"重要文化遗产",此后,经由1996年修改《文化遗产保护法》,通过正式导入文化遗产的登录制度,而强化了对于"近代化遗产"保护。严格来说,"近代化遗产"并不是一种由法律所定义的文化遗产分类,而是《文化遗产保护法》中所谓重要文化遗产(建造物)中的一种独特的子类型而已,因此,对它的规范无法超越《文化遗产保护法》的规定。

与文化厅定义的"近代化遗产"的范畴有所不同,日本政府的经济产业省另有一个"近代化产业遗产"的定义。所谓"近代化产业遗产"(见图1-2),主要是指对日本的产业近代化有所贡献的建造物、设备机械等,它们被认为不仅诉说着曾经发挥过的作用以及前人的努力,而且还传递着丰富而又无形的价值。"近代化产业遗产"是由经济产业省主持组建的"近代化产业遗产活用委员会"来进行选择、由经济产业大臣公布和认定。为了促使在振兴地域社会时利用近代化产业遗产的价值,日本经济产业省分别在2007年11月、2008年2月,公布了两批次共计包含1115件"认定近代化产业遗产"的66处"近代化产业遗产群"。[①] 此种近代化产业遗产的认定制度,虽然是独立于《文化遗产保护法》但却参照了《文化遗产保护法》的认定方法,与前述文化遗产有部分重叠现象,说明"近代化产业遗产"是对日本文化遗产制度的重要补充。

图1-2 "近代化产业遗产"标志

[①] 相关信息来自日本经济产业省官方网站(http://www.meti.go.jp/policy/local_economy/nipponsaikoh/nipponsaikohsangyouisan.html)。

（二）日本遗产

受到《保护世界遗产公约》和《保护非物质文化遗产公约》的影响，主导日本世界遗产申报工作的文化厅，从2015年开始，在日本现有的文化遗产中，又特别指定那些具有地域性特色或历史魅力、能够向世界传达日本文化的传统，以及能够讲述"日本故事"的文化遗产为"日本遗产"（见图1-3）。另行指定"日本遗产"的目的，主要是配合即将召开的2020年东京奥运会，通过整合以及利用那些有形或无形的文化遗产群，更好地向世界讲述日本故事，传达日本魅力，凸显日本文化的软实力，并由此促进地域活性化和振兴地域经济。此处所谓的"日本遗产"，其与"世界遗产"以及日本的"文化遗产"之间最大的区别，就在于它的目标并不是要保护其作为遗产的价值，而是更加重视这些文化遗产在它们所在的地域中是如何被活用的。这在一定意义上，也正是日本政府试图通过地方经济的活性化、振兴国家经济的政策在文化领域的延续。"日本遗产"

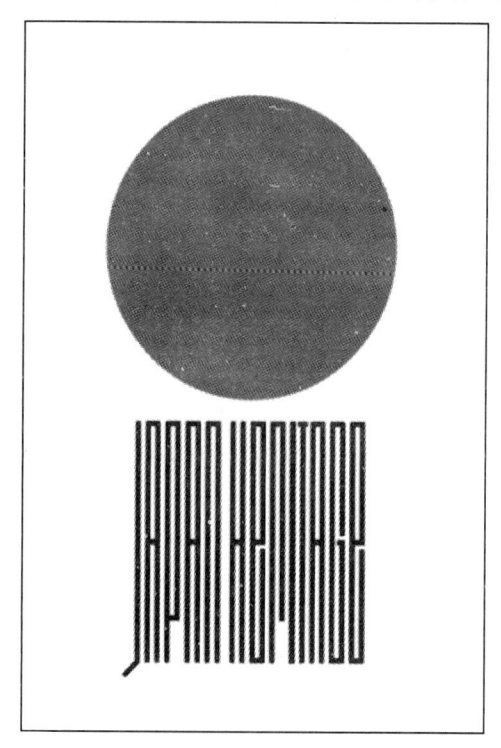

图1-3 "日本遗产"标志

（设计者：佐藤卓）

（资料来源：文化厅官方网站）

的认定,是由市、町、村通过都、道、府、县教育委员会申请。若为联合申报,申请的市、町、村便应该联署;若为同一都、道、府、县的,则可由都、道、府、县直接申请。经过"日本遗产审查委员会"的审查后,由文化厅进行认定。截至 2016 年 4 月 25 日,文化厅共认定"日本遗产"两批,合计共 37 件。①

我们从上述日本法律所界定的文化遗产分类来看,可知日本对于文化遗产的认识和保护范围是颇为全面与系统的。② 日本的《文化遗产保护法》是把所有的文化遗产类型均包含在内,予以统一分类和规范,此种全面性或系统性确实堪称它的一个主要特点。比较而言,中国目前对文化遗产的分类,基本上是分别由不同的政府部门对应的。例如,物质文化遗产(文物和考古)由国家文物局和各省区的文物局、文物管理委员会以及考古研究所等来对应,非物质文化遗产则由文化部和中央艺术研究院来对应,"传统工艺美术"的保护甚至是由国家发改委、工信部来对应的等。换言之,它们尚不属于一个统一、完整的分类体系。在这一点上,或许值得借鉴一点日本式分类的经验。

然而,日本文化遗产的此种分类,仍只是一种"工作分类",即其文化遗产行政所依据的分类,主要是为了其在管理和指导文化遗产保护与应用工作的具体操作层面上使用时方便。显然,它只是一种相对的分类。若是从学术研究的角度看待其分类,可以认为此种分类尚存在以下两方面的问题:一是把文化区分为"有形"和"无形","物质"与"非物质",并不符合文化作为一个整体的特性;这样的分类并不意味着"无形"的文化遗产比"有形"的更重要,也不能据此说文化就可以截然地分为"无形"的部分和"有形"的部分。二是在这个分类体系内部,其分类基准的逻辑关系也存在一些欠缺和混乱,例如,在"有形"和"无形"文化遗产之外设定了"民俗文化遗产",但"民俗文化遗产"内部又有"有形"和"无形"的区分;以及天然的"纪念物"与"名胜"是否适合放在《文化遗产保护法》的框架之内等。③ 显然,日本文化遗产的上述分类

---

① 相关信息来自日本文化厅官方网站(http://www.bunka.go.jp/seisaku/bunkazai/nihon_isan/index.html)。

② 廖明君、周星:《非物质文化遗产保护的日本经验》,《民族艺术》2007 年第 1 期。

③ 椎名慎太郎・稗貫俊文『文化・学術法』ぎょうせい(1986 年)第 2—5 頁。

体系虽然颇为完整，但却并不是一次性事先设计好的，而是在其文化遗产行政的实践与发展过程当中顺应社会变迁，通过反复的法律修订而逐渐地积累起来的，因此，它具有"叠加"或"层积"性的特点。

针对上述问题，如何才能超越文化遗产的现行分类框架，将其作为彼此具有一定关联性的集合体即一个整体来理解，就需要进一步地研究和探讨能够综合性地把握文化遗产的新方法。相比而言，我国目前大力宣传的"口头和非物质文化遗产"，大约相当于日本文化遗产体系中的"无形文化遗产"和"民俗文化遗产"中的"无形民俗文化遗产"这两部分。显然，过于强调某些文化遗产的"口头和非物质"属性，或把文化的"无形"属性看得比其他属性更加重要可能会失之偏颇，并不利于全面理解文化遗产及其价值，自然也不利于对文化遗产进行全面性的保护和利用。以有形民俗文化遗产为例，我们日常生活中的农具、民俗用品、民俗文物和民间手工技艺（传统知识）等，目前尚未引起中国学术界和文化遗产行政主管部门的重视，其原因之一恐怕就在于我国对文化遗产的分类有些缺失，进而这也说明我们对文化遗产的总体认识还不够全面、深入。

第三节 日本文化遗产的分级

在确立了细致的文化遗产分类后，日本法律还就同一类型的文化遗产进行了分级，即采取分级式保护。在1950年的《文化遗产保护法》中，为突出保护重点，日本先是在"有形文化遗产"中区分出了"国宝"和"重要文化遗产"，之后又对史迹、名胜和天然纪念物以及无形文化遗产、民俗文化遗产、文化景观和传统建造物群保存地区等均进行了分级等，加上前述的统一分类，日本逐渐形成了一个颇为全面、系统的文化遗产立体保护体系。[①]

一 文化遗产分级的含义

这里所说的"分级"，大体上有两层含义。

第一层含义，是依据不同的行政级别，按照文化遗产的重要性将其

[①] 文化庁『我が国の文化行政——平成18年度』文化庁（2006年）第33頁。

予以分级。日本国家依据《文化遗产保护法》指定国家级的重要文化遗产、国宝和重要无形文化遗产等；与此同时，不同级别的地方政府（如都、道、府、县或市、町、村）则按照它们各自的地方法规（如各自的《文化遗产保护条例》等），分别指定各自地方的文化遗产名录。[①] 以日本爱知县丰桥市为例，该市拥有国家指定的重要文化遗产19件（处）、重要无形民俗文化遗产1种、纪念物3种、登录文化遗产3种；拥有县指定的有形文化遗产10件（处）、有形民俗文化遗产1种、纪念物6种；同时，丰桥市自己指定的有形文化遗产50件（处）、无形民俗文化遗产2种、纪念物12种等。这大体上与目前我国非物质文化遗产的分级保护制度相同。

第二层含义，则是以《文化遗产保护法》的规定为依据，按照文化遗产的重要性及其历史、艺术或学术价值的高低等，对不同类型的国家级文化遗产给予分级保护。

二 依据价值和重要性的文化遗产分级

对于上述第二层含义的文化遗产分级，日本法律根据不同类型采用了不同的法律概念。

首先，在有形文化遗产中，那些被认为具有重要价值的，由国家"指定"为"重要文化遗产"；再在"重要文化遗产"中，将那些从世界文化的高度来看也是具有特别高的普遍性价值的"指定"为"国宝"。对于这些被指定的"重要文化遗产"和"国宝"必须登记注册。

其次，对于无形文化遗产中特别重要的，经由国家"指定"为"重要无形文化遗产"；而重要无形文化遗产的传承人或传承团体，则被国家"认定"为"保持者"或"保持团体"。其中的"重要无形文化遗产保持者"（即传承人个人）又被日本大众媒体和一般国民称为"人间国宝"（或译为"活国宝"），但"人间国宝"并非法学概念，仅为一种习惯性的称谓，它大体上相当于我国的"工艺美术大师"或"非物质文化遗产传承人"。此外，对于那些未能被指定为"重要"的无形文化遗产，对了解日本传统艺能和工艺技术及其变迁等具有重要意义、有必要予以记录和公

[①] 陶立璠、［日］樱井龙彦编：《非物质文化遗产学论集》，学苑出版社2006年版，第344—354页。

开的，则由国家选择作为"应该采取记录等措施的无形文化遗产"，进而再由国家或地方公共团体（地方政府）予以必要的调查、记录和公开。

再次，对那些特别重要的民俗文化遗产，由国家"指定"为"重要无形民俗文化遗产"和"重要有形民俗文化遗产"。这里的"重要有形民俗文化遗产"，基本上相当于中国的"民俗文物"或"民俗用品"概念。除了上述的重要有形民俗文化遗产、重要无形民俗文化遗产之外，民俗文化遗产中那些虽然未能被指定为"重要"，但又被认为也需要特别予以保存和利用的，则可通过日本的文化遗产"登录制度"而成为"登录有形民俗文化遗产"；而在无形民俗文化遗产中，除上述那些被指定为"重要"的部分之外，还可以再由政府的文化厅长官选择一些被认为"需要采取记录等措施的"，进行必要的调查和进行文字或影像记录等。

复次，对于被认定为"重要"的纪念物，可以通过国家的"指定"而分别成为"史迹""名胜""天然纪念物"；其中具有特别重要价值的，可以通过进一步的"指定"而分别成为"特别史迹""特别名胜""特别天然纪念物"。此外，除了上述可以"指定"的部分之外，纪念物中那些被认为需要特别予以保存和利用的，还可以通过文化遗产的登录制度成为"登录纪念物"。

最后，对于文化景观和传统建造物群等新近设定的文化遗产类别，则由国家"选定"出"重要文化景观"，或者由国家在地方政府划定的"传统建造物群保存地区"中选定出"重要传统建造物群保存地区"。

总之，针对文化遗产的不同类型，日本政府基本上是通过法律所规定的"指定""选定"等多种制度和一套严谨、公开的基本程序，分别确立其中更为重要和更加具有保护价值的"重要文化遗产""国宝""重要无形文化遗产""重要无形民俗文化遗产""重要有形民俗文化遗产""特别史迹""特别名胜""特别天然纪念物"以及"重要文化景观""重要传统建造物群保存地区"和所谓的"选定保存技术"等。[①]

根据《文化遗产保护法》，对于经过了上述法定程序最终得以确定的

---

① 对此这种分级指定、选定等，多数日本学者主张为二级指定、选定等［参见中村賢二郎『わかりやすい文化財保護制度の解説』ぎょうせい（2007 年）第 13 頁］。但实际上自 1954 年创设的选择记录制度，特别是 1996 年创设的登录制度后，可以说《文化遗产保护法》中的文化遗产分级制度就已变为三级。

各种不同类型和不同级别的文化遗产，中央政府和各级地方政府将依法予以重点保护，分别采取各不相同，但又适应它们各自具体情形的方法予以必要的维修和积极地利用。例如，日本国家针对重要有形文化遗产的收藏设施及其防灾设备、修理与维护等给予必要的财政补助；对涉及无形文化遗产的保存、利用和传承等予以必要的资助；对需要给予特殊记录的民俗文化遗产等予以筛选，并由国家组织力量做出有关的记录，或者由国家对地方公共团体（地方政府）进行的调查或记录等予以必要的补助等；对于无形文化遗产传承人（人间国宝）或传承团体等在提高技艺、公开展示其作品和培养后继者上，也予以扶持和补助等。此外，为了实现文化遗产的国有化和公有化，对于有关文化遗产的让渡所涉及的税额予以减免等，也都有非常具体的措施和政策。所有这些行之有效的措施和政策，全部都是建立在法律对于文化遗产所作的界定、分类与分级的基础之上的。

第二章

战前日本文化遗产保护的立法变迁

对于各种类型的文化遗产进行立法保护，这可以说是日本文化遗产保护制度的一个重要特征，但是，这个立法的传统并非一蹴而就，而是日本在迈向现代化的漫长过程中逐渐完成的。现在施行的《文化遗产保护法》是日本在第二次世界大战之后制定的，它的部分具体的保护制度却可以上溯至明治时代初期。对于这些制度的雏形进行一番溯源性的梳理，将帮助我们更加深入地理解和认识日本现行的文化遗产保护的法律制度。因此，本章拟从立法变迁史的角度，追溯日本从明治时代至第二次世界大战后《文化遗产保护法》得以制定之前其文化遗产法律保护制度的发展历程。

第一节 《古器旧物保存法》与全国宝物临时调查

在日本的近代史上，1867年11月10日的"大政奉还"，以及1868年1月3日的《王政复古令》（『王政復古の大号令』）使得幕府体制彻底解体，而明治政府得以确立。尽管国家最高权力的交接相对比较平稳，但处于变革时期的日本社会却比较混乱，出现了新兴华族与江户大名交替执政的局面。因此，很多地方大名需要迁往江户或者往返于江户与自己的领地之间，但由于受到运输手段的限制，不得已便将一些旧家具、祭祀道具和日常用具等或赏赐给旧臣，或出售至海外，甚或直接烧毁，造成了文化遗产的大量流失与损毁。据说，有的烧毁行为只是为了要回收这些家具或祭祀道具上的金粉等，以至于当时曾有"江户城中随处可见烟雾缭绕"之类的记载。政府的开国政策促使当时的社会也慢慢形成了一种"旧弊打破、厌旧竞新"的思潮，随之而来的便是抛弃和毁坏古器旧物的倾向。在这种时代风潮和社会背景下，全国各地的文化遗产特别是以工艺美术品为主的佛教相关物品开始受到较大程度的破坏。

1868年3月28日，明治维新政府颁布了旨在确立神道教为国教的"神佛分离令"（『神仏判然令』明治元年神祇事务局ヨリ諸社へ達第165号），结果却导致出现了严重的"废佛毁释"现象，[①] 使得一些寺院所收藏的佛像以及与佛教有关的古旧文化遗产遭到损毁或严重流失，也因此给日本传统的与佛教相关的主流工艺美术品造成了颇为严重的冲击。[②] 与此同时，幕府末期混乱的货币制度以及国库空虚的状况，使得新诞生的明治政府不仅要以"御用金"之名义向富裕阶层征收一些款项，而且还不得已向国民借款，甚至当时政府的借款证书也开始在市面上交易。[③] 这种情况不仅影响到政府的正常运作，甚至上至皇室下至平民百姓的日常生活都受到不同程度的影响，就连一些古老的社寺也陷入了经营困难，不得不出让所藏宝物，甚至古社寺的珍贵建筑物。例如，奈良兴福寺的五重塔以及其他古建筑就曾经出现在出售清单之中，镰仓大佛也曾经准备以很低的价格出售至海外，大量的天平写经被杂乱地捆成一把把、以5日元一把的价格出现在奈良的古物商店内，[④] 等等。

一 《古器旧物保存法》的制定与实施

针对"废佛毁释"政策所带来的这些严重后果，明治政府很快就意识到了必须对古旧器物"加以保护"的重要性。1871年4月25日，太政官接受了当时外务省与大学[⑤]（文部省的前身）等设立"集古馆"（博物馆的前身）以保护这些损毁或流失的"古器旧物"的建议，并发布通告要求各地政府对古器旧物加以保护。同年5月23日，公布了《古器旧物

[①] ジョン・ブリーン「明治初年の神仏判然令と近代神道の創出」『明治聖徳記念学会紀要』復刊第43号（平成18年11月）。

[②] 枝川明敬「我が国に置ける文化財保護の史的展開——特に、戦前における考察」『文化情報学』第9巻第1号（2006年）。

[③] 富田俊基「明治維新期の財政と国債」『知的資産創造』（2005年1月号）。

[④] 西川杏太郎「福沢諭吉と文化財保護」『慶応義塾大学学術リポジトリ』第17巻（2009年）。

[⑤] 明治4年7月18日，太政官布告第361号布告，废除大学设置文部省。

保存法》(『古器舊物ヲ保全セシム』明治4年太政官布告第251号),该法令"以保证古器旧物在考证古今时势变迁、制度风俗沿革等方面不可缺少的裨益之用、避免因自然的厌旧竟新思潮之影响而造成古旧器物的流失损毁为目的",以祭器、宝石、玉器、石弩雷斧、古镜古铃、铜器、古瓦、乐器、武器、古字画、古典籍经文、匾额、钟钴碑铭拓本、印章、文房诸具、农具、工匠器械、车舆、屋内诸具、布锦、服饰、皮革、货币、金银器、陶瓷器、漆器、度量衡、茶器香具花器、游戏具、人形、古佛像佛具、化石32种古器旧物[①]为保存对象。该项法令的具体实施方法,是要求各府县对其辖区之内的古社寺所拥有或收藏的古器旧物进行造册登记,并将造册登记之内容抄送大藏省及文部省(现保存于东京国立博物馆);采取"就地保护原则",若有必要,可以对古器旧物进行封存,以防止其流失;对同一器物有复数者应在博物馆进行展览,以便民众观瞻;对于社寺之外个人所有或收藏的古器旧物进行调查,若其出售重要古器旧物时,则须照会当地博物馆等。

《古器旧物保存法》是日本最早与文化遗产保护有关的立法措施,[②]它在文化遗产保护之理念的确立,以及制止当时破坏文化遗产的风潮等方面,均具有十分重要的意义。[③] 但就其具体的保护措施而言,却并不十分完备,对于民间个人所有或收藏的古旧器物,并未采取相应的具体措施。在该法令实施的过程当中,尽管对于古社寺所拥有或收藏的古器旧物进行了造册登记,但仍有部分古社寺因为维持修缮的费用紧张而不得不出让自己所有或收藏的古器旧物。例如,1878年,著名的法隆寺就曾将其所藏宝物300多件奉献给日本皇室,从而获得一些金钱赏赐,以维持寺庙运营。[④] 为杜绝这种现象,内务省于1880年(明治13年)5月14日,通过制定"社寺保存内规",在预算中设立了向全国主要的古社寺每年拨付20000日元的"古社寺保存费"(1891年,也就是明治24年以后被称为

---

① 该分类日后成为日本博物馆陈列展品的分类基准。另外,《古器旧物保存法》还规定,这些古器旧物不仅限于日本的,还包括舶来品。

② 秦明夫「我国における文化財保護行政の成立」『埼玉工業大学人間社会学部紀要』第4号(2003年)。

③ 王军:《日本的文化财保护》,文物出版社1997年版,第2—3页。

④ 高田良信『法隆寺の謎を解く』小学館創造選書・小学館(1990年)第167—174頁。

"古社寺保存金")。① 根据"社寺保存内规"的规定，该保存金主要用于补贴社寺修缮再建等现金支出（即"直接维持"）以及修缮时劳动报酬支付、社寺定期祭祀法会的香火费以及大修竣工时的贺礼等（即"间接维持"）。另外，1882年（明治15年）11月7日，内务省通过省令命令各府县将其各自辖区内400年前建造的建造物（包括古社寺）"目录化"并上报内务省，到1884年，内务省基本上就是参照该目录中记载的古社寺清单发放"保存费"的。② 截至1894年的15年间，全日本共有539所古社寺共获得保存金总额为12.1万日元，③ 平均最高为2000日元、最低仅50日元。该保存金制度一直延续至1897年6月《古社寺保存法》（明治30年法律第49号）颁行时为止，但其后期因为预算不足而没有发挥太大的作用。④ 尽管这些保存费现在看来有些微不足道，但在当时也算是一笔不小的补助，即便不足以完全实现某项修缮工程，但其作为补助资金对于古社寺的维持却产生了较为积极的影响。与此同时，其更为深刻的意义是在于国家实施宗教管理的政治性目的。⑤

二 全国宝物临时调查局的组建与调查

明治政府制定的《古器旧物保存法》，不仅要求保护保存古旧器物、

---

① 在古社寺修缮维持费问题上，1880年之前基本上是由古社寺自己解决。根据文献记载，历史悠久的奈良法隆寺曾在1694年（元禄7年）、1842年（天保13年）两次将其收藏的宝物在江户本所的回向院内开龛展出，以筹集荒废寺院的修缮费用。参见泽田むつ代「正倉院所在の法隆寺献納宝物染織品：錦と綾を中心に」（http：//shosoin. kunaicho. go. jp/ja－JP/Bulletin/Pdf? bno＝0363039095）。该方法可能是日本最早对文化遗产采取保护的自救措施，但并非文化遗产保护的国家制度。

② 清水重敦「運営事態から見た古社寺保存金制度の特質：古社寺保存金制度の研究その1」『日本建築学会計画系論文集』第681号（2012年）。

③ 相关信息来自日本文部科学省官方网站（http：//www. mext. go. jp/b_menu/hakusho/html/others/detail/1317734. htm）。关于"保存金"的性质，不同于日本现行的补助金制度，其主要由接受交付保存金的社寺将所接受的保存金累积起来作为"准备金"，利用该准备金的利息来维持社寺的维修等费用的支出。该保存金并不适用于个人所有的古建筑之维修。

④ 山崎幹泰「古社寺保存金制度の成立と終焉：古社寺保存金制度の研究その2」『日本建築学会計画系論文集』第687号（2013年）。

⑤ 山崎幹泰「近代における社寺の『創立再興復旧』制限について」『日本建築学会計画系論文集』第590号（2005年）。

防止毁坏和流失,还要求对全国的损毁及流失情况进行普查。根据保存法的要求,大藏省、文部省分别于1872年3月和5月准备着手调查,但由于种种原因直到1884年文部省才正式开始对全国古代美术作品实施全面普查。大约同时,文部省还委托美国东洋美术史学家、哲学家厄内斯特·费诺罗萨(Ernest Francisco Fenollosa, 1835—1908年)和日本美术史学家、评论家冈仓觉三(天心,1863—1913年)专门对日本社寺所收藏的古代美术品进行调查。由于当时文部省行政职权范围等因素的限制,没能对其他宝物进行普查,于是,在1888年9月,宫内省在1844年成立的旨在收集书籍、书画、古器物的"图书寮"的基础之上,组建了由文部省次官、图书统领(図書頭)九鬼隆一(1852—1931年)男爵负责的"全国宝物临时调查局"。该调查局以古社寺为中心,对全日本现存宝物类文化遗产展开了初步的调查,调查发现在京都、奈良的神社、寺院中保存的很多具有重要价值的宝物出现破损、流失民间甚或海外的现象颇为严重,遂建议政府设立专门的保护设施。1889年,明治政府将位于东京的图书寮附属的博物馆改建为帝国博物馆,后来又相继于1895年、1897年设立了奈良帝国博物馆和京都帝国博物馆。

全国宝物临时调查局通过对全日本的普查,共计调查到文化遗产(宝物)215091件,其中古籍17709件、绘画74731件、雕刻46550件、工艺美术品57436件、字刻18665件。[1] 除了对这些宝物分别进行详细登记之外,还对其中的精品颁发了鉴定证书,注明其相应的价值。此次调查堪称日本有史以来最大规模的文化遗产调查,它为日后文化遗产的分类、登记、制定补助金制度等提供了较为扎实的基础。全国宝物临时调查局撤销之后,对其他文化遗产的调查工作则基本上是由新设立的博物馆负责。当年的调查记录至今仍保存在东京国立博物馆。

此外,1874年和1880年,政府还相继两次就民众如果发现"古坟"时,应该以及如何及时地向政府报告作出了明确规范,包括如果是在私有地里发现古坟也必须报告。这意味着确立了对于古坟发掘的有关规范和随机性发现古坟的报告制。

---

[1] 宮田繁幸「文化財保護制度の変遷と民俗芸能」東京文化財研究所無形文化遺産部第27回夏期学術講座『文化財としての民俗芸能』(2002年)。

第二节 从《古社寺保存法》到《国宝保存法》

在社会急剧变革或政权更迭时期，执政者多会或主动或被动地试图通过法律维护社会持续的稳定，其间有识之士和民间组织对国家的立法活动也总是会发挥重要的推动作用。明治政府通过前述的"全国宝物临时调查"，发现"古器旧物"的损毁和流失与混乱时期古社寺的经营管理不善密切相关，因此，对古社寺进行保护和给予财政支持就成为明治政府文化遗产行政的重要内容。

一 古社寺保存运动与《古社寺保存法》的制定

1894年甲午战争爆发，日本国内的民族主义意识空前膨胀，与此同时，对本国传统文化的重视也逐渐达到了一个新的高度。以此为背景，冈仓觉三、九鬼隆一与建筑史学家伊东忠太（1867—1954年）等人，还有一些社寺关系人士，一起发起了"古社寺保存运动"。在1894年末开始的第八届帝国议会上，由当时的众议院议员竹村藤兵卫（1831—1901年）等三人提出了《关于古社寺保存建议案》，主张国家不要将社寺视为宗教团体，而应该对那些具有"美术"价值的古社寺加以保存；并建议将此前仅20000日元的古社寺保存金提升至20万日元。[①] 在与社寺相关的法律建议案中，该建议案成为当时为数不多的立项法案，[②] 但在1895年3月4日的议会讨论中，该议案遭到多数人的反对，其反对的主要理由是在"日清战争"尚未结束以前，"军国"应该避免不紧急的开支，因此，只是将保存金的金额在原来基础上增加30000日元，即改为50000日元。[③]

1895年年末，在日本第九届帝国议会上，贵族院公爵议员近卫笃麿（1863—1904年）等人提出了《关于组建古社寺保存会的建议案》，建议设立由贵族院议员、内务省官员以及民间有志之士构成的委员会，结合古

---

① 内阁官报局编『帝国議会衆議院議事速記録』（八）東京大学出版会（1979年）第379—380頁。

② 山口輝臣『明治国家と宗教』東京大学出版会（1999年）第219—223頁。

③ 内阁官报局编『帝国議会衆議院議事速記録』（九）東京大学出版会（1979年）第695—699頁。

社寺的调查结果，选择保存金交付的对象、决定古社寺保存计划与保存方法，并提出在财政所允许的范围之内尽可能地对古社寺保存所需费用提供必要的财政补贴。① 该建议案获得通过以后，1896 年 5 月 17 日便在内务省内设置了"古社寺保存会"。1897 年年末，在第十届帝国议会上，贵族院提出了《古社寺保存法案》，但该法案并未明确保存金的具体金额。1897 年 1 月 19 日，在《古社寺保存法案》一读的说明会上，政府委员三崎龟之助（1858—1906 年）主张将保存金的年额确定在 20 万日元以内，在 3 月 9 日二读说明会上，保存金的金额被明确为 15 万—20 万日元。② 经过激烈讨论，该法案最终得以通过并于 6 月 10 日被公布。据说《古社寺保存法》（明治 30 年法律第 49 号）的立法，还参考了当时的欧洲强国如英国和法国的文化遗产保护制度。③

《古社寺保存法》以"古社寺"等古建筑及其收藏之宝物的保存为目的。通过该法，设立了保存金申请制度，即那些因资金困难而无力维系、修缮的古社寺及所收藏之宝物的保管人等，可以就古社寺及宝物的维系或修缮等事宜，向内务大臣提起保存金之申请，内务大臣就其申请应在咨询"古社寺保存会"意见的基础之上，决定是否给予拨款；其中所需咨询费由日本国家承担；且修缮费用的使用等，需要接受地方行政长官的监督（第 1—3 条）。这可以说是此后日本文化遗产保护制度的原型。

该法还建立了"特别保护的建造物或国宝"之资格认定的制度，以及对于那些具有特别重要的历史及艺术价值的古社寺建造物、宝物等，经咨询古社寺保存会之后，可赋予其"特别保护的建造物或国宝"之资格，并在《官报》上公告该结果；一旦获得该项资格之后，任何人都无权擅自处分或扣押该"特别保护的建造物或国宝"（第 4、5 条）；并有在国立、公立博物馆陈列展出之义务，对此可以按照政府规定获得相应的补助金（第 7 条主文、第 8 条）。

该法进一步完善了与文化遗产有关的保存金、补助金等资金管理制

---

① 内阁官报局编『帝国議会貴族院議事速記録』（十）東京大学出版会（1979 年）第 93—96 頁。

② 内阁官报局编『帝国議会貴族院議事速記録』（十二）東京大学出版会（1979 年）第 13—20 頁。

③ 文化財保護委員会編『文化財保護法の歩み』大蔵省印刷局（1960 年）第 135—150 頁。

度，即明确了保存金（包含其利息）的资金管理人为地方行政长官，通过预算发放保存金之后，再通过决算将剩余的保存金返还内务大臣；同时还确定每年国库支出保存金及补助金的总金额为 15 万—20 万日元（第 10、12、16、17 条）。确认特别保护建造物或国宝的管理人，一般就是古社寺的神职或主持，其行为受内务大臣监督；此外，根据具体情况，内务大臣也可以另外指定管理人（第 6 条）。

《古社寺保存法》的另一特点是明确了相应的法律责任。首先，对于盗窃、毁弃、藏匿、用其他物件交换国宝的行为，或违反不得擅自处分、抵押特别保护建造物或国宝之禁止性规定的，处以 2 年以上 5 年以下有期徒刑；对于明知属于国家禁止处分、抵押特别保护建造物或国宝，而受让、租借、取得担保、窝赃销赃的，处以 6 月以上 3 年以下有期徒刑，并处 5 日元以上 50 日元以下罚金（第 13 条）。其次，对于管理者因为怠慢而造成国宝丢失、损毁的，处以 50 日元以上 500 日元以下罚款（第 14 条第 1 款）。最后，对于因展出国宝的管理人故意怠慢而使国宝丢失或损毁的，依照地方法院或检事之命令、根据国库的评价方法承担损害赔偿责任（第 15 条）。

与此同时，立法者还试图通过"准用"的方式将"保存"对象扩大到非古社寺的"名所旧迹"（第 19 条）之上，同时，对于提出展出申请的非古社寺之宝物也给予展出补助金的支持（第 18 条）。但实践中，这些规定基本上未被适用过，而且法律定的保存金在日俄战争期间也降至 8200 余日元，① 之后不久该法便被新法所取代。

为了确保《古社寺保存法》的实施，1897 年年底，明治政府又颁布了《古社寺保存法施行令》（明治 30 年敕令第 446 号）以及《古社寺保存法施行细则》（明治 30 年内务省令第 35 号）。这些法律法规，对于日本当时古社寺的保护搭建了一个体系化的制度，其内容涉及"特别保护的建造物或国宝"的保护、展出、维修、复原等工作的很多具体管理规定和细则。从《古社寺保存法》的实施至它于 1928 年因《国宝保存法》（昭和 4 年法律第 17 号）的施行而被废除，其间日本政府共认定具有"特别保护的建造物或国宝"之资格的建造物 845 件 1081 栋、宝物 3926 件（其中绘画 810 件、雕刻 1884 件、字迹 485 件、工艺作品 393 件、刀剑 352

---

① 文化財保護委員会編『文化財保護法の歩み』大蔵省印刷局（1960 年）第 38—40 頁。

件等）。①

《古社寺保存法》的重要性，并不只是单纯地增加了保存金的金额，而是确立了从古社寺的"美术"性价值来审视和保存古社寺，成功地藏匿了古社寺的宗教性，回避了政治与宗教之间复杂关系的争论。该法明确了国家或政府的责任，亦即应该积极地保存那些拥有保存的价值、收藏或持有具有历史性特征之宝物以及使得作为古建筑的古社寺得以"永续保存"的责任。②

二 《国宝保存法》对《古社寺保存法》的继承与发展

虽然经由《古社寺保存法》所确立的"特别保护的建造物或国宝"之资格认定的制度，与日本现行的国宝、重要文化遗产指定制度等之间存在较大的差异，但还是应该承认它确实为后来的日本文化遗产保护体制奠定了初步的基础。由于《古社寺保存法》对保护对象较为限定，遂使得那些散见于民间的宝物依然流失严重，与此同时，幕府体制下的旧城遗迹及建筑等的破落处境也非常严峻，为了改善这种窘态，昭和政府于1929年3月28日通过了《国宝保存法》（昭和4年法律第17号）取代了《古社寺保存法》。

《国宝保存法》扩大了法律保护文化遗产的对象范围，例如，采用"建造物"之类较为宽泛的概念，以取代旧法中"古社寺"之类的特定概念；与此同时，它还将"古社寺收藏之宝物"的范围扩大至"非古社寺收藏之宝物"。《国宝保存法》将保护对象分为（不可移动的）"建造物"和（可移动的）"宝物"，同时确立了"国宝指定制度"，即由主管大臣通过征询"国宝保存会"的意见，"指定"③ 那些"具有历史之征迹、美术之模范的建造物、宝物等"为"国宝"，并将指定结果在《官报》上公告之，以及通知"国宝"所有人（第1、2条）。值得注意的是，此时的

---

① 宮田繁幸「文化財保護制度の変遷と民俗芸能」東京文化財研究所無形文化遺産部第27回夏期学術講座『文化財としての民俗芸能』（2002年）。
② 西村幸夫「建造物の保存に至る明治前期の文化財保護行政の展開：『歴史的環境』概念の生成史その1」『日本建築学会計画系論文集』第340号（昭和59年6月）第101—110頁註44；山崎幹泰『明治前期社寺行政における「古社寺建造物」の概念の形成過程に関する研究』早稲田大学大学院理工学研究科博士学位論文（2003年）第86—91頁。
③ 这里的"指定"一词最早出现在1919年颁布的《史迹名胜天然纪念物保存法》中。

"国宝指定制度"不仅包括主管大臣的"指定",还包括"指定的撤销"以及指定撤销的公告与通知等(第11条)内容。

该法规定,一旦被指定为"国宝",任何人均不得擅自将国宝出口或转移境外,也不得变更国宝的现状;当然,若获得主管大臣许可的则可有例外(第3、4条);主管大臣在做出"许可"或"不许可"之决定时,应该征求"国宝保存会"的意见(第5条)。《国宝保存法》还对被指定"国宝"的出展义务、出展时的资金补贴以及出展过程中发生的一般性损害的补偿问题等,均分别作了较为详细的规定(第7—9条)。为了保护"国宝"所有人的利益,新法还进一步明确了"国宝"所有人之权利的继承(第10条),新建了国宝灭失、损毁以及所有人变更的申告登记制度(第6条)。在保存金、补助金等资金的金额、资金管理以及国有、地方公共团体所有国宝的管理人制度等方面,则基本上沿用了《古社寺保护法》的相关规定(第12—17条);在财政开支的补助金等问题上,允许在特殊情况下追加额外的临时预算(第16条第2款)。

《国宝保存法》还进一步完善和明确了法律的责任体系,并加大了对违法行为的处罚力度。例如,明确了国宝管理人的法律责任、将罚金的处罚额度予以成倍增加等。在刑事责任上,对于违反法律规定,将国宝出口、转移境外或致损毁、毁弃、藏匿的,处5年以下有期徒刑或禁锢、2000日元或500日元以下罚金;损毁、毁弃、藏匿的国宝若为个人所有的,处2年以下有期徒刑或禁锢、200日元以下罚金(第20、21条)。在行政责任上,对擅自变更国宝之现状的,处500日元以下罚款,对于导致国宝灭失、损毁以及所有人变更等而未申告的,处以100日元罚款;对于因管理者的怠慢而造成国宝灭失或损毁的,处500日元罚款(第22、23条)。此外,《国宝保存法》对于那些依据旧法获得"特别保护之建造物或国宝"之资格的宝物以及所获的资金支持等也做了明确规定,即视之为相当于新法的"国宝",并给予资金补助(附则第3、4条)。

《国宝保存法》实施之后,经由政府指定的"国宝"数量大幅攀升,使得文化遗产流失的情况得到了初步扼制。[①] 截至该法因1950年《文化遗产保护法》的实施而废止时,日本政府先后共计指定了"国宝"6847件,其中建造物1057件、工艺美术品5790件(包括绘画1153件、雕刻

---

① 苑利:《日本文化遗产保护运动的历史和今天》,《西北民族研究》2004年第2期。

2118 件、工艺品 1018 件、字迹 1410 件、考古资料 91 件)。①

从上述法律的具体内容来看，1929 年的《国宝保存法》所确立的国宝指定、国宝保存会咨询、现状改变许可、出展义务以及针对修缮的财政补贴等制度，的确可以说是为后来的日本《文化遗产保护法》提供了一个初步的基本制度框架。

第三节 《史迹名胜天然纪念物保存法》与《重要美术品保存法》

随着近代化以及资本主义化的加速推进，在 1894 年甲午战争以及 1909 年的日俄战争期间，日本各地的各种土地开发也是此起彼伏，于是伴随而来的便是原始森林遭到滥伐、天然纪念物开始出现灭绝现象。针对这种情形，日本植物学权威三好学博士（1862—1939 年）非常担忧，于是，他在研究外国特别是德国的自然、天然纪念物保存制度的基础上，主张日本需要保存自己的天然纪念物，并在综合了历史学者三上参次博士（1865—1939 年）的意见之后，于 1911 年 3 月，向帝国议会贵族院提出了《保护史迹和天然纪念物建议案》。② 在该建议案中非常明确地指出："伴随着国势之发展、土地之开拓、道路之新设、铁路之开通、新市区之建设等，有必要对国土开发行为进行必要规制，以保护历史遗迹以及天然纪念物。"与此同时，20 世纪初的日本国内铁路交通网已经基本完成，各地已开始相继出现了"观光地化"的现象，进而还形成了发现"日本之美"的社会文化思潮；加之，受到同一时期逐渐强势的"国粹主义"以及地方改良中的"乡土文化运动"③之影响，于是同时也出现了《保护名所古迹古坟建议案》以及《维持、保存名胜地建议案》，并获得了第27

---

① 宫田繁幸「文化財保護制度の変遷と民俗芸能」東京文化財研究所無形文化遺産部第27回夏期学術講座『文化財としての民俗芸能』（2002 年）。

② 根本昭「自然的名勝及び天然記念物の『文化財』としての適否に関する考察」『長岡技術科学大学研究報告』第 17 号（1995 年）。

③ 赤坂信「戦前の日本における郷土保護思想の導入の試み」『ランドスケープ研究』第61 巻 5 号（1998 年）。

次帝国议会贵族院的认可。① 这些议案的目的，除了适应时代变迁而对文化遗产扩大包括的范围和力度之外，还内含着将文化遗产也视为"观光资源"予以保护和开发的理念。1911年11月，民间组织"史迹天然纪念物保存协会"得以成立，由此，民间的保护运动也进一步高涨。推动《史迹名胜天然纪念物保存法》成立的意义在于，"由这一保存思想而引发公德心、爱国心"②，即试图经由这些文化遗产来"感化"民众。③

一 《史迹名胜天然纪念物保存法》的出台及其内容

经过长时的准备以及学者和民间等各种力量的推动，1919年4月9日第41届帝国议会，通过了《史迹名胜天然纪念物保存法》（大正8年法律第44号），紧接着，同年5月31日公布了《史迹名胜天然纪念物调查官制》（大正8年敕令258号）、12月29日又公布了《史迹名胜天然纪念物保存法施行令》（大正8年敕令499号）等配套法令。

《史迹名胜天然纪念物保存法》首次确定了对于需要保护的史迹、名胜和天然纪念物等的"指定制度"，即受到该法保护的史迹、名胜、纪念物的确定等，由行政主管大臣"指定"（第1条第1款）；对于因为情况紧急而必须立刻给予保护的，也可由地方行政长官进行"临时指定"（第1条第2款）；内务大臣④不仅可以指定地方政府（地方公共团体）为史迹、名胜、天然纪念物的管理人，其管理费用由地方政府承担、国家给予适当财政补助（第5条）；还可以根据史迹、名胜、天然纪念物的现状划定一定的区域，并有权禁止或限制在该地域内建设某些设施（第4条第1款）；各相关的利害关系人因上述禁令造成损失的，由国家给予相应的补偿（第4条第2款）。对于那些试图改变史迹、名胜、天然纪念物之现状或实施某种对于现状的保存产生影响之行为的，必须得到地方行政长官的许可（第3条），否则，将被处以6个月以下有期徒刑、拘留或处以100日元以下罚款（第6条）。

自1920年7月依据《史迹名胜天然纪念物保存法》指定的10件天然

---

① 中村賢二郎『文化財保護制度概説』ぎょうせい（1999年）第101—102頁。
② 内田新「文化財保護法概説・各論（16）」『自治研究』第61卷第6号（1985年）。
③ ［日］岩本通弥：《以"民俗"为研究对象即为民俗学吗——为什么民俗学疏离了"近代"》，宫岛琴美译，《文化遗产》2008年第2期。
④ 因行政职责的变化，1928年（昭和3年）起由文部省管理。

纪念物（植物）开始，到1950年该法被《文化遗产保护法》所替代时为止，日本政府先后指定了太宰府遗迹、兼六园等各类史迹、名胜、天然纪念物共计1580件，其中史迹603件、名胜205件、天然纪念物772件。[①]值得指出的是，"史迹""名胜""天然纪念物"这一组文化遗产的法定概念，在后来1950年颁行的《文化遗产保护法》中得到了全面的继承。

二 《重要美术品保存法》的制定及其内容

进入20世纪20年代以后，既存的《国宝保存法》和《史迹名胜天然纪念物保存法》，的确已经使得日本拥有了一个比较完整的文物遗产保护的法律体系，但是，由于这一法律体系所着力保护的主要还是那些非常珍贵的国宝一类，故其所设定的保护对象的范围仍嫌较为限定，仍然有不少种类且具有一定的历史和艺术价值的艺术品，特别是那些尚不够被指定为"国宝"的书画、雕刻以及手工艺品等，完全游离于这一法律体系的保护之外。应该说，这些数量巨大的艺术品事实上在日本文化遗产的总量中占据了较大的比重，而如果这些艺术品的流失状况较为严重的话，对于日本国家而言，也是颇为重大的损失，同时还会直接或间接地影响到对于顶尖"国宝"的持续指定与保护工作。

同时，受1929年世界经济危机的影响，日本加紧了侵华战略的实施，特别是在1931年制造"九一八事变"和1932年挑起"一·二八事变"之后，日本国内的经济与社会状况进入不稳定时期，为了避免日元贬值，日本政府开始禁止金银出口，并限制其兑换。在此种社会形势及经济政策的影响之下，那些并非顶尖的美术品和手工艺制品流向海外的现象逐渐加剧。针对这种情况，日本政府在1933年4月1日通过了《重要美术品保存法》（昭和8年法律第43号）。

根据《重要美术品保存法》的规定，非经主管大臣批准，任何人不得将在日本历史上及美术方面等具有重要价值的非国宝类美术品等出口或转移境外，但自制作完成之日起未满50年或进口未满一年而又出口的，则不在此限（第1条）。对于需要许可才能出口或转移境外的美术品之认可，主管大臣应该在《官报》上公告并通知所有人（第2条第1款）；该

---

① 大島知子「国指定文化財庭園に関する基礎資料および統計」『ランドスケープ研究』第64巻5号（2001年）。

公告对于美术品等的出让、交换、赠与等受让人具有"公示"之法律后果（第2条第2款）。为了避免行政主管机关的不作为，《重要美术品保存法》还规定对于提出出口或转移境外之申请，主管大臣必须在一年内做出裁决，即根据《国宝保存法》指定所申请之美术品等为"国宝"或撤销未经批准不得出口或转移境外之认定（第3条）。对于擅自将重要美术品等出口或转移境外的，处以3年以下有期徒刑或1000日元的罚金（第5条）。

《重要美术品保存法》自实施之日起，除战时一度中断之外，截至1950年《文化财保护法》的颁布时为止，日本政府所"认定"的"重要美术品"等，共计8282件。[①] 应该说，该法较为有效地遏制了重要美术品等文化遗产之海外流失状况的蔓延。尽管《重要美术品保存法》的制定所针对的是在特殊情况下文化遗产的海外流失问题，具有临时性，但其所确定的"准国宝"，即"重要美术品"等认定制度，则实质性地进一步扩大了文化遗产的保护范围，同时也使得日本对文化遗产的保护更加凸显出层次性的特点。

从上述有关立法变迁史的进程可知，从1871年制定第一部有关文化遗产保护的《古器旧物保存法》起，到1945年日本战败，战前日本曾先后推出过五部相关法律，以分别针对不同的文化遗产类型。在1950年颁行《文化遗产保护法》之前，尚有三部法律行之有效，即《国宝保存法》《重要美术品保护法》《史迹名胜天然纪念物保存法》。上述五部法律的相继出台和实施，均与日本当时特殊的历史与时代背景密切相关。尽管日本当时的文化遗产立法，多少也存在"头痛医头、脚痛医脚"的弊端，但其"实用主义"的立法理念及其实践，却也实实在在地推动和规范了其国家文化遗产行政的进程，并为随后《文化遗产保护法》的出台奠定了基础。

[①] 中村賢二郎『わかりやすい文化財保護制度の解説』ぎょうせい（2007年）第20頁。

第三章

日本《文化遗产保护法》的出台及历次修订

1950年实施的《文化遗产保护法》（昭和25年法律第214号）是日本现行的文化遗产保护体制的主要法律依据，它为日本文化遗产行政提供了最为重要与核心的基础。《文化遗产保护法》的出台，不仅意味着日本文化遗产法制体系的基本成形，它还在相当程度上相继影响到周边国家和地区各自文化遗产保护制度的建立，甚至后来还对联合国教科文组织的一些公约产生了较为深刻和长远的影响。但是，它的出台并非朝夕之事，而是日本长期从事相关立法实践的自然结果。

第一节 《文化遗产保护法》的立法背景

从第二章战前日本文化遗产保护的立法过程可知，日本对于文化遗产保护的范围是逐渐扩大的，保护的深度也不断地有所强化。应该说，战前的文化遗产立法，不仅建构成就了日本文化遗产保护的基本法律框架，也为战后日本一跃成为文化遗产大国奠定了法制性的基础。

一 战时的临时保护措施与战后的紧急调查

第二次世界大战后期，当盟军的空军能够直接空袭日本本土时，日本国内陷入了空前的惊恐之中。日本战时内阁为保护其文化遗产免遭美军轰炸的毁坏，①于1943年年底制定了《国宝、重要美术品的防空设施整备纲要》（『国宝、重要美術品ノ防空施設整備要綱』昭和18年12月14日閣議決定）（以下简称《整备纲要》），次年年初内阁又通过了《国宝、重要美术品的防空设施实施纲要》（『国宝及重要美術品ノ防空施設実施要綱』昭和19年1月24日閣議決定）（以下简称《实施纲要》）。②根据《整备纲要》和《实施纲要》之规定，防空设施整备和实施地区为京都和奈良市；相关防空设施的建设是由文部省在实地调查的基础之上，根据国宝的形态采取不同的应对措施，例如，对建筑物采取的防空措施大体上不外乎伪装、防火、预防爆炸造成的冲击波等；如果有必要，也会将建筑物拆解予以保存。至于宝物，则较多采取了向指定的各地方相对比较安全的收藏库疏散；那些收藏库以及疏散宝物的管理，由地方行政首长负责，并接受文部省官员的实地调查和监督等。为预防万一发生不测，《实施纲要》还要求文部省对相关的建筑物进行勘测、绘图和拍照等，以便将资料传诸后世。对于建造相关防空设施所需的费用，由日本政府承担八成，其余则一般是由建筑物所有人承担或由民间筹集等。③与此同时，为负隅顽抗，战时的政府也不得不精简了与战争的维持没有直接关系的一些行政机构或其事务，其中就有停止对重要美术品和名胜·天然纪念物的指定，随着战事的加剧，日本的文化遗产行政陷入彻底的停滞状态。④

---

①据说在1944年盟军开始轰炸日本本土时，为避免空袭对日本古建筑可能造成的破坏，作为"战争地区域文化遗产保护委员会"副主任的我国著名建筑学家梁思成先生，曾向驻重庆盟军建议不要轰炸日本古都奈良与京都。参见人民网日语版（http://j.people.com.cn/94475/6963383.html）。另外，儿时曾在京都居住过的美国前国务卿、陆军部长、曼哈顿计划负责人史汀生（Henry. L. Stimson，1867—1950年）也曾努力说服美国政府不要轰炸京都。他们二人的建议对日本古都免遭战争破坏起到了决定性的作用。根据战后统计，日本共有293件国宝、44件史迹名胜·天然纪念物以及134件重要美术品在战火中被损毁。参见根本昭『我が国の文化財の構造』あかつき印刷（1999年）第15頁註⑮。

②「東京大空襲・戦災史」編集委員会『東京大空襲・戦災史』第5卷（1974年）第662—663頁。

③玉井綾「太平洋戦争時前後の文化財保護対策～京都府下の文化財疎開と戦後対策～」（http://kirara.cyber.kyoto-art.ac.jp/digital_kirara/graduation_works/detail.php? act = dtl&year = 2009&cid = 552&ctl_id = 68&cate_id = 3）。

④枝川明敬「我が国における文化財保護の史的展開——とくに戦前における考察」『文化情報学：駿河台大学文化情報学部紀要』第9卷第1号（2006年）。

日本战败投降之后，文部省首先于 1945 年 10 月恢复了"重要美术品、名胜·天然纪念物"的认定与指定工作（昭和 20 年文部省告示第 110 号），并迅速采取了在各都、道、府、县设置调查员、拨付重要美术品等调查补助金之类的措施，对于因为战时的混乱状态所造成的重要美术品的遗失、毁坏以及海外流失现状进行了紧急调查。与此同时，还将战时统一疏散的宝物等返还给宝物所有人。1945 年 11 月 12 日，盟军最高司令部（GHQ）向日本政府发出《有关美术品、纪念物以及文化性、宗教性场所与设施之保护的政策与处置的备忘录》（『美術品、記念物並びに文化的及び宗教的場所と施設の保護に関する政策と処置に関する覚書』），要求日本政府将所有需要保护的美术品、纪念物以及文化性、宗教性场所与设施的目录，包括因军事行动而受损的情况等，上报盟军最高司令部。经过近一年的努力，1946 年 10 月，文部省完成了相关的调查摸底工作。[1]

由于受到当时非常混乱的社会状态的影响，也为了维持社会治安，1945 年 9 月 2 日，盟军最高司令部还发布了《准备收缴民间武器之命令》（『民間武器類の引渡準備命令』），接着就开始收缴民间武器，其中日本刀也成为警察署和盟军保管和收缴的对象。但对于此项命令，当时在很多政要的斡旋和努力下，具体实施时允许有所例外。1946 年 6 月 3 日，日本政府颁布了《枪械刀具等禁持令》（『銃砲等所持禁止令』昭和 21 年勅令第 300 号）；紧接着，内务省于 17 日又颁布了《枪械刀具等禁持令实施规则》（『銃砲等所持禁止令施行規則』内務省令 28 号），由此创设了基于都、道、府、县公安委员会刀剑审查委员鉴定的古董枪械刀剑持有许可证制度。[2] 尽管如此，还是有一些可以被认定为国宝或重要美术品的枪械

---

[1] 文部科学省『文化財保護の法的整備』（http://www.mext.go.jp/b_menu/hakusho/html/others/detail/1317870.htm）。

[2] 日本有关民间火器枪械的管理可以上溯至江户幕府丰臣秀吉时期，但对刀剑却始终没有限制，第二次世界大战结束后日本政府通过制定《枪械刀具等禁持令》开始对刀剑等实施管理，该禁令经过经过数次修改后，被 1958 年 3 月 10 日制定的现行《枪械刀具等持有管理法》（『銃砲刀剣類所持等取締法』昭和 33 年法律第 6 号）所取代。参见平尾直樹「物騒でない鉄砲の話～江戸時代から現代まで～」神奈川県立公文書館（2015 年 9 月 6 日）アーカイブズ講座。

刀剑被没收或流失海外，[①] 但无论如何，《禁持令》也还是使得一些具有较高艺术价值的刀剑等得到了较好的保存。

二 《文化财保护法（草案）》

战后日本社会秩序持续混乱、通货膨胀严重，而且，在盟军最高司令部的推动下，日本开始进行全面的社会改革，诸如农村土地改革、解构财阀、增设财产税等，这些改革使得长期以来那些文化遗产持有者的阶级、阶层开始逐渐没落；同时，大量复员军人和海外侨民的陆续返回，也造成了空前的住宅紧张问题，于是，出现了大量非法占据古建筑生活之类的现象；[②] 所有这些都不利于文化遗产的保护。尤其是1949年1月26日[③]，奈良法隆寺金堂壁画在修复过程中发生失火事件，造成世界上最古老的木构建物墙壁上的飞鸟时代（592—710年）精美壁画严重损毁；[④] 紧接着，2月27日爱媛县松山城、6月5日北海道福山城（松前城）天守阁、1950年2月12日千叶县长乐寺、7月2日京都的金阁寺均发生火灾，致使5处国宝级的建筑物在不到两年的时间内接连遭到毁灭性的破坏。[⑤]

---

① 文部科学省『文化財保護の法的整備』（http://www.mext.go.jp/b_menu/hakusho/html/others/detail/1317870.htm）。

② 文化庁編『文化行政の步み：文化庁創設十周年にあたって』ぎょうせい（1978年）第21頁。

③ 该日期在1955年被当时的文化遗产保护委员会（现在的文化厅）和国家消防本部（现在的消防厅）确定为"文化遗产消防日"（「文化財防火デー」），其目的是在文化遗产防火防灾的同时，在全国范围内展开文化遗产防火运动、提高国民爱护文化遗产的意识。参见文化庁『文化財防火デー』（http://www.bunka.go.jp/seisaku/bunkazai/hogofukyu/boka_day.html）。

④ 日本对法隆寺金堂壁画的修复最早始于1913年8月，由日本著名美术家、美术史学家、美术评论家冈仓天心向文部省古社寺保存会提出的"关于法隆寺金堂壁画保存计划的建议案"，针对该建议案，文部省1916年4月设立了"法隆寺壁画保存方法调查委员会"，经过近四年的调查，1920年3月完成《法隆寺壁画保存方法调查报告书》，该报告书所涉及的内容非常全面，基本上罗列了当时所能考虑到的所有保存方法。1934年法隆寺及其壁画的保存工作成为国家工程，由于前期建筑部分的解体、壁画临摹、拍照等工作基本完成，使得法隆寺金堂在失火后于1954年11月3日复原再建成功。参照［日］泽田正昭《日本文物保护事业百年史》，杜晓帆译，《文博》2000年第6期。另外，对于"法隆寺失火事件"中的责任人，奈良地方法院1951年5月10日依照无罪推定确定案件四名被告无罪，地方检察院提起抗诉，1952年5月10日大阪高等法院驳回抗诉维持原判，检察院再未抗诉，无罪确定。

⑤ 王军：《日本文化财保护》，文物出版社1997年版，第9页。

这一系列事件促使日本政府和当时的社会舆论开始关注文化遗产的保护问题，也正是以此为契机，日本开始全面强化其文化遗产的保护体制。具体而言，首先就表现为相关的法律修正案以及新法案的提出。日本国会参、众两院曾经先后讨论过十余个议案，其中比较重要的有：参议院文部委员会1949年4月19日提出的《国宝以及重要美术品等保存法等修正案》①、以参议院文部委员会委员长田中耕太郎（1890—1974年）为首的16位议员5月22日提出的《文化财保存法（草案）》②、山本勇造（1887—1974年）等18名议员于1950年4月25日提出的《文化财保护法（草案）》③以及众议院文部委员会在1949年9月26日提出的《重要文化财保护法案纲要》④等。最终由山本勇造等18人起草的《文化财保护法（草案）》，在1950年4月30日，被日本国会众议院文部委员会所通过。⑤

按照参议院文部委员会最初的设想，是对1928年的《国宝保存法》进行大幅度修订，但是，由于该法当初所设计的保护对象范围过于狭窄，以及相关保护制度存在的框架性缺陷，仅仅依靠修改旧法的设想难以达到预期的效果。于是，参议院文部委员会又建议制定新法，经过数次讨论，后来在是原《文化财保存法（草案）》的基础之上，建议制定《文化遗产保护法》。

拟议中的《文化遗产保护法》的基本内容，大体上是在统合、归并1919年制定的《史迹名胜天然纪念物保存法》（大正8年法律第44号）、1929年制定的《国宝保存法》（昭和4年法律第17号）以及1933年制定的《重要美术品保存法》（昭和8年法律第43号）的基础之上，设置一个统一的旨在保护文化遗产的行政委员会，即"文化遗产保护委员会"（第二章第一、二节）；同时，再设置"国立博物馆、研究所以及文化遗产专业审议会等附属机关"（第三节）；将文化遗产保护的对象范围再进一步地扩展到"建造物、绘画、雕刻、工艺品、字迹、史料、戏剧、音乐、工艺技术以及其他具有重要价值的作为国民财产的有形或无形的文化

---

① 「第五回国会参议院文部委员会文化小委员会会议记录第1号」（昭和24年4月19日）。
② 「第五回国会参议院会议记录第31号」『官报·号外』（昭和24年5月23日）。
③ 「第七回国会参议院会议记录第46号」『官报·号外』（昭和25年4月27日）。
④ 「第五回国会众议院文部委员会议录第29号」（昭和24年4月26日）。
⑤ 「第七回国会衆议院会议记录第45号」『官报·号外』（昭和25年5月1日）。

遗产"（第 2 条）；将上述文化遗产进行分级保护，即区分为"重要文化遗产"与"国宝"（第三章第一节）；设置无形文化遗产保护制度，将无形文化遗产的保护对象限定于"具有价值、若国家不予保护则可能消亡的无形文化遗产"（第四章）等。众议院的《重要文化财保护法案纲要》，基本上是在参议院议案的基础之上，进一步建议将"庭园、典籍、民俗资料、考古资料"等，也纳入文化遗产的保护范围；在地方设置文化遗产保护委员会的分支机构；为了实现文化遗产的指定工作，文化遗产保护委员会的委员有实地调查之权限；增设地方政府的补助金制度等。参议院在其最终的议案中接受了以上所有意见，国会最终于 1950 年 5 月 30 日通过并颁布了《文化遗产保护法》（昭和 25 年法律第 214 号）。[①]

第二节 《文化遗产保护法》的立法目的及主要内容

1950 年出台的《文化遗产保护法》是一部比较全面、系统和统一的有关文化遗产保护的法律。其内容基本上涵盖了此前的《史迹名胜天然纪念物保存法》《国宝保存法》《重要美术品保存法》，并对所要保护的对象重新进行分类并极大地扩展了保护的范围。《文化遗产保护法》将"无形文化遗产"也列入文化遗产的范围之内，并以法律的形式予以确立。应该说，它的这个理念不仅极大地丰富了日本有关"文化遗产"的认知，还对后来联合国教科文组织世界遗产委员会推出的"非物质文化遗产"的理念，以及有关文化遗产保护的国际法，如《保护非物质文化遗产公约》，甚至还对东亚各国和地区，例如，对韩国的相关立法实践等，均产生了直接或间接的深远影响。[②] 日本把文化遗产区分为"有形"和"无形"的做法，促使人们广泛地注意到"无形"和"非物质"文化的保护问题，这确实堪称是对国际文化遗产保护事业的一种贡献。

---

① 该部分所用法律条文为 1950 年的《文化遗产保护法》（昭和 25 年法律第 214 号），详细参见『文化財保護法・御署名原本』（昭和二十五年・法律第二一四号），资料来自日本国立公文书馆。

② 巴莫曲布嫫：《非物质文化遗产：从概念到实践》，《民族艺术》2008 年第 1 期。

一 《文化遗产保护法》的立法目的

《文化遗产保护法》第1条中明确规定："为了保护文化遗产并促使其得到充分利用，为了提高国民的文化素质，同时也为了对世界文化的进步有所贡献，特制定本法。"由此可知，《文化遗产保护法》的立法目的，主要就是通过规范涉及文化遗产的保护、利用和管理等事宜，通过明确文化遗产各相关法律主体（例如，政府、地方公共团体、文化遗产的所有者、管理者、保持者以及一般国民等）的各项权利和义务，进而切实地保护好文化遗产，促进文化遗产的利用，提高日本国民的文化素质，丰富国民的文化生活，同时也对国际文化交流和世界文化进步做出贡献。这表明战后日本的文化遗产保护工作，逐渐地从战前的崇古求美以及国粹主义理念走向了为国民而利用的新阶段；同时，也开始认识到对文化遗产的保护也就是在为世界文化做贡献。20世纪50年代初期，对于过去那场侵略战争的痛苦反思，也促使战后的文化遗产保护工作具备了一些和平主义的属性。《文化遗产保护法》的制定所追求的目的，也从一个侧面反映了当时日本已慢慢地从文化优越感、狭隘的国粹主义影响之下摆脱出来，从而将文化遗产的保护较为恰切地予以了重新的定位。[①]战后日本政府将文化遗产保护的理念扩展到国际合作领域，这也可以说是对国际社会的一种独特的贡献。

二 现行《文化遗产保护法》的内容概要

日本现行《文化遗产保护法》共十三章212条，其中"第一章总则"（第1—4条）共4条，规定了该法的目的，文化遗产的定义及政府、地方公共团体的职责，国民、文化遗产所有者的认知等方面的内容。

"第二章"（第5—26条）共22条，是关于国家行政主管部门"文化遗产保护委员会"及其附属机构的组成、责任、权力与义务等，但由于国家行政机构的调整、另行组建文化厅，该章内容于1968年6月15日（法律第99号）被全部废止。

"第三章有形文化遗产"（第27—70条）共44条，规定了重要文化遗产及重要文化遗产之外的有形文化遗产的指定、管理、保护（修缮）、

[①] 王军：《日本的文化财保护》，文物出版社1997年版，第11页。

公开、调查、财政政策等相关内容。

"第四章无形文化遗产"（第71—77条）共7条，规定了重要无形文化遗产及其之外的无形文化遗产的指定、保持者或保持团体的认定，重要无形文化遗产的保存、展示、记录档案的作成与公开、经费等内容。

"第五章民俗文化遗产"（第78—91条）共14条，规定了重要有形民俗文化遗产及重要无形民俗文化遗产的指定、管理、展示、权利和义务的继承、经费等内容。

"第六章埋藏文化遗产"（第92—108条）共17条，对于埋藏文化遗产进行发掘的申请、指示及命令，对于配合工程以及为科学研究所进行的考古发掘的管理，对于发现地下文化遗产的处理及出土文化遗产的归属等，均作了明确规范。

"第七章史迹名胜及天然纪念物"（第109—133条）共25条。依次对于史迹、名胜、天然纪念物的指定（或临时指定）；对于所有人之所有权的尊重及其他公共开发事业的调整；对于史迹、名胜、天然纪念物的管理、修复、维修以及上述工作费用来源等内容做出了规范。

"第八章重要文化景观"（第134—141条）共8条，主要规定了重要文化景观的选定、管理、现状与损毁的报告，对相关所权利人权利的尊重以及与其他公益的协调等。

"第九章传统建造物群保存地区"（第142—146条）共5条，规定了建造物保存地区的选定和保存、管理以及国家对于管理、维修、修复及环境维护所进行的补助等事宜。

"第十章文化遗产保存技术的保护"（第147—152条）共6条，规定了文化遗产保存技术及其保持者或保存团体的确定或选定；对于该技术的保护及该技术的档案记录作成和展示，以及国家对于该技术的援助等方面的内容。

"第十一章文化审议会"（第153条），主要规定了文部科学大臣和文化厅长官实施与文化遗产相关的指定或撤销指定（含临时指定）、认定或撤销认定、登录或注销登录、选定或撤销选定以及与文化遗产相关的各种命令、措施和许可时，必须事先咨询文化审议会。

"第十二章补则"（第154—192条）共39条，详细规定了执行《文化遗产保护法》过程中必须遵守的法律程序，国家及其责任承担者的责任权力等，地方公共团体及教育委员会的责任、权力以及接受文部大臣或文化厅长官的委托事项以及救济程序等。

"第十三章罚则"（第193—212条）共20条，详细规定了非法出口、损毁、藏匿重要文化遗产、重要有形文化遗产，改变史迹名胜天然纪念物的现状或者实施影响其保存之行为造成其损毁、灭失的刑事责任以及其他违反《文化遗产保护法》的行政责任。

另外，还有40项"附则"，是有关该法（包括39次修订）的实施日期、实施时废止的法律、实施过程中前后法律的衔接以及由于《文化遗产保护法》的颁布所必须修改的其他相关法律等方面的内容。

从上述对法律的内容简介可知，伴随着《文化遗产保护法》的颁布实施而被同时废止的《国宝保存法》《重要美术品保存法》《史迹名胜天然纪念物保存法》等，无论哪方面，均难以和《文化遗产保护法》同日而语。《文化遗产保护法》将此前没能涵盖其中的无形文化遗产、民俗文化遗产、埋藏文化遗产以及文化遗产的保护技术等也都纳入法律的保护范围，从而极大地提高了日本文化遗产保护法制的完整性。①

第三节 《文化遗产保护法》的重大修订

《文化遗产保护法》自1950年8月29日实施以来、截至2014年6月13日，已经修订多达39次，其中较大幅度的修订7次，最终使得日本文化遗产保护法制的基本框架得以确立。

顺应战后的和平主义时代潮流，以及经济社会的复兴、发展与急剧变迁，日本《文化遗产保护法》的每次修订均强化了文化遗产保护的法制建设。《文化遗产保护法》的历次修订说明，较为完善的文化遗产保护法制的形成很难一蹴而就。从《文化遗产保护法》历经多次修订的事实来看，甚至可以说它形成了一个立法的传统，经过长期的实践性努力，才最终建构成功了一个颇为全面和系统的文化遗产保护的法制体系。在某种意义上，1950年颁行《文化遗产保护法》的举措，同时也是战后日本国家重建与民族文化复兴的重要步骤。

《文化遗产保护法》提供了对文化遗产的全面和整体性的认知，但这

---

① 王军：《日本的文化财保护》，文物出版社1997年版，第10—11页。

种全面和整体性的认知，确实是经历过一个很长的摸索和逐步扩展的过程。以 1949 年法隆寺金堂发生的火灾为契机，1950 年出台的《文化遗产保护法》可以说是一部颇具综合性的法律，因为它将此前的《国宝保存法》《重要美术品保存法》《史迹名胜天然纪念物保存法》等全部予以整合，并进一步扩充了相关的保护制度。例如，1897 年公布实施的《古社寺保存法》开创了对"特别保护的建造物及国宝"的指定制度，1950 年的《文化遗产保护法》则对此前的国家指定制度进行了重大修订，为了突出想要保护的重点，特地在"有形文化遗产"中区分出"国宝"和"重要文化遗产"两个级别；与此同时，还对史迹、名胜和天然纪念物等类型的文化遗产，也通过指定进行两级分类，新设指定、临时指定、改变现状许可等制度。第二次世界大战之前日本有关文化遗产的法律，较多地关注社寺建筑、古器物和美术品等，但自 1950 年的《文化遗产保护法》起，日本将"无形文化遗产"和"埋藏文化遗产"也追加为保护的对象。[①]《文化遗产保护法》将国家、社寺、地方自治体和个人所分别拥有的文化遗产均列入保护范围；确立了文化遗产向国民公开的法定义务，并就设置"文化遗产保护委员会"、财税金融政策的完善、财产权的尊重等事宜做出了明确的规范。

一 1954 年修订：创设无形文化遗产指定和选择记录制度

1954 年 5 月 29 日，日本对《文化遗产保护法》做了第一次较大幅度的修订（昭和 29 年法律第 131 号），有很多值得总结的要点。第一，充实了有关无形文化遗产的制度。例如，创设了"无形文化遗产指定"制度和"无形文化遗产选择记录"制度。第二，充实了有关埋藏文化遗产的制度，使"埋藏文化遗产"从"有形文化遗产"的分类中独立出来，实施发掘调查的事前申请备案制度。第三，充实了关于"民俗资料"的有关制度，从"有形文化遗产"的分类中，将"民俗资料"独立了出来，确立了"重要民俗资料"指定制度、创设了无形民俗资料的选择记录制度以及进出口事前备案制度。这其实就是此后的重要民俗文化遗产保护制度的前身，后来的重要民俗文化遗产指定制度，其涉及有形民俗文化遗产的部分，大体上参照了以前对待"重要文化遗产"的做法；而涉及无形

---

① 中村賢二郎『わかりやすい文化財保護制度の解説』ぎょうせい（2007 年）第 21 頁。

民俗文化遗产的部分，除了予以详细记录、刊行田野调查报告等方法之外，还致力于使无形民俗文化遗产能够继续存活于民间。将"重要民俗资料"也视为文化遗产的一种，说明日本政府较为重视普通国民的生活方式及其价值。值得指出的是，并不是所有的民俗文化现象均有可能列入"重要民俗资料"，而是需要符合基于专家建议所确定的标准，即那些有助于反映日本国民的生活及其变迁发展历史的，才由政府采取措施予以保护。1954年修法还有一个特点，即对于文化遗产的保护更加积极主动了，以前主要针对处于"濒危"状态的文化遗产，即若政府不出面保护就有可能失传或绝灭的，才会被指定；但1954年的修订所强调的是，无论文化遗产是否"濒危"，只要它本身具有"价值"，就可以指定。这样，就使得很多与日本传统文化有关的工艺、技能与民俗活动，都可以成为被保护的对象。[①]

二 1968年修订：设立文化厅和新建文化遗产保护审议会

1968年6月15日，由于日本政府行政机构调整将1950年《文化遗产保护法》第二章所设立的"文化遗产保护委员会"与当时文部省下辖的文化局合并，成立了新的主管文化遗产行政的政府机构——文化厅，但有关重要文化遗产、史迹等指定或指定撤销等文化遗产保护事务由文部省（现文部科学省）文部大臣主管，其他各项事务则划入文化厅的职责范围。同时，新设文化遗产行政的专业咨询机构——"文化遗产保护审议会"（昭和43年法律第99号）[②]，将原有的"部门审议会"改为"专业调查会"置于旗下。

三 1975年修订：创设传统建造物群保存地区和文化遗产保存技术制度

20世纪60—70年代日本的经济开始进入高速增长期，其社会与文化均出现了非常剧烈和彻底的变迁，从而使得各种文化遗产面临很多新的挑

---

① 详细参见『文化財保護法・御署名原本』（昭和二十九年・法律第一百三十一号），资料来自日本国立公文书馆。

② 详细参见『行政機構の簡素化等のための総理府設置法等の一部を改正する法律・御署名原本』（昭和四十三年・第四卷・法律第九十九号）第35—51页，资料来自日本国立公文书馆。

战和危机，这也为文化遗产的保护工作提出了新的要求。于是，根据新的社会需求，1975年7月1日对《文化遗产保护法》又进行了一次较大幅度的完善性修订（昭和50年法律第49号）。[①] 1975年修法的主要内容，大体上有以下四个方面：第一，进一步加强了有关埋藏文化遗产的制度建设。例如，创设了由国家有关研究或保护机构发现遗址、遗迹的特例制度，强化了因工程建设而发现遗址、遗迹时的保护制度等。第二，进一步充实了有关"民俗文化遗产"的制度。例如，将此前的"民俗资料"改称为"民俗文化遗产"，将"重要民俗资料"细分为"有形民俗文化遗产"和"无形民俗文化遗产"，进而创设了"重要有形民俗文化遗产"（例如，各种习俗的物质形态，像服饰、器皿、家具、家屋、各种设施等）和"重要无形民俗文化遗产"（例如，涉及衣食住、生产、信仰和年节庆典等的风俗习惯）的指定制度。第三，为了保护那些反映和铭刻着各个地方的历史与文化的村落乡镇和街区，创设了"传统建造物群保存地区"制度。1975年修法对于传统建造物群设定"保存地区"予以保护的做法，或多或少是受到了欧洲国家（如法国、意大利）对其所谓"历史街区"的整体风貌或有关景观进行综合性保护等理念的一些影响。正是由于《文化遗产保护法》的此次修订，此后，日本各地的都市化开发也确实比较注意这一点。第四，是为了更好地落实对文化遗产的保护和传承，进一步提高文化遗产保护的科学技术水平（日本的文化遗产保护科技水平，当时已经遥遥领先世界），特别创设了对于"文化遗产的保存技术"的选定及保护制度。

此外，1975年的修法还强调了地方自治体的保护责任及其在文化遗产行政运作中所应发挥的作用。例如，在各地方自治体也设立"文化遗产专门委员会"和"文化遗产保护审议会"。[②]

四 1996年修订：创设文化遗产登录制度

1996年6月12日，日本再次对《文化遗产保护法》进行了重大修订

---

① 详细参见『文化財保護法の一部を改正する法律』（昭和五十年·法律第二百十四号）（http://www.shugiin.go.jp/internet/itdb_housei.nsf/html/houritsu/07519750701049.htm）。

② 中村賢二郎『わかりやすい文化財保護制度の解説』ぎょうせい（2007年）第25—28頁。

（平成8年法律第66号）。具体来说主要有以下三方面的内容：一是创设了"文化遗产登录"制度，即在很多有可能成为候补的建筑物当中，对于那些未能获得国家或地方公共团体（地方政府）"指定"但有必要采取措施予以保护和利用的，文部科学大臣应将其登录在文化遗产名录中。在该登录制度中，不仅要求建造物所有人主动申请登录，而且还规定登录文化遗产所有人在改变文化遗产现状时，文化厅长官可以给予必要的指导、提供必要意见和建议等，使得所有人在能够获得帮助的前提下，实现对文化遗产的圆满保护。二是对于改变重要文化遗产现状之申请的许可权限，扩展至都、道、府、县的教育委员会以及指定城市和中心城市的教育委员会。三是为促进重要文化遗产的公开，在公开许可问题上缓和了规制。例如，当公开展示重要文化遗产时，若由有许可的公共设施公开展示重要文化遗产时，则不再需要许可①。很显然，此次修法所增加的文化遗产（建造物）登录制度，不仅极大地拓宽了文化遗产的保护范围，而且相关规制的缓和也使得文化遗产的保护与公开制度更具灵活性。

2002年，为加入联合国教科文组织《1970年禁止非法进出口以及转让文物公约》，日本政府于7月3日制定了《文化遗产非法进出口规制法》（『文化財の不法な輸出入等の規制等に関する法律』平成14年法律第81号），并同时修改了《文化遗产保护法》进一步强化了文化遗产进出口的许可管制（平成14年法律第82号）。②

五 2004年修订：创设文化景观保护制度

最近一次较大修订《文化遗产保护法》是2004年6月9日，第159届国会通过，并于2005年4月1日起实施的。此次修订根据2002年12月阁僚会议决定的"关于文化艺术振兴的基本方针"和文化审议会答申书的意见，为应对新的社会变迁而致力于建构新的文化遗产保护制度。此次修订所改变或补充的内容大体上有三个方面：一是创设了"文化景观保

---

① 详细参见『文化財保護法の一部を改正する法律』（平成八年·法律第六十六号）（http://www.shugiin.go.jp/internet/itdb_housei.nsf/html/houritsu/07519750701049.htm）。

② 详细参见『文化財保護法の一部を改正する法律』（平成十四年·法律第八十二号），（http://www.shugiin.go.jp/internet/itdb_housei.nsf/html/housei/15420020703082.htm）。根本昭·和田勝彦編著『文化財政策概論：文化遺産保護の新たな展開に向かって』東海大学出版会（2002年）第71頁。

护"制度，具体地说，就是启动了"重要文化景观"的"选定"制度；二是将"民俗技术"也列为保护对象，也就是在"民俗文化遗产"的定义或概念中，追加了"民俗技术"的内容；三是进一步扩充了"文化遗产登录制度"，具体地，就是对建筑物之外的那些未能获得国家或地方公共团体（地方政府）"指定"的"有形文化遗产""有形民俗文化遗产""纪念物"等，也实行"登录"方式予以保护（平成16年法律第61号）。[1]

换言之，2004年对《文化遗产保护法》的修订，首先是实现了保护对象的扩大化，例如，像梯田（水田）那样的文化景观，还有铁匠与"和船木匠"等有关生产、生活的用具和用品之类的制作技术等，凡在地域社会里传承的民俗技术都成了新的保护对象；其次是进一步推进了保护手法的多样化，这主要是指以近代文化遗产的保存、活用为中心，极大地扩充了登录制度，[2] 从而使普通国民的生活和文化遗产保护制度之间的关系更加密切了，并调动了全体国民参与的积极性。

值得指出的是，较新的"登录制度"是对以前"指定制度"的重要补充。所谓"指定制度"，主要是从国家的立场出发而对文化遗产中特别重要、突出和具有特殊价值的予以严格筛选和"指定"，进而对其所有者也做出一些必要的限制，多少具有强制性。但此种指定制度并不能够很好地适应更大面积、更多品种和门类的文化遗产保护的需求，随着全社会富裕程度的提升、生活方式和价值观的多样化趋势和全体国民对文化遗产重要性认识的不断深化，于是，也就应运而生地出台了"登录制度"。较为灵活的登录制度，其实也就是申报制，它是在拥有者申报之后，再通过指导、建议、劝告等手段，对各种文化遗产进行较具缓和性和宽泛性的保护。例如，根据"有形文化遗产登录基准"，凡建成后经过50年以上的建筑或土木构造物，并符合以下条件之一者均可登录：（1）具有国土历史意义的景观，（2）具有规范性造型，（3）不易再现等条件的。按照这样的标准，自然也就包括了很多所谓的"近代化遗产"在内。

---

[1] 详细参见『文化財保護法の一部を改正する法律』（平成十六年・法律第六十一号），(http://www.shugiin.go.jp/internet/itdb_housei.nsf/html/housei/15920040528061.htm)。

[2] 文化庁编『我が国の文化行政・平成17年度』文化庁（2005年）第58頁。

六 《文化遗产保护法》几经变迁的基本脉络

从上述 1950 年《文化遗产保护法》的基本内容以及此后的多次重大修改来看，我们大体上可以整理出以下基本的变迁脉络。

第一，从"有形"文化遗产（物质文化）逐渐扩充到"无形"文化遗产；有形文化遗产和无形文化遗产相并重，对于"非物质"形态的文化遗产也给予高度重视，这可以说是日本文化遗产保护工作最为突出的特征。

第二，从器物、艺术及审美的文化，逐渐扩充到民俗或一般的生活文化，对于"民俗资料""民俗文化遗产""民俗技术"的相继设定或补充，就非常突出地反映了这一点。这一点也是日本文化遗产保护法制的亮点，截至目前，很多国家和地区，还没有意识到或重视这方面的重要性。

第三，对文化遗产的理解，有一个从"物"到"人"，进而再扩大到"环境"的深化过程或发展趋向。例如，对于重要无形文化遗产保持者（人间国宝）或保持团体的认定，对于"选定保存技术"保持者或保持团体的认定，以及对于重要文化景观和重要传统建造物群保存地区的选定等，也都较为明显地体现出了这一倾向。

第四，对文化遗产的分类日益细密化，与此相应，日本对于文化遗产的保护范围也日趋扩大。特别值的指出的是，近些年来，日本国内又提出所谓"近代化遗产"的保护问题，伴随着日本社会对其近代化进程中产生的一些文化遗产的日益重视，日本政府遂在全国范围内进行了旨在了解和确认所谓"近代化遗产"（近代建造物）的属性、存量、分布与特征的调查摸底工作。所谓"近代化遗产"，主要是指日本自明治维新以来，在实现其现代化过程中所创造的一些尚且存在，同时也具有重要的历史和文化价值的遗址和遗存，比如说，某邮电局、银行或纺织厂的旧址，某段铁道或某学校的遗迹等。近几年，基于有关的调查成果而被指定为"重要文化遗产"的近代建筑物正逐渐增加，[①] 例如，著名的"名古屋市东山植物园温室前馆""丰稔池堰堤"等，就是颇具代表性的已经被指定为"重要文化遗产"的近代化遗产。

第五，日本的文化遗产行政由国家主导逐渐地发展成为国家、地方公

---

① 文化厅编『我が国の文化行政・平成 18 年度』文化厅（2006 年）第 35 頁。

共团体和文化遗产的所有者、占有者或管理团体、各种社区组织,还有非政府组织等互相协作与配合的局面,甚至很多普通的日本国民也都积极地参与了进来。换言之,日本文化遗产行政的发展也出现了一个"民主化"的过程。

综上所述,现行的《文化遗产保护法》自 1950 年颁布施行以来,已经过去了 60 多年,它实际上是经过了多次不断完善和补充的修法过程,其文化遗产保护理念的内涵,也逐渐地从器物、艺术以及审美的文化一步步地扩充到了民俗或一般的生活文化领域,也逐渐地从"物"到"人"(例如,从"国宝"到"人间国宝"),进而再扩大到"环境"的深化过程。所以,《文化遗产保护法》是比较成熟的一部法律,它作为日本国家保护文化遗产的根本性法律,为其全社会保护文化遗产之思想、理念的普及,为其文化遗产在现代社会中的保护与活用等方面,均发挥举足轻重的作用。《文化遗产保护法》促使日本成为世界上文化遗产保护事业最为发达,技术最为先进的国家之一。

第四章

日本文化遗产保护的基本法律制度

研究日本现行的文化遗产保护和利用之制度，必须以《文化遗产保护法》中的相关具体规定为依据。日本政府通过该法和颇为严谨的文化遗产行政，成功地建构了一系列旨在重点保护和促进积极利用文化遗产的制度体系。这个制度体系是基于其对文化遗产的详细分类、分级而逐渐确立的，其中包括针对不同文化遗产的类别和级别而分别形成的"指定""认定""选定""登录""记录"等各具特色的文化遗产保护和利用制度。正是通过这一制度体系，日本政府的文化遗产行政在其国家的文化政策和文化行政中发挥着重要而又积极的作用。

第一节 文化遗产的指定制度

所谓"指定制度"，主要是针对日本文化遗产分类体系中的"重要文化遗产"（第27条第1款）、"国宝"（第27条第2款）、"重要无形文化遗产"（第71条第1款）、"重要有形民俗文化遗产"（第78条第1款前段）、"重要无形民俗文化遗产"（第78条第1款后段）、"史迹名胜天然纪念物"以及"特别史迹名胜天然纪念物"（第109条第1款、第2款）等多种类型的文化遗产而言的（见第一章图1-1）。日本文化遗产的指定制度最早始于1897年，由当时的《古社寺保存法》所开创，即"特别保护的建造物或国宝"的认定制度，这一制度经过演变，在1950年颁布的《文化遗产保护法》中得到进一步发展，并最终得以确立，同时也在《文化遗产保护法》的历次修订过程中逐渐趋于完善。

一 文化遗产的指定基准与指定程序

从日本文化遗产指定制度的内容来看，它主要由两部分内容构成，一是各种文化遗产的"指定基准"，二是文化遗产的"指定程序"。前者是指由原文化遗产保护委员会①或者文部省②按照文化遗产的不同种类所分别制定的各项指定基准，主要有：1951 年 5 月 10 日制定的《国宝和重要文化遗产以及特别史迹名胜天然纪念物和史迹名胜天然纪念物之指定基准》（昭和 26 年文化遗产保护委员会告示第 2 号）、1954 年 12 月 25 日制定的《重要无形文化遗产的指定以及保持者保持团体认定之基准》（昭和 29 年文化遗产保护委员会告示第 55 号）、《重要有形民俗文化遗产指定基准》（昭和 29 年文化遗产保护委员会告示第 58 号）、1975 年 11 月 20 日文部省制定的《重要无形民俗文化遗产指定基准》（昭和 50 年文部省告示第 156 号）等。这些指定基准构成了文化遗产指定实践的实体性依据，也是其文化遗产保护法制体系中重要的组成部分。就指定基准的具体内容来看，大都必须是最优秀、具有很高学术和历史价值、能够体现最高技术水准的各类文化遗产，方可得到指定。以重要文化遗产中的建造物为例，其指定基准就是指在日本各个不同时代，具有创意（第 1 项）、代表优秀技术（第 2 项）、具有很高的历史（第 3 项）和学术（第 4 项）价值以及具有显著的建筑风格或地方特色（第 5 项）的建筑物、土木建造物以及其他建造物等，其中特别优秀且更具特别的文化历史意义的重要文化遗产，方可被指定为国宝。③ 后者即文化遗产的指定程序，主要是为了保障文化遗产指定过程的公正与透明。实施文化遗产之指定程序的主体为设置在文部科学省之下的行政机构——文化厅，通常是依据以下基本程序、不定期地组织进行文化遗产的"指定"（见图 4-1）。

---

① 文化遗产保护委员会是日本文化厅的前身，1968 年因行政机构调整被撤销，但其制定的相关文化遗产指定基准却一直沿用至今。

② 文部省系文部科学省的前身，因 2001 年日本中央政府调整，将文部省与科学技术厅合并为文部科学省而撤销，但其制定的相关文化遗产指定基准也一直沿用至今。

③ 参见『国宝及び重要文化財指定基準並びに特別史跡名勝天然記念物及び史跡名勝天然記念物指定基準』（昭和 26 年文化財保護委員会告示第 2 号）。

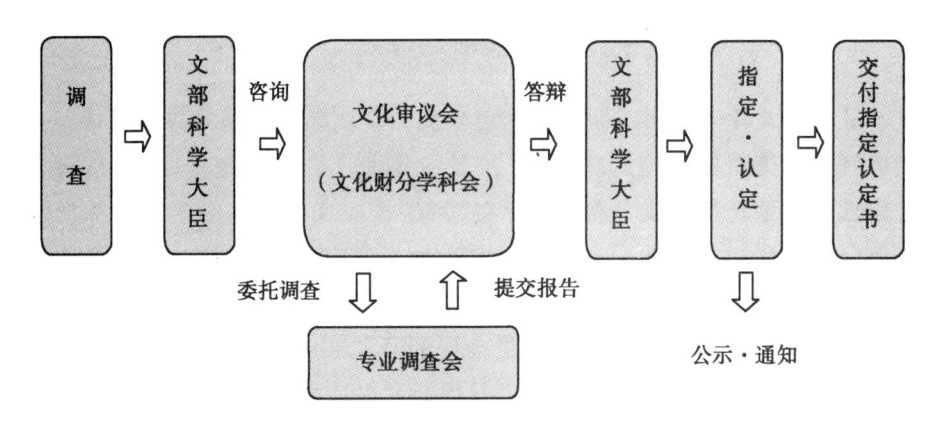

图 4-1 文化遗产指定、认定、登录流程

(资料来源：文化厅官方网站)

（1）由文部科学大臣向"文化审议会·文化遗产分科会"[①] 提出咨询（咨问）。

（2）由"文化审议会·文化遗产分科会"向有关的"专门调查会"提出调查委托。由"专门调查会"组织专家、学者对候补的指定对象进行翔实、严谨的调查研究，并完成书面调查报告。调查所获得的资料和调查报告将成为"指定"的科学依据。"专业调查会"要按时向"文化审议会·文化遗产分科会"提交报告。

（3）"文化审议会·文化遗产分科会"集中审议。

（4）由文化审议会向文部科学大臣提出报告（答申）。

（5）由文部科学大臣决定"指定"与否。一经指定，即须发表官方"告示"，并通知被指定的文化遗产"所有者"或相关当事人。

[①] "文化审议会"是振兴日本文化、促进文化交流的调查审议组织，由"文化政策部会""艺术品补偿制度部会""世界文化遗产/非物质文化遗产部会""国语分科会""著作权分科会""文化遗产分科会""文化功劳者选考分科会"等组成。其中的"文化遗产分科会"是日本有关文化遗产保护及利用之重要事项的调查审议组织，它由负责美术工艺品的"第一专门调查会"、负责建造物及传统建造物群保存地区的"第二专门调查会"、负责纪念物·文化景观及埋藏文化遗产的"第三专门调查会"、负责无形文化遗产及保存技术的"第四专门调查会"、负责民俗文化遗产的"第五专门调查会"以及规划文化遗产保护与利用综合政策的"企划调查会"等机构组成。参见中村賢二郎『わかりやすい文化財保護制度の解説』ぎょうせい（2007年）第31—32頁。

（6）向文化遗产"所有者"（或申报人）颁发"指定证书"。①

上述"指定程序"一经完成，主导政府文化遗产行政的国家机构——文化厅，就将依据《文化遗产保护法》承担起保护和促进利用文化遗产之义务，即通过采取各种必要之措施和政策，对文化遗产实施有效之保护，并致力于促进社会各界积极利用该文化遗产。以"重要有形民俗文化遗产"为例，在获得文部科学大臣指定、取得指定证书后，日本政府就有义务在被指定的重要有形民俗文化遗产的收藏设施、防灾设备、修理、维护等方面予以"国库资助"（第83条）。而且，对于由地方政府或民间社团举办或组织进行的有关"重要无形民俗文化遗产"的保护、传承事业以及对民俗文化遗产的利用事业等，政府也应予以必要的补助（第87条）等。

二 指定程序的准用

该文化遗产指定程序其实是日本文化遗产保护的基本程序，它不仅适用于文化遗产的"指定制度"，实际上还程度不等地适用于相关文化遗产的"认定""选定""登录""记录"等制度。同时，指定制度不仅包括文部科学大臣对上述各种文化遗产的指定，也包括对上述各类文化遗产之管理团体的指定（第32条之二第1款、第80条、第113条第1款、第118条），还包括因为法定事由而引起的对于各种指定的撤销等（第29条第1款、第32条之三第1款等、第72条第1款、第79条第1款、第86条、第112条第1款、第118条），甚至进一步还可包括在一些紧急情况下所做出的临时指定以及对临时指定的撤销（第110条第1款、第112条第3款）等。

三 各类型文化遗产的指定件数

根据日本文化厅官方网站公布的数据，截至2016年9月1日，经上述程序而被指定的"国宝"合计为1101件，其中美术工艺品878件，建造物282栋223件；② 被指定为"重要文化遗产"的合计有13110件，其

---

① 文化厅文化财部参事官（建造物担当）『国宝・重要文化财（建造物）保存・活用の進展をめざして』文化厅（2013年）第4頁。

② 可能是由于统计时间的不同，表4-1与表4-4中国宝"建造物"的总件数存在一定差异。

中美术工艺品 10654 件，建造物 4825 栋 2456 件（见表 4-1）。在其重要文化遗产当中，日本本土不同时期的美术工艺品共计 9652 件（见表 4-2），不同时期的域外美术工艺品共计 1002 件，其中绝大多数为中国不同历史时期的美术工艺品（见表 4-3）；另外，被指定为国宝、重要文化遗产的"建造物"（截至 2015 年 8 月 1 日），也明显地呈现出一定的时代特点，即近世①以前的建造物多为神社、寺院与民居，近代以来的建造物则与日本近代化的产业遗产密切相关（见表 4-4）。

表 4-1　　　　　　　国宝、重要文化遗产的指定件数

种类\区分		国宝	重要文化遗产
美术工艺品	绘画	160	2010
	雕刻	131	2699
	工艺品	253	2452
	书迹、典籍	225	1906
	古文书	60	763
	考古资料	46	626
	历史资料	3	198
	合计	878	10654
建造物		（282 栋）223	（4825 栋）2456
合计		1101	13110

注：重要文化遗产的件数中包含国宝的件数（截至 2016 年 9 月 1 日）。
（资料来源：文化厅官方网站）

表 4-2　　不同时代国宝・重要文化遗产（美术工艺品）的指定件数

种类\年代	旧石器	绳文	弥生	古坟	上古	飞鸟	奈良	平安	镰仓	南北朝	室町	桃山	江户	近代	合计（A）
绘画							12	160	718	132	282	128	256	49	1737
雕刻						123	128	1454	735	68	92	10	17	6	2633
工艺品				4		25	134	326	951	257	217	166	158	6	2244
书籍/典籍							2	203	488	584	100	74	13	49	1513
古文书							5	42	142	341	109	61	23	28	751

---

① "近世"是日本历史年代的名称之一，其确定与欧洲文艺复兴时期有一定的关联。尽管日本历史学者在"近世"开始的时间上有不同观点，但将其截止日期确定为"明治维新"，却基本上没有争议。

第四章　日本文化遗产保护的基本法律制度

续表

种类\年代	旧石器	绳文	弥生	古坟	上古	飞鸟	奈良	平安	镰仓	南北朝	室町	桃山	江户	近代	合计（A）
考古资料	10	113	107	172		12	71	77	21	6	4	2	3		598
历史资料							1	1	12	2	19	10	93	38	176
合计	10	113	107	176		167	591	2648	3362	674	749	352	604	99	9652

（截至2016年8月17日）

（资料来源：文化厅官方网站）

表4-3　国宝·重要文化遗产（外国美术工艺品）的指定件数

种类\年代	东洋					朝鲜	其他	合计	西洋	合计（B）
	中国										
	唐以前	唐	五代十国	宋·元	明·清	合计					
绘画		4	7	188	41	240	33		273		273
雕刻	17	38		6		61	4		65	1	66
工艺品	4	28		91	27	150	46	2	198	10	208
书籍/典籍	16	58	1	305		380	11		391	2	393
古文书	1	1		6	2	10	1		11	1	12
考古资料	23	3			26		2		28		28
历史资料					3	3	2	2	7	15	22
合计	61	132	8	596	73	870	99	4	973	29	1002

（截至2016年8月17日）

（资料来源：文化厅官方网站）

表4-4　国宝、重要文化遗产（建造物）的种类·时代分布表

分类		件数	栋数									合计
			近世以前					近代				
			奈良	平安	镰仓	室町	桃山	江户	明治	大正	昭和	
近世以前的分类	神社	(39) 570		(2) 4	(14) 46	(6) 310	(14) 163	(29) 681	*2			(65) 1206
	寺院	(155) 856	(26) 28	(23) 35	(55) 147	(29) 349	(12) 128	(18) 478	*9	*1		(163) 1175
	城郭	(9) 53					(12) 115	(5) 119	*1			(17) 235
	住宅	(14) 95				(2) 7	(7) 25	(11) 121				(20) 153
	民家	351					3	1	738	*94	*12		848
	其他	(3) 193	1		12	122	54	(1) 10	(2) 61	*1			(3) 261
	小计	(220) 2118	(26) 29	(25) 51	(69) 315	(37) 723	(46) 442	(65) 2198	107	13	0	(268) 3878

续表

分类		件数	栋数									合计
			近世以前						近代			
			奈良	平安	镰仓	室町	桃山	江户	明治	大正	昭和	
近代的分类	宗教	29						**1	23	16	4	44
	居住	(1) 87						**17	(1) 193	96	35	(1) 341
	学校	41							57	6	17	80
	文化设施	36							23	24	14	61
	官公厅舍	25							21	7	2	30
	商业·营业	21							19	4	5	28
	产业·交通·土木	(1) 75						**1	(3) 157	56	39	253
	其他	5							15	2		17
	小计	(2) 319						19	(4) 508	211	116	(1) 854
合计		(222) 2437	(26) 29	(25) 51	(69) 315	(37) 723	(46) 442	(65) 2217	(4) 615	224	116	(269) 4732

注：① （　）内为国宝数，包含在重要文化遗产之中（截至 2015 年 8 月 1 日）。

② * 表示：由复数栋构成，其核心建筑为近世之前建造。

③ ** 表示：由复数栋构成，其核心建筑为近代建造。

（资料来源：文化厅官方网站）

通过指定制度所规定的程序而成为日本"重要无形文化遗产"的共计 104 件，其中艺能类重要无形文化遗产 50 件，工艺技术类重要无形文化遗产 54 件（见表 4-5）；被指定为"重要有形民俗文化遗产"的合计 217 件，其中与衣食住相关的 28 件，与生产经营相关的 94 件，与交通、运输和通信相关的 19 件，用于交易的 1 件，用于社会生活的 1 件，用于信仰的 39 件，关于民俗知识的 7 件，与民俗艺能娱乐和游戏相关的 23 件，关于"人的一生"的 3 件，用于年节岁时祭典的 2 件等（见表 4-6）；被指定的"重要无形民俗文化遗产"共计 296 件①，其中风俗习惯类重要无形民俗文化遗产 123 件，民俗艺能类重要无形民俗文化遗产 159 件，风俗技术类重要无形民俗文化遗产 13 件（见表 4-7）。

---

① 可能是由于统计时间以及数据库未更新等原因，虽然"重要无形民俗文化遗产"（表 4-7）本身数字统计没有问题，但与表 4-8 中的"重要无形民俗文化遗产"总件数存在出入。

由于无形文化遗产、民俗文化遗产的地域性特色，因此，日本全国各都、道、府、县均有各自的重要无形文化遗产以及重要无形民俗文化遗产，其具体数据可参见表4-8。这里提及的"重要无形文化遗产""重要无形民俗文化遗产"等，大体上相当于我们所理解的"国家级非物质文化遗产"。

表4-5　　　　　　　　重要无形文化遗产的指定件数

	个人认定		保持团体等认定	
	指定件数	保持者数	指定件数	保持团体等数
艺能	37	54（54）	13	13
工艺技术	40	58（57）	14	14
合计	77	112（111）	27	27

注：保持者人数中有重复认定，（）内为实际人数（截至2016年9月1日）。

（资料来源：文化厅官方网站）

表4-6　　　　　　　　重要有形民俗文化遗产的指定件数

种类	件数
用于衣食住的	28
用于生产、生业的	94
用于交通、运输、通信的	19
用于交易的	1
用于社会生活的	1
用于信仰的	39
关于民俗知识的	7
用于民俗艺能、娱乐、游戏的	23
关于人的一生的	3
用于年中行事的	2
合计	217

（截至2016年9月1日）

（资料来源：文化厅官方网站国家指定文化遗产数据库）

表 4-7　　　　　　　　重要无形民俗文化遗产指定件数

	种类	件数	合计
风俗习惯	生产·经营	7	123
	人生·礼仪	6	
	娱乐·竞技	9	
	社会生活（民俗知识）	2	
	年中节庆	33	
	祭礼（信仰）	66	
	其他	0	
民俗艺能	神乐	35	159
	田乐	25	
	雅致（风雅）	35	
	故事·祝福艺能	5	
	延年·仪式	7	
	渡来艺能·舞台艺能	36	
	其他	16	
民俗技术	生产·经营	11	13
	衣食住	2	
	其他	0	
合计			295

（资料来源：文化厅官方网站国家指定文化遗产数据库）

表 4-8　　　各都、道、府、县的重要无形文化遗产、民俗文化遗产等

| | 重要无形文化遗产 ||| 民俗文化遗产 || 选定保存技术 || 备注 |
| | 保持者（人） ||| 重要有形民俗文化遗产 | 重要无形民俗文化遗产 | 保持者（人） | 保持团体 | |
	艺能	工艺技术	合计					
北海道				4	1			
青森				8	8	1		
岩手				8	8		1	
宫城		1	1	1	6	1		
秋田				6	17			
山形			0	10	6			
福岛				7	8		1	
茨城	1	1（1）	2（1）	1	2			

续表

	重要无形文化遗产			民俗文化遗产		选定保存技术		备注
	保持者（人）			重要有形民俗文化遗产	重要无形民俗文化遗产	保持者（人）	保持团体	
	艺能	工艺技术	合计					
栃木		2	2	1	4		1	
群马		1	1	3	4			
埼玉		2 (1)	2 (1)	6	7	2		
千叶				2	6	1		
东京	40 (10)	9	49 (10)	8	6	7	8	
神奈川	1		1	2	6			
新潟		2 (1)	2 (1)	17	11			
富山		1	1	3	8			
石川		8 (1)	8 (1)	14	7		1	
福井		1	1	1	5	1		
山梨				1	3			
长野				7	9	1	1	
岐阜		3 (1)	3 (1)	14	11			
静冈				2	9	1		
爱知				6	12	2	1	
三重		(1)	(1)	1	8			
滋贺				1	4	2	2	
京都	1	9	10	5	10	18	7	
大阪	2 (1)	1	3 (1)	3	2	1		
兵库	3	1	4	7	7	2	1	
奈良	1	1	2	4	7	8	1	
和歌山				1	7			
鸟取		1	1	1	3			
岛根		(1)	(1)	10	7	2		
冈山		1	1	1	4		1	
广岛				7	4			
山口		1	1	11	5	1		
德岛				7	2		1	
香川		3	3	10	3			
爱媛				1	1			
高知		1	1	4	2	1	1	
福冈		1 (1)	1 (1)	1	8			
佐贺		4 (2)	4 (2)	2	6			

续表

	重要无形文化遗产			民俗文化遗产		选定保存技术		备注
	保持者（人）			重要有形民俗文化遗产	重要无形民俗文化遗产	保持者（人）	保持团体	
	艺能	工艺技术	合计					
长崎					7			
熊本					4			
大分		(1)	(1)	4	6	1		
宫崎				3	6			
鹿儿岛					8			
冲绳	5 (2)	3 (3)	8 (5)		9	3	3	
2府县				1	2			
合计	54 (13)	58 (14)	112 (27)	217	296	56	31	

注：①（ ）内数字表示为保持者的团体或者保持团体（截至2016年9月1日）。

②2府县为跨府县重要有形文化遗产："生驹十三岭的十三坟冢"（奈良·大阪）；"室根神社祭祀仪式"（岩手·宫城）；"丰前神乐"（福冈·大分）。

（资料来源：文化厅官方网站）

除上述指定对象之外，指定制度还包括对"史迹名胜天然纪念物"的指定。截至2016年9月1日，通过指定程序而被指定的"史迹名胜天然纪念物"共计3179件（现在的实际件数为3067件），其中"史迹"1760件，"名胜"398件，"天然纪念物"1021件；被指定为"特别史迹名胜天然纪念物"的共计172件（现在的实际件数为162件），其中"特别史迹"61件，"特别名胜"36件，"特别天然纪念物"75件等（见表4-9）。至于各都、道、府、县的史迹名胜天然纪念物、特别史迹名胜天然纪念物的指定件数，则详见表4-10。

表4-9　　　　　　　史迹名胜天然纪念物的指定件数

特别史迹	61	史迹	1760
特别名胜	36	名胜	398
特别天然纪念物	75	天然纪念物	1021
合计	172（162）	合计	3179（3067）

注：①史迹名胜天然纪念物的件数中包括特别史迹名胜天然纪念物的件数。

②在史迹名胜天然纪念物中存在重复指定，（ ）内为实际指定件数。

（截至2016年9月1日）

（资料来源：文化厅官方网站）

表4－10　　史迹名胜天然纪念物的指定件数（都道府县）

	特别史迹名胜天然纪念物							史迹名胜天然纪念物								
	特别史迹			特别名胜			特别天然纪念物	合计	史迹			名胜			天然纪念物			合计
	史迹	史名	史天	名胜	名史	名天			史迹	史名	史天	名胜	名史	名天	天然	天史	天名	
北海道	1						5	6	52			3			32			87
青森	1						1	2	21			5		1	6			33
岩手	3			1			4	8	30			8		2	31			71
宫城	1			1			1	3	33	1		4			27			65
秋田	1						1	2	12			4			13			29
山形							2	2	25			6	1		13			45
福岛								0	47	2		2			24			75
茨城	3							3	27	2		2			6			37
栃木	1		1				1	3	36		1	2			6			45
群马	3						1	4	49			4		1	16		1	71
埼玉							3	3	19			3		1	10			30
千叶							1	1	27			3			13			44
东京	1	1		1	1		1	5	45	1		8	3		14	1		72
神奈川								0	58			3	2		7			70
新潟								0	29			6		3	24		1	63
富山					1		3	4	19				2		13			34
石川				1			1	2	24			7			13			46
福井	1			1				2	23			14			7		1	45
山梨				1			1	2	14			5			30			49
长野	1				1		1	3	34			4		11	22			61
岐阜							3	3	24			2			36			64
静冈	3						2	5	41			6	1	1	30		1	80
爱知	1							1	39			1		3	20			64
三重	1							1	35			6			21		1	64
滋贺	2						1	3	43			18	4		13			78
京都		3		11				14	67	15		35	8		9		1	135
大阪	2							2	67			5			5			77
兵库	1							1	49			7		1	15			72
奈良	9	1		1			1	12	114	3		8	2		18			145
和歌山	1						1		23			10		1	15			49

续表

	特别史迹名胜天然纪念物							史迹名胜天然纪念物								
	特别史迹			特别名胜			特别天然纪念物	合计	史迹			名胜			天然纪念物			合计
	史迹	史名	史天	名胜	名史	名天			史迹	史名	史天	名胜	名史	名天	天然	天史	天名	
鸟取	1						1	2	31			4	1	1	11			48
岛根							1	1	51	3		5		6	21		1	87
冈山	1			1				2	46			12			13			71
广岛	1	1		1				3	24	1		8			13			46
山口							3	3	40	1	1	6		4	37		1	90
德岛							1	1	9			3			16		1	29
香川	1			1			1	3	20		1	4		1	9			35
爱媛							1	1	14			10			11			35
高知							2	2	10			3			16	1		30
福冈	4						2	6	86			8			23			117
佐贺	2			1				3	23			2			11			36
长崎	2			1				3	31			7			30			68
熊本	1			1				2	40			6	1	2	14		1	64
大分	1							1	40			3			18			61
宫崎	1						3	4	23			3			38			65
鹿儿岛							6	6	26			5			30	1		62
冲绳				1				1	39			11		3	31			84
二都府县以上	1			3			2	6	22			3			15			43
未定							14	14							96			96
小计	53	6	1	27	1	2	4	162	1701	29	3	292	24	42	962	3	11	3067
合计		60			30					1733			358			976			
共计件数		61			36		75	172		1760			398			1021			3179

注：史迹名胜天然纪念物的件数中包括特别史迹名胜天然纪念物。
（截至2016年9月1日）
（资料来源：文化厅官方网站）

如上所述，通过"指定制度"及其相关程序而得以指定的文化遗产的数量，不仅占据了日本文化遗产中的大部分，而且，该制度特别是其指定程序也成为日本文化遗产的"认定""选定""登录""记录"等制度的"准用"基础。

第二节 无形文化遗产保持者与保持团体的认定制度

所谓"认定制度",主要是针对无形文化遗产以及选定保存技术的"保持者"或"保持团体"之"认定"(第71条第2款、第147条第2款)而言的。这里的"保持者"或者"保持团体",大体上相当于我国现行法律中的非物质文化遗产"传承人"。根据日本《文化遗产保护法》的规定,文部科学大臣在从"无形文化遗产"中指定出"重要无形文化遗产"的同时,还必须认定重要无形文化遗产的"保持者"或"保持团体"(由保持者构成)。"保持者"或者"保持团体",必须是能够高度"体现"或"体得"重要无形文化遗产的"技能"或"技艺"的个人保持者或群体(保持团体)。[①] 对于无形文化遗产的保护,其实就是针对保持者或保持团体采取必要的支持和扶助措施。例如,为鼓励保持者保存重要无形文化遗产、培育传承者,国家不仅要采取必要保存措施,而且还应该向采取这些保存措施的保持者提供一定的财政补助(第74条第1款),日本政府现在每年向保持者提供200万日元的特别助成金;保持者或保持团体在公开重要无形文化遗产时,也可就其公开行为获得一定的财政补贴(第75条第2款)等。由于保持者或保持团体的认定对象是"人"而不是"物",加上认定有几种不同的形式,故与前述的指定制度分开叙述。

这里需要特别说明的是:文部科学大臣所选定的文化遗产"保存技术"是日本文化遗产保护制定中一项非常特别的保护制度,该制度是以有形文化遗产(美术工艺品、建造物)的传统修理修复技术、修理修复所需材料工具等的传统制作技术,[②] 以及无形文化遗产、民俗文化遗产中的传统乐器、传统面具、人偶、装束、发式等用具的制作、修理所不可缺之技术以及修理所需材料的必要技术等[③]为保护对象的。在那些被指定为重要文化遗产的、美轮美奂的美术工艺品、宏伟壮观的建筑物面前,保存和

[①] 文部学科省『平成21年度文部科学白書』文部学科省(2009年)第279頁。

[②] 同上书,第282页。

[③] 中村賢二郎『わかりやすい文化財保護制度の解説』ぎょうせい(2007年)第186頁。

修复该重要文化遗产的保存技术本身的重要性往往会被人们所忽视，但日本《文化遗产保护法》不仅将其作为一项独立的，与有形文化遗产、民俗文化遗产等并列的文化遗产加以保护，而且还在选定保存技术之后，对保存技术的保持者或保持团体加以认定，使得保存技术本身延续与传承。因此，文化遗产保存技术的选定以及保存技术持有者或持有团体的认定可以称得上是日本文化遗产保护制度中一项重要和独具特色的内容。

根据《文化遗产保护法》的相关规定，重要无形文化遗产的保持者或保持团体的认定，需要由文部科学大臣站在全国的立场来进行，此种认定并不实行申请制或推荐制。保持者或保持团体的认定，共有以下三种基本认定方式，即"个人认定""综合认定""保持团体认定"。日本法律上将"综合认定""保持团体认定"都归为"团体认定"。

一　个人认定

能够高度体现或体得重要无形文化遗产（如艺能及工艺技术）之"技艺""技能"的个人，可以被认定为"重要无形文化遗产持有者"。在艺能领域（诸如传统的歌舞伎、能乐、文乐等）、"工艺技术"领域（诸如陶艺、染织、漆艺、人偶等），被指定为重要无形文化遗产的，都有分别进行了保持者的"个别认定"。例如，2000年6月，具有历史和艺术价值以及显著地方特色的琉球古典音乐被指定为艺能类重要无形文化遗产的同时，琉球古典音乐的演奏家岛袋正雄则、照喜名朝一就分别被认定为琉球古典音乐的个人保持者。此外，2005年8月被指定为重要无形文化遗产的琉球"组踊①音乐歌三线"，城间德太郎被认定为个人保持者，2011年9月又追加认定西江喜春为个人保持者；重要无形文化遗产"尺八"的保持者青木静夫（艺名"青木铃慕"）、"歌舞伎女方"的保持者守田伸一（艺名"坂东玉三郎"）等都属于个人认定。再如，陶艺类重要无形文化遗产"备前烧"的保持者为伊势崎惇、"濑户黑"（黑陶）的保持者为加藤孝造、"白磁"的保持者井上万二、"铸金"的保持者大泽幸胜（雅

---

① "组踊"（日语发音：くみおどり）为琉球王朝迎接中国册封使时的歌舞，其创作者为玉城朝薰（1684—1734年）。组踊主要以歌唱和舞蹈组成，其所歌内容取材于琉球的传说、历史故事等，音乐则由三线（三弦）、筝、太鼓、笛和胡弓等伴奏，现为日本冲绳地区最具代表性的传统歌舞。

号"大泽光民")、"雕金"的保持者中川卫、染织类"芭蕉布"的保持者平良敏子、"红型"的保持者玉那霸有公、"献上博多织"的保持者小川规三郎等，都属于工艺技术领域的个人保持者。

另外，在选定的文化遗产保存技术中，存在有形类选定保存技术和无形类保存技术之分。前者主要是建造物和美术工艺类文化遗产的保存技术，例如，传统建造物的"屋根瓦制作"（装饰瓦制作）的小林章男、"金具锻冶"的横山义雄、"甲胄修理"的小泽正实等；后者则主要是无形（包括无形民俗）类文化遗产的保存技术，例如，"乌梅染色制作"的中西喜久、"漆刷毛制作"的泉清二（雅号"九世泉清吉"）、"琵琶制作修理"的石田胜雄（雅号"四世石田不识"）等都属于个人认定。

二 综合认定

由于很多"艺能"往往是由二人或二人以上成为一体而体现或体得的，因此日本政府对此采取"综合认定"的方式认定他（她）们为无形文化遗产的保持者。诸如"雅乐""能乐""歌舞伎""组踊"等的演技者、乐器演奏者等，常常都是二人以上合作才能构成舞台演出。1965年4月被指定为重要无形文化遗产的"歌舞伎"的演出更是需要多人才能完成，对保持者的认定就需要根据角色的不同以及表演者自己的造诣，日本政府给予综合性认定。山中宗雄（艺名"泽村田之助"）就是歌舞伎综合认定中的"俳优"角色、矢岛一夫（艺名"杵屋长四郎"）为"长呗（呗）"、龟井令子（艺名"田中佐太郎"）为"囃子①"、高松茂（艺名"鹤泽燕太郎"）为"竹本（三味线）"等的保持者。在1972年5月被指定为重要无形文化遗产的琉球"组踊"中，真喜志康忠为"舞踊"、山内昌行和岛袋正雄等为"歌三线"、嘉数世勋为"笛"、山内秀雄为"胡弓"、宫城正子为"筝"的保持者（综合认定），等等。此外，由于"工艺技术"和"保存技术"往往并不必然由二人或二人以上同时完成，因此在"工艺技术"和"保存技术"领域几乎没有保持者的"综合认定"，多为保持团体认定。

---

① "囃子"（日语发音：はやし）为日本能乐、歌舞伎等传统艺能表演时用笛、大鼓、小鼓和太鼓四种乐器与人声合成的伴奏。

三 保持团体认定

在被指定为重要无形文化遗产的传统"工艺技术"和"选定保存技术"当中，某些行当的个人色彩或风格较为淡薄，且保持此"技能"的人数较多，在这种情形下，日本政府对以他们为主构成的团体予以"保持团体认定"。例如，以福冈为中心周边数个町村农家副业的手工染织工艺——"久留米絣织"曾盛极一时，但随着机械技术的进步以及日本经济进入高速成长期，该工艺开始逐渐衰微，于是日本政府在1957年4月指定其为重要无形文化遗产，"重要无形文化财久留米絣织技术保持者会"被认定为保持团体（团体代表为松枝哲也）；同属于染织技术的冲绳"久米岛绸"，于2004年被认定为重要无形文化遗产，"久米岛绸保持团体"被认定为保持团体（团体代表为山城宗太郎）；另外，在"和纸"的造纸术方面，因地域、工艺技术的不同，有"细川纸""石州半纸""本美浓纸"三种技术流派之分，保持团体分别为"细川纸技术者协会"（团体代表为鹰野祯三）、"石州半纸技术者会"（团体代表为川平正男）和"本美浓纸保存会"（团体代表为泽村正）等，都是"工艺技术"类重要无形文化遗产的保持团体的认定。

此外，日本还对"选定保存技术保持者"有认定制度。例如，"玉钢制造"技术于1977年5月被选定为选定保存技术，"财团法人日本美术刀剑保存协会"（会长为桥本龙太郎）则被认定为保持团体；"歌舞伎衣裳制作修理"于2002年被选定为选定保存技术，而"歌舞伎衣裳制作修理技术保存会"则被认定为它的"团体保持者"；同年，被选定为选定保存技术的还有"文化财庭园保存技术"，"文化财庭园保存技术者协议会"则被认定为其"团体保持者"等。

根据表4-5和表4-8中的数据，截至2016年9月1日，有关重要无形文化遗产的个人认定共77件、112位个人保持者（实际111人），团体认定共27件、27个保持团体。其中，艺能类个人认定共37件、54位保持者（实际54人），工艺技术类40件、58位保持者（实际57人）；艺能类团体认定共13件、13个保持团体，工艺技术类14件、14个保持团体。至于选定的70项保存技术，认定的个人保持者为48件56人，团体保持者31件33（实际31）个保持团体（见表4-11）。此外，还有5件既是保持者个人认定,也是保持团体认定。①

表 4-11   选定保存技术的选定以及保持者认定件数

选定件数	保持者		保持团体	
	件数	人数	件数	团体数
70	48	56	31	33（31）

注：保持团体数存在重复认定，（　）内为实际认定数。
（截至2016年9月1日）
（资料来源：文化厅官方网站）

以上三种不同的认定方式是根据无形文化遗产的不同表现形式以及传承方式所决定的。日本的传承人认定方式呈现出以下特点："工艺技术"类重要无形文化遗产和"选定保存技术"的传承人之认定多为个人认定和保持团体认定（选定保存技术还有个人和团体同时认定的情形），几乎没有综合认定；而"艺能"类重要无形文化遗产传承人的认定，则多为个人认定和综合认定，没有保持团体认定。有关这些特点，我们将在第八章中进行比较详细的论述。

第三节　文化遗产的选定制度

在日本文化遗产保护的制度体系中，"重要传统建造物群保存地区"（第144条第1款）和"重要文化景观"（第134条第1款）这两项文化遗产，分别是在1975年和2004年修订《文化遗产保护法》之后才被列入保护范围的。前者的保护与日本经济高速发展过程中传统建筑受到的严重破坏有关，后者则和国际社会逐渐重视文化景观遗产保护的大趋势相互吻合及呼应。2004年，日本申报的"纪伊山区的圣地、朝圣古道及周边的文化景观"，获准登录成为世界文化遗产，这也反映了日本对文化景观遗产的重视。此外，1975年通过法律修订新增的文化遗产"保存技术"之选定（第147条第1款），也是其文化遗产选定制度的一项重要内容。

---

① 有关选定保存技术的选定以及保持者、保持团体的认定的统计数据，日本官方网站给出的统计数据和官方网站数据库给出的数据之间存在一定差异，可推测的原因是因统计时间差异造成的。

对于重要传统建造物群保存地区、重要文化景观以及文化遗产保存技术等，日本政府采用了"选定"制度而非"指定"制度。两者的区别主要在于地方政府的责任、权力和义务有所不同。在指定制度之下，中央政府发挥主导和决定性作用；在选定制度之下，地方政府的积极性和贡献得到了较好的尊重。但此种选定制度的基本程序，多与前述"认定"程序制度基本相同，也是包括"调查""咨问""答申""认定""公示"等环节。

一 重要传统建造物群保存地区的选定

根据日本文化厅官方网站提供的数据，截至2016年9月1日，反映日本各地历史与文化的传统村落及街区等所谓"传统建造物群保存地区"，经过各级地方政府决定的有92处；被国家选定为"重要传统建造物群保存地区"的有112处。[①] 目前，在已被选定的重要传统建造物群保存地区中，具有代表性的如香川县丸龟市盐饱本岛町笠岛的"港町"（港口小镇）、埼玉县川越市川越的"商家町"（商业小镇）、冈山县高梁市吹屋的"矿山町"（矿山小镇）、福井县三方上中郡若狭町熊川宿的"宿场町"（旅馆街）、京都府京都市嵯峨鸟居本的"门前町"（社寺建筑群）、京都市祗园新桥的"茶屋町"、京都府与谢郡伊根町伊根浦的"渔村"、岐阜县大野郡白川村荻町的"山村集落"等。

日本传统建造物群保存地区以及重要传统建造物群保存地区的选定程序或其流程（见图4-2）是该选定制度的核心，其主要内容如下：

第一，由市、町、村或市、町、村等地方政府的教育委员会进行有关的"保护对策调查"，国家或都、道、府、县的教育委员会对此应予以必要的经费补助。

第二，由地方政府制定有关传统建造物群保存地区的"保护条例"，并向文化厅长官提出报告。

第三，市、町、村等地方政府设置"保护审议会"，决定或者变更具体的"保存地区"（其位于都市规划区域或准都市规划区域外的，市、町、村教育委员会可依据"保存条例"决定；而位于都市规划区域或准都市规划区域内的，则由市、町、村依据《都市规划法》来决定），并向

---

① 此组数据来自日本文化厅官方网站（http://www.bunka.go.jp）。

文化厅长官报告。

第四，由市、町、村教育委员会策定或变更"保护计划"并予以"公示"，同时也需要向文化厅长官报告。保护计划的基本内容，应该涉及对传统建造物的确定、对传统建筑物的保护整修、对保存地区的环境整顿等。

第五，市、町、村应积极地进行有关重要传统建造物群的维修、修景、环境整顿及防灾等事业。

第六，由市、町、村向文部科学大臣提出"选定"申请，经由文部科学大臣和文化审议会之间的"咨询"与"答申"程序，便可以选定其为"重要传统建造物群保存地区"。

第七，一经选定成立，即通过官方公报予以"公示"，并向提出申请的市、町、村发出"通知"。

在上述准备、申请和选定的所有环节，文化厅均可以向市、町、村提出各种建议和必要的指导。对于选定的重要传统建造物群保存地区，由国家向市、町、村进行的维护、修景及防灾设施配套等事业，予以必要的经费补助。与此同时，国税和地方税也都会有一些必要的税制优惠措施。重要传统建造物群保存地区的选定与其他文化遗产保护制度稍有不同，它是由市、町、村及当地居民来决定或确认当地的"传统建造物群保存地区"，非常重视和突出地方和民间的积极性和主动性。1975年修订的《文化遗产保护法》，将"传统建造物群保存地区"的决定权交由市、町、村，因此，保存地区之内的现状变更、维修或改善其外观等保护事业，归根到底都是以市、町、村为主体进行的；国家只是接受市、町、村的申请，从中予以"选定"。

"重要传统建造物群保存地区"一经选定，对于以市、町、村为主体组织进行的必要的修理、维护和防灾设施的配套、整顿等工作（例如，加固或改建老化的传统建筑，对建筑物外观予以必要修饰，把有损景观的电线埋入地下，复活已经淤积的水渠小溪，把旧旅馆改造成博物馆，在砖瓦结构的老房子内开设摩登的咖啡馆等），国家和都、道、府、县则应予以技术指导和在资金方面的补助支持。与此同时，对于市、町、村从事的包括地域环境整顿、复活传统产业（手工业等）、开发观光、确保安全等内容的保护计划，国家和都、道、府、县也都应该予以关心，提出建议，并给予必要的支持。此外，在固定资产等税制方面，也可采取必要的优惠措施。

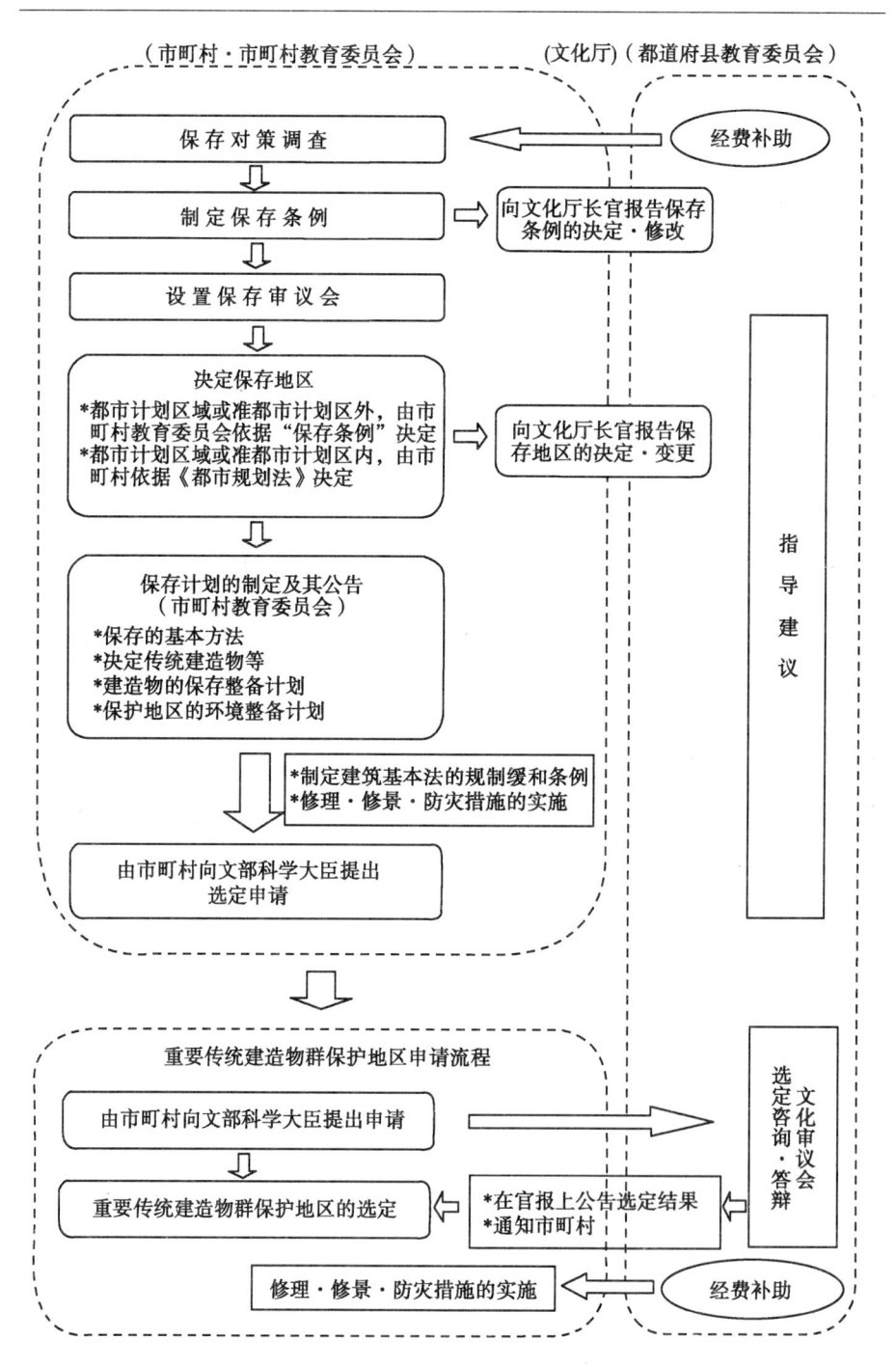

图 4-2 传统建造物群保存地区选定流程

（资料来源：文化厅官方网站）

在以传统建筑物为中心的"保存地区",其整体的历史环境或景观可以说得到了有效保护,其中甚至还有一些通过"环境整备"或"景观修复"之类的努力而发展成为既富于历史魅力也富于生命活力之新社区的成功案例。显然,此种重要传统建造物群保存地区的选定制度,并不是要阻止进步或停滞发展,而是试图为居住在传统建筑或相关街区之内人们的生活注入新的活力,提高其生活质量。把地域性的传统和文化作为村镇建设或地域振兴的共享资源,重要传统建造物群保存地区制度在这一点上,还可以有力地促进地区居民彼此间的认同感。

二 重要文化景观的选定

文化景观的保护制度,以根植于各个不同地域社会的生活和产业并在历史上形成的人文景观为对象,积极、正面地评价其文化价值,促使其在当地得到认真的保护,目的是要尽可能地将其保存并传递给后世。通过对文化景观的保护,可以促进一般国民对于文化景观的理解,有助于地域社会的振兴和发展,并有可能增强地方社区的活力。文化景观在日本格外受重视,这是因为现代化都市的急剧发展,已经使得传统的文化景观日益支离破碎和伤痕累累,如何在都市现代化的开发过程中尽量兼顾传统文化景观,使之不受或少受破坏,在日本目前已被看作文化遗产保护工作中新的当务之急。

重要文化景观的选定,主要是基于都、道、府、县或市、町、村等各级地方政府的"申请",然后,再由国家从中"选定",该选定的具体程序大体如下:

第一,要由都、道、府、县及市、町、村等各级地方政府根据《景观法》的有关规范,决定景观规划区域、景观地区、准景观地区,其中包括全部或一部分文化景观,进而制定景观规划或与景观地区有关的都市规划;都、道、府、县及市、町、村各级地方政府所进行的关于文化景观保护的调查作业,可以获得来自文化厅的国库经费补助。

第二,要由各级地方政府,基于《景观法》和其他有关法律,制定本地区保护文化景观所必需的条例;进而制订文化景观保护计划(内容主要有文化景观的位置及范围,保护文化景观的基本方针,保护文化景观应该兼顾的土地利用原则,文化景观的整修和整理,文化景观的保护体制等),国家对于以上努力予以必要的经费补助。

第三，地方政府就"重要文化景观"的选定，向国家提出"申请"时，需要征得有关所有权人的同意。

第四，各级地方政府根据《文化遗产保护法》中的有关规定，向国家提出选定"申请"；经文部科学大臣和文化审议会之间的"咨询""答申"等法定程序之后，最终就有可能获得国家的"选定"。

第五，申报项目一经选定为"重要文化景观"，要由文化厅发布官方"公示"，并及时地向有关重要文化景观的所有权人、占有者以及申请者发出"通知"。

一旦完成上述的选定程序，被选定的重要文化景观就要受到《文化遗产保护法》相关条款的保护。例如，国家对由重要文化景观所在地的地方政府组织的有关维护、修景、复旧、防灾等事项，均依法予以经费补助。在地方税的税制方面，获选的重要文化景观也能得到一些优惠措施，例如，构成重要文化景观的主要建筑物，其固定资产税额可以按应课税标准的一半征收等。

根据日本《景观法》和《文化遗产保护法》的相关规定，重要文化景观的所有者，在涉及其建筑物的改建或新建以及土地用途的变更等情形时，需要向所属地方政府提出备案，或提出申请；而重要文化景观所在地的地方政府，有权对其做出"劝告""命令"或"认可"的决定。重要文化景观的所有者在有关的重要文化景观出现消失、破损或需要变更其现状之际，还需要向文化厅长官提出报告或备案；文化厅长官有权依法对其进行"指导""建议"或"劝告"（见图4-3）。截至2016年9月1日，经文部科学大臣选定的重要文化景观共计50件。①

三 文化遗产之"保存技术"的选定

文化遗产的保护与利用，除了通过前述的制度安排来实现之外，对于文化遗产所不可或缺的保存技术之保护也是一个比较重要的内容。根据《文化遗产保护法》的规定，日本对文化遗产保护所不可或缺的保存技术之选定，基本上也是由文部科学大臣在征求文化审议会意见的基础上直接"选定"（第147条第1款），在选定了保存技术的同时，还必须认定"保存技术"的保持者或保持团体（第147条第2款），而国家（文化厅）为

---

① 此组数据来自日本文化厅官方网站（http://www.bunka.go.jp）。

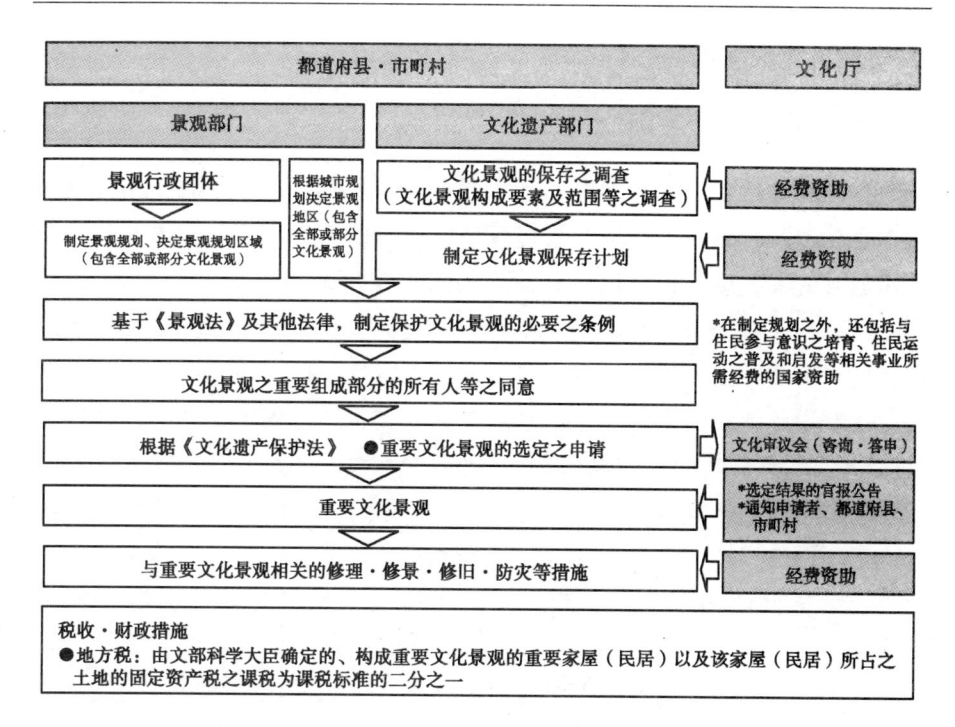

图 4-3 文化景观的保护流程

了保护这些选定保存技术，除致力于对其进行记录和培养有关的传承者之外，还对保持者或保持团体所进行的技术钻研活动、培养后继者等事业予以必要的援助。截至 2016 年 8 月 1 日，经文部科学大臣选定的选定文化遗产保存技术 70 件（见表 4-11），其中认定的保持者有 48 件 56 人，保存团体有 31 件 33（实际 31 个）个团体。

第四节　文化遗产的登录制度

文化遗产登录制度是日本在 1996 年对《文化遗产保护法》予以修订时才正式确立的，它主要是就那些尚未或未能被国家和地方政府列入文化遗产的指定名录，但又具有一定的保存或活用价值的文化遗产而言的。登录制度刚开始时只局限于有形文化遗产（建造物），而 2004 年的又一次修法，则进一步把建筑物以外的有形文化遗产，例如，美术工艺品、有形民俗文化遗产、纪念物等也纳入其中，从而极大地拓宽了这一制度的适用范围。[1] 这一制度基本上不涉及"无形"文化遗产。

一 文化遗产登录制度的特点

日本的文化遗产登录制度，其实是受到了西欧国家类似制度的影响。日本文化遗产行政当局认为，通过登录制度可以极大地提高全体国民对于文化遗产的关心度，也可以更大面积和最大限度地保护更多的文化遗产，尤其是那些在普通国民身边的虽然寻常可见但又难以再建或重现的建筑物、风景和文化遗产等。由当地居民或所有者自主地，即自愿和主动地对文化遗产进行保护与利用，将其登录在国家文化遗产的名录之上，其实就是由所有者向国家备案注册，这是一种较为和缓的文化遗产保护方式。西欧各国很早就已经采取了此种登录制度，并由此保护了很多传统的街区，形成了很多富于个性和令人心旷神怡的都市景观或小镇景区，居民们也因此以自己街区的传统感到自豪，同时也吸引了世界各地无数游客流连忘返。

文化遗产的登录制度并不是对以前指定制度的取代，而是对它的重要补充。指定制度主要是从国家的立场出发，对于文化遗产中那些特别重要、突出和具有特殊价值的予以严格筛选和"指定"，进而对其所有者或相关当事人也做出必要的限制，多少是具有一些强制性的，明确地有将文化遗产"国家化"的目的。然而，和国宝、重要文化遗产等经过国家严格筛选之后指定的历史较为古老的少数物件相比较，登录文化遗产则更多是以近代以来的历史文化遗产为主，包括与普通国民的日常生活密切相关的项目在内，更多地考虑到各个地方和一般居民的利益与权限。与此同时，和较为严格、细密的指定制度相比较，文化遗产登录制度的原理和限制均较为和缓，它没有"许可制"之类的强行限制，但也没有特别优厚的以保护为名义的国家资助。可以说，文化遗产的登录制度其实就是在较为僵硬的指定制度已经不能很好地适应更大面积、更多品类的文化遗产保护之时代需求的大背景之下应运而生的。随着全社会富裕程度的不断提升、国民生活方式和价值观念出现了日益多样化的趋势，日本全体国民对于文化遗产之重要性认识也不断深化和强化，正是以此为依托，日本政府才新近创设了可以覆盖更大面积同时也更加简易灵活的文化遗产登录

---

[1] 文化庁『我が国の文化行政・平成18年度』（2006年11月）第42頁。

制度。

　　显然，文化遗产的登录制度是一种制度创新，它较多弹性和变通性，特点是在于使文化遗产作为"资源"继续被利用的同时，也能够予以保护。其理念的新意之一在于登录的文化遗产仍可以继续使用，例如，某座有一定历史的建筑物经国家登录后，仍然可以利用它作为事业资产或观光资源，若外观没有大的改变，其内部装修为宾馆、餐厅、资料馆等均无妨碍。所以，此种登录制度有利于地方发展，能够和缓地保护文化遗产。在登录文化遗产所能获得的若干优惠措施中，能够多方面地支持将其作为资产予以继续活用乃是登录制度的一大特点。

二　文化遗产的登录基准与登录程序

　　根据"有形文化遗产登录基准"，凡是建成后经过50年以上的建筑或土木构造物，若符合以下几个条件的，可以登录为文化遗产。

　　（1）有可能具有国土历史意义的景观，特别是广为人知的（例如，在公众中获得某种爱称或昵称），对于了解当地的历史或文化有价值的，或经常在绘画等艺术作品中出现的。

　　（2）具有规范的造型，例如，古典样式的银行、邮局；有大量作品问世的著名设计师或建筑师参与的作品或其早期作品，反映了时代或建筑物种类之特征的。

　　（3）不易再现或重建的，包括采用了某些优秀的技术或技能，或采用了现在已不常使用而变得珍稀的技术或技能的，具有珍贵的形式或设计而较为罕见者。

　　文化遗产的登录制度，其实也就是一种申报备案制。文化遗产所有者若希望登录，可以通过地方政府提出申请；地方政府也可以向国家推荐登录。登录制度的基本程序其实和指定制度颇为相似，也都需要经过专家学者的"调查"、文部科学大臣的"咨问"、"文化审议会·文化遗产分科会"的"答申"，由文部科学大臣将申请的文化遗产（建造物或其他有形文化遗产）登录于"文化遗产登录原簿"上，再由国家（文化厅）颁发有关证书并予以"公示"等。

　　登录的程序完成之后，其所有者或管理者就应该接受政府文化遗产行政部门的指导、建议或劝告等，对其登录的文化遗产进行缓和与宽泛的保护。此种保护受到的限制并不多，只是在外观有很大变更时，才需要向文化厅提出申请。通常，所有者可以根据不同的目的，灵活地利用登录文化遗产，其在修缮和管理等方面也可以获得文化厅的技术建议。通常，登录文化遗产的改建如果超过 1/4，才需申请备案；若要对登录文化遗产实施改装或改建时，应该尽量保持原先的风格。登录文化遗产通常不包括后来的改建或扩建部分，其被认为有价值的主要是早先或当时的建筑形态，故对其应予以维持，尽量保持原状。由于屋顶和墙面等往往构成了建筑物的基本风格和印象，因此，当建筑物屋顶的形状或轮廓曲线发生大规模改变时，就需要向有关机关提出申请或备案了。

文化遗产的登录制度设定的保护范围也非常广泛，例如，可以登录的建造物，包括住宅、事务所、神社、寺庙、工厂、公共建筑等，还包括桥梁、隧道、水闸、堤防、水库，甚至烟囱、墙壁等。基本上建成在半个世纪以上，为当地民众所喜爱，或者只见于当地的建造物类型等，均可被看作文化遗产。按照上述标准，自然也就能包括很多所谓的"近代化遗产"在内。文化遗产保护对象的此种扩大趋势，究其原因，除了时代的变迁、学术调查研究的进展等之外，普通国民的观念和意识变化也是非常重要的动因。根据文化厅的官方数据，截至 2016 年 9 月 1 日，日本全国共计登录有形文化遗产（建造物）10715 件，登录有形文化遗产（美术工艺品）14 件，登录有形民俗文化遗产 42 件，登录纪念物 98 件。[①]

第五节 文化遗产的选择记录制度

通过上述"指定""认定""选定""登录"等多种方式和一套严谨、公开的基本程序，日本政府可以分别建立起被认为更为重要和更加具有保护价值的"重要文化遗产""国宝""登录有形文化遗产""重要无形文化遗产""重要无形民俗文化遗产""重要有形民俗文化遗产""登录有形民俗文化遗产""史迹"和"特别史迹""名胜"以及"特别名胜""天然纪念物"和"特别天然纪念物""登录纪念物"等。此外，还有"重要文化景观""重要传统建造物群保存地区"以及所谓的"选定保存技术"。对于经过法定程序而最终得以确定的各种不同类型的"重要"或"特别"

---

① 此组数据来自日本文化厅官方网站（http://www.bunka.go.jp）。

的文化遗产，日本国家将依法予以重点的保护和扶持，即根据《文化遗产保护法》，对相关文化遗产分别采取不同但又适应它们各自具体情形的方法，予以严格地保护和积极地利用。

一 "应该采取记录等措施"的无形文化遗产

在日本的文化遗产保护制度当中，加强对文化遗产的实地调查和记录工作，尤其是针对无形文化遗产和无形民俗文化遗产等缺乏物化形态的文化遗产类型的记录，实际也是其文化遗产保护制度的一个非常重要的环节。日本政府对所有类型的文化遗产的指定、认定、选定或登录，一般都要求调查研究先行，只有在相关调查研究的基础上，才能确定候补的保护对象。除了那些被指定、选定或登录的文化遗产，均有对其历史与现状、价值和特点、传承方式等予以全面和科学记录的调查报告陆续问世与大量积累之外，日本政府还特别设置了文化遗产的"选择记录制度"，即"应该采取记录等措施"的无形文化遗产和"有必要予以记录"的无形民俗文化遗产，但实践中该制度很容易被研究者和一般公众所忽视。

"应该采取记录等措施"的无形文化遗产，主要是指那些虽然未能被指定为"重要无形文化遗产"，但是，其又在了解日本的艺能或工艺技术变迁等方面具有相当的价值，被认为有必要予以记录和公开的无形文化遗产，它们一经被文化厅长官选择出来，就需要由国家组织力量进行调查、记录等作业，或由国家对于地方政府所进行的此类记录事业予以经费方面的补助。根据文化厅的官方数据库，截至2016年9月，日本全国共计有"应该采取记录等措施"的无形文化遗产132项，其中艺能72项、工艺技术60项。①

二 "有必要予以记录"的无形民俗文化遗产

"有必要予以记录"的无形民俗文化遗产，主要是指从民俗文化遗产中选择出那些虽然未能被指定为重要无形民俗文化遗产，但是，又具有学术或记录之价值，故需要给予记录的项目，它也是由文化厅长官予以选定，进而再由国家组织进行调查和记录，或者由国家对于地方政府进行的

---

① 此组数据来自日本文化厅官方网站"国家指定文化遗产等数据库"（http://kunishitei.bunka.go.jp/bsys/index_pc.html）。

有关调查和记录事业予以必要的经费资助等。① 根据文化厅的官方数据库，截至 2016 年 9 月，日本全国共计有"有必要予以记录"的无形民俗文化遗产 622 项，其中风俗习惯 244 项、民俗艺能 371 项、民俗技术 6 项。②

以上对日本通过立法建构起来的文化遗产保护制度的主要内容，作了简明、扼要和清晰的概述，从中可以窥见日本文化遗产保护制度的一些基本特点。例如，文化遗产分类颇为细致；有关法定程序公开而又透明；有形的物质文化遗产和无形的非物质文化遗产的保护并重；对于文化遗产传承人的保护和扶助，能够落到实处；较为重视保护文化遗产的周边环境；较为重视调动地方政府的积极性，也强调社区居民的参与等。日本的《文化遗产保护法》特别突出地强调文化遗产是全体国民的财富，它不将文化遗产行政单纯地只理解为"保护"，而是要充分发挥文化遗产在当前国家和地域社会的文化生活中的建设性作用，既要妥善保存、严格管理，又要积极发挥文化遗产的价值，使其造福于全体国民。我们从中国的角度去观察，如何把整个文化遗产行政建立在绵密的文化遗产保护法制的基础之上，通过制度创新推动中国文化遗产的全面保护、传承与发展，或许也可以从日本的经验中获得一定的启示。

---

① 大島暁雄『無形民俗文化財の保護——無形文化遺産保護条約にむけて』岩田書店（2007 年 12 月）第 145—146 頁。

② 此组数据来自日本文化厅官方网站"国家指定文化遗产等数据库"（http：//kunishitei. bunka. go. jp/bsys/index_pc. html）。可能是两县共同享有等原因，数据库中的"有必要予以记录"的无形民俗文化遗产的总数与分项之和存在差异。

第五章

日本文化遗产保护的举国体制

日本在文化遗产的保护和利用方面先行一步，长期以来其文化遗产行政积累了很多经验。坚持文化遗产是全体国民珍贵的文化财产这一理念，通过法律规范与文化遗产有关的当事各方，包括中央政府、地方公共团体、文化遗产所有者及管理者、一般国民的权利、责任和义务，从而形成文化遗产保护的"举国体制"，便是其中很值得其他国家和地区借鉴的经验之一。

第一节 文化遗产相关各方的责任和义务

以《文化遗产保护法》为核心，日本的文化遗产保护和利用的法律、法规、政令和条例较为完备，通过对文化遗产相关各方的责任、权利和义务的制度性安排，有效地构成了一个完整的、旨在保护和促进文化遗产传承和利用的法制体系。

一 国家的主要责任与义务

根据1999年《文部科学省设置法》（平成11年7月16日法律第96号）第4条第83项之规定，日本"文化遗产的保护与利用"为文部科学省负责的行政事项之一，其具体的行政事务由下属"文化厅"承担（第19条）。文化厅由文化厅长官主事（第17条），下设"文化厅次长"、特设机构"日本艺术院"和"审议会"（第20条第1款），其中对于文化遗产的指定、认定、选定、登录以及记录等直接审议的为"文化遗产审议会"（第20条第2款、第21条）；文化厅次长下面除了"长官官房"外，设"文化部"和"文化遗产部"，在"文化遗产部"下则设有"文化遗产鉴查官"、"传统文化课"（包括"文化遗产保护协调室"和"文化遗产国际协作室"）、"美术学艺课"（包括"美术馆、历史博物馆室"和"古坟壁画室"）、纪念物课（下辖"世界文化遗产室"）和参事室等。此外，在文化厅长官之下，还设有若干独立的行政法人，亦即国立美术馆、国立博物馆、文化遗产研究和日本艺术文化振兴会等机构（见图5-1）。

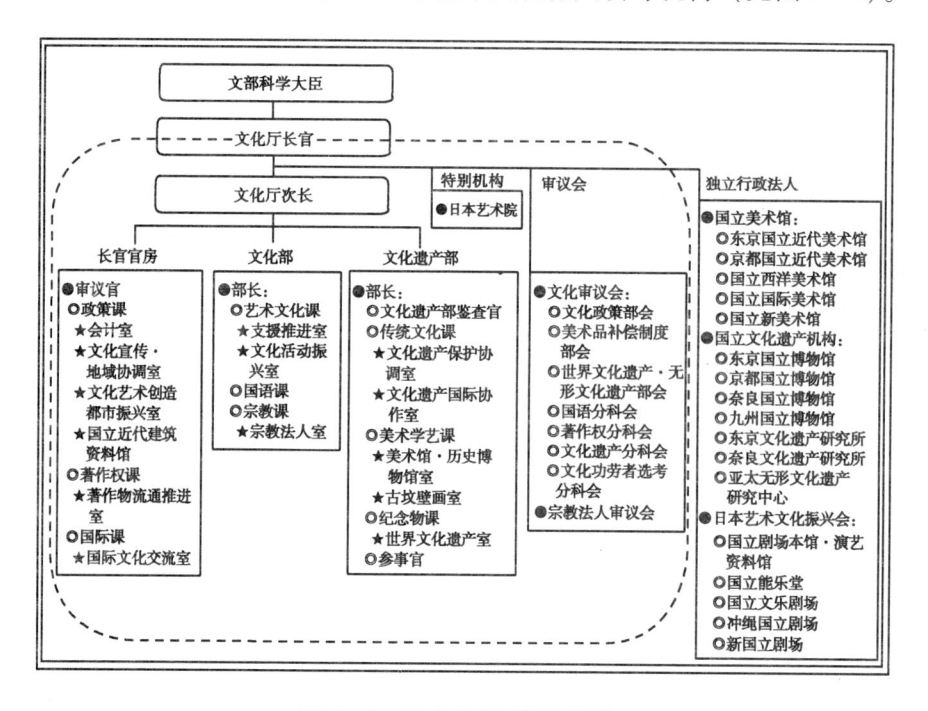

图5-1　日本文化厅组织机构

（截至2014年4月1日）

（资料来源：文化厅官方网站）

在文化遗产保护和利用方面，国家应该具体承担的责任和义务如下：

（1）适时改订和切实执行《文化遗产保护法》。《文化遗产保护法》自1950年12月24日通过，到2014年6月13日共计修改了39次，如此频繁地修改法律貌似破坏了法律的稳定性，但实际上每次修改都是对法律稳定性和尊严的维护。此外，该法第4条也明确了切实有效地执行本法是国家和地方政府的"任务"。

（2）文部科学大臣代表国家承担重要文化遗产的指定、认定、选定以及对一般文化遗产的登录、记录工作，具体实施机构为文化厅。

（3）对于重要文化遗产等的所有者或管理团体，进行有关管理、维修和公开的指示、命令或劝告。

（4）限制指定文化遗产的现状变更和出入境、有权命令恢复原状。

（5）就指定文化遗产的管理、维修、公开等，对所有者或管理团体予以必要的财政补助；或由文化厅长直接调查、维修或公开等。

（6）对于致力于文化遗产公有化的地方公共团体予以财政补助，积极推动文化遗产的国有化或公有化。

（7）设定与文化遗产有关的税收特例优惠措施。

（8）设置和运营国立博物馆、国立美术馆、国立剧场等旨在公开文化遗产的公共设施，设置和运营文化遗产研究机构等。

以上责任与义务的核心之一便是：如何利用国家在文化领域的财政投入（财政预算）来促进文化遗产的保护和利用，为此文化遗产行政部门，即文化厅经常通过实施各种项目，实现文化遗产的保存与活用工作。例如，文化厅每年向全国征集一次"故乡文化振兴事业项目"（『ふるさと文化再興事業』），从财政上支持各地的传统文化保存团体，要求其在都、道、府、县教育委员会计划下展开旨在守护地域传统文化，促进传统文化传承和发展的项目。例如，2003年（平成16年），日本政府为此项目所做的财政预算为8亿日元，[①] 之后尽管随着财政赤字的加剧，政府的财政支持力度有逐年下降趋势，但依然保持在5亿日元左右。[②]

根据《文化遗产保护法》的规定，文化厅代表国家对文化遗产的保护和利用所进行的援助措施主要有以下几项内容：

（1）对于重要文化遗产、重要有形民俗文化遗产及史迹、名胜、天然纪念物，文化厅可以向所有者或管理团体就管理、维修、复旧、公开等发出指示、劝告、命令；可以限制其现状变更与出境；所有者或管理团体

[①] 文化厅『地域における文化芸術活動に対する支援事業等について』（平成16年6月）第2頁。

[②] 茨城NPOセンター・コモンズ：『文部科学省/ふるさと文化再興事業』（http://www.npocommons.org/database/gyosei/seifuyosan/2009/monkasho - 014.html）。文部科学省：『行政事業レビュー点検結果の平成24年度予算概算要求への反映状況について』（http://www.mext.go.jp/a_menu/kouritsu/detail/__icsFiles/afieldfile/2011/10/07/1310328_1_1.pdf），第10頁。

有义务就所有者变更、所在地变更、文化遗产的损毁与破坏等向文化厅报告；文化厅可以对文化遗产的维修、收购等提供财政补助。

（2）对于登录有形文化遗产、登录有形民俗文化遗产和登录纪念物，文化厅可以就其维修的设计监理费提供国库补助；可以就其现状变更等进行指导、建议或劝告；所有者或管理团体有义务就所有者变更、所在地变更、文化遗产的损毁与破坏、现状变更及文化遗产的出境等，向文化厅提出报告。

（3）对于重要无形文化遗产、重要无形民俗文化遗产及选定保存技术，文化厅应组织实施、记录保持者或保持团体的活动、技能和成果；对于保持者或保持团体的记录事业和培养后继者等事业予以必要的国库补助；可以对保持者或保持团体就公开其技能与作品及公开有关记录提出劝告；可以就保持者或保持团体的文化遗产保存活动进行建议和劝告；对于每一位保持者（即人间国宝），每年发给200万日元特别助成金；① 对于由无形文化遗产保持团体或地方公共团体进行的培养传承者或成果的公开事业等予以经费补助；此外，还时常鼓励利用国立剧场举办能乐、文乐、歌舞伎、演艺等传统艺能后继者的培养和研修等活动。

（4）对于重要文化景观，就管理、现状变更等对所有者或占有者给予指导、建议、劝告或命令；所有者或占有者有义务就文化遗产的损毁和破坏、现状变更等，向文化厅报告；对于涉及维修、修景、复旧、防灾等事宜，文化厅通过都、道、府、县或市、町、村予以国库补助。

（5）对于重要传统建造物群保存地区，文化厅可以通过市、町、村就管理、维护、修景、复旧等项目予以国库补助，并通过市、町、村提供必要的指导和建议，市、町、村对所有者的现状变革有一定的限制；都、道、府、县教育委员会可以对市、町、村并通过市、町、村对所有者提出有关保护的指导和建议。

（6）对于埋藏文化遗产，文化厅对以调查为目的的发掘，有权对所有者或占有者发出指示，要求履行申请备案义务，提出相关报告书，并有权发出禁止令。对因土木工程而进行的发掘，文化厅可要求所有者或占有者履行申报备案义务，也可就发掘事宜发出指示。文化厅可就遗址遗迹的

---

① 文化厅『重要無形文化財～その「わざ」を保持する人々～』第6頁，资料来自文化厅官方网站（http://www.bunka.go.jp）。

发现，要求所有者或占有者履行申报备案义务，并可就遗址遗迹的保护做出指示，也可发布使其停止现状变革行为的命令。文化厅应使所有者或占有者了解其可能会包含埋藏文化遗产的土地范围等。

根据2001年《文化艺术振兴基本法》（平成13年12月7日法律第148号）的要求，日本政府在2015年5月22日的内阁会议上通过了最新的《文化艺术振兴基本方针》（即所谓"第4次基本方针"[①]）。这一基本方针坚持了既定的"文化艺术立国"的目标，即利用日本的"文化艺术之资源"创建未来。该方针认为，包括艺术、媒体艺术、传统和现代艺能、生活文化、国民娱乐、著作权以及文化遗产等，都是日本迈向未来的文化艺术资源，其中的文化遗产被认为是全体日本国民的财富，它对于提高日本的"文化力"（软实力）具有重要的意义。

这一基本方针涉及文化遗产的内容很多，例如，政府要求从地域的视角把握文化遗产的意义，让文化遗产成为地域居民的内心依托，积极保护并推动文化遗产的公开与利用；通过整合一定地域的复数文化遗产，使其成为能够代表日本的"日本遗产"；通过帮助各市、町、村等制定"历史文化基本构想"，使得包含周边环境在内的文化遗产得到综合性保存与利用；充分利用《历史城镇建设法》（『地域における歴史的風致の維持及び向上に関する法律』平成20年5月23日法律第40号），将建造物、史迹等文化遗产以及周边环境作为一个整体来保护与利用；充分利用文化遗产登录制度，推进近现代文化遗产的登录工作、努力扩大文化遗产保护的范围；加强有形文化遗产的日常维护与管理，适时地对其加以修缮，在继续加强与支持文化遗产的防灾工作的同时，促进文化遗产所有人或管理者防灾意识的提高；国家要与地方以及民间密切合作，不仅要培养无形文化遗产的后继者，创造使无形文化遗产保持者能够安心、专注和经济自立的环境，而且还要充分利用文化遗产保存技术，以达到保护和利用保存技术之目的；中央政府将与地方政府积极合作，在组织和参与世界遗产及世界非物质文化遗产的推荐与登录工作的同时，对已经登录的文化遗产采取适

[①] "第4次基本方针"是在2002年12月10日内阁会议通过的《文化艺术振兴基本方针》（即所谓"第1次基本方针"）、2006年2月9日通过的"第2次基本方针"、2011年2月8日通过的最新版《文化艺术振兴基本方针》（即"第3次基本方针"）的基础上发展而来，其振兴日本文化艺术、提升"文化力"的目的并未改变，只是随着国内外情势的变迁，日本政府适时地调整和改进了文化艺术振兴的基本措施与方法。

当的保护、利用措施；利用国立文化遗产机构，努力提高文化遗产等保护修复之研究水平和培育修复人才；在努力支援东北地震灾区、尽快修复因地震而毁坏的国家指定文化遗产的同时，努力促进和整备国家在大型自然灾害时文化遗产的防灾救灾体制；为防止具有较高学术、历史和艺术价值的日本近现代建筑相关的资料（设计图纸、模型等）遭到损毁或流失（包括流失海外）等，应充分发挥国立近现代资料馆的功能，通过对近现代建筑的公开展示、普及促进和增强国民对近现代建筑资料的认识与理解，以实现对日本近现代建筑资料的保护和传承等。此外，为了促进地域文化艺术的振兴，"第4次基本方针"还明确了地域的各种文化艺术的繁荣是国家文化艺术发展的源泉，国家和地方政府应承担起各自职责，采取适当措施，创造一个具有个性且丰富多彩的文化艺术活动的环境，使得各地民众能够亲身体会到自身周边的文化艺术等。[①]

从以上内容可以看出，日本国家在文化遗产保护和利用方面的责任与义务，除了利用国家税收收入在财政上支持文化遗产保护和利用之外，更重要的是通过制度设计，创造出一个有利于文化遗产得以自然延续与传承的环境，使得根植于民众的各种文化遗产更具生命力，进而实现对文化遗产的保护与利用。这种从更大视角审视文化遗产的保护和利用的关系问题，很值得我们参考。

二 地方公共团体（地方政府）的责任和义务

保护好辖区之内的文化遗产，对于发展和提高地方文化有着重要意义。日本的文化遗产行政大体上分为两个基本的层次，一是中央政府，以文部大臣和文化厅为主的文化遗产行政管理机关，代表国家统管日本全国的文化遗产的指定、认定、选定、登录和记录，以及保护、管理、利用等多方面的工作；二是各地多方政府（都、道、府、县及市、町、村）或其所属的教育委员会，主要负责本辖区内的文化遗产相关事宜。与此配套，文化遗产保护的经费来源也包括来自国家的补助（主要是文化厅关于文化遗产保护的经费）和来自地方政府的补助（即各都、道、府、县或市、町、村各自用于文化遗产保护的经费），当然，还有一部分来自民间

---

① 文化芸術の振興に関する基本的な方針～文化芸術資源で未来をつくる～（第4次基本方針）閣議決定（平成27年5月22日）。

的有关基金会或企业捐助等。总之，地方政府在文化遗产的保护工作中最为吃重，因为一切的举措最终大都是要落实在地方基层的。1991年，通过对《文化遗产保护法》的修订，日本政府将有关文化遗产的行政权限部分地移交给都、道、府、县或指令都市，从而极大地调动了各级地方政府保护各自辖区之内文化遗产的积极性和责任感。

根据《文化遗产保护法》和其他相关法律，日本的都、道、府、县及市、町、村各级地方政府，在文化遗产的保护与利用方面肩负的责任和义务，主要是：

（1）制定及修订地方的《文化遗产保护条例》。各级政府对辖区内的文化遗产（除国家指定或选定的之外），可以通过制定保护条例予以指定，并实施相应的必要的保护和活用措施。截至2013年8月，日本全国47个都、道、府、县，20个指定城市、42个中心城市都制定了《文化遗产保护条例》，1700余个市、町、村[①]中的97%以上也都制定了自己的《文化遗产保护条例》，其中1584个地方教育委员会设有地方文化遗产保护审议会，约占地方地方教育委员会总数的近9成。[②] 如此高的比例，不仅说明各个地方政府希望通过对本地文化遗产的保护和利用，振兴地方经济的目的之外，也与中央政府长期的积极协助密不可分。例如，为了促进地方政府文化遗产行政的法制化，早在1975年9月30日，文化厅次长就向各都、道、府、县教育委员会教育长公布了《都、道、府、县文化遗产保护条例以及文化遗产保护审议会条例参考方案》（昭和50年厅保管第190号），各地教育委员会通过参考该方案并结合自身情况，纷纷制定了各自的《文化遗产保护条例》以及《文化遗产保护审议会条例》等，为文化遗产的地方行政确定了更为具体的制度基础。

（2）除了《文化遗产保护法》外，地方政府根据各自的《文化遗产保护条例》及《文化遗产保护审议会条例》，指定和选定除国家指定之外的本地重要文化遗产，这样就形成了一个完整的文化遗产保护体系，由都、道、府、县或由市、町、村所指定的文化遗产，为未来国家级文化遗

---

① 受经济高速成长期后交通便利程度的提高以及信息技术的快速进步，住民开始频繁地超越原有行政区域，加上严重的少子高龄化倾向等，日本政府自1998年开始实施合并市、町、村的广域联合措施。根据日本总务省官方网站提供的资料，截至2014年4月5日，日本市、町、村的数量从1999年的3232个降至1718个。

② 文化厅『文化財保護行政の在り方について』（平成25年8月7日）第15頁。

产的指定、选定等工作做好了前期的基础性准备。

（3）地方政府对于指定文化遗产的所有者或管理者，就其管理、维修、公开等行为发出指示、劝告或限制其变更文化遗产之现状等。

（4）地方政府就指定、选定的文化遗产之所有者或管理者的管理、维修和公开等行为，进行必要的财政补助。

（5）设置和运营旨在保护和公开文化遗产的地方公立设施，例如，地方的美术馆、博物馆、历史民俗资料馆等。

（6）通过社会教育和学校教育等方式，推进学习、爱护和传承文化遗产等方面的活动，推进以普通市民为对象的启发普及活动等。

（7）对于由国家指定、选定及登录的文化遗产予以管理和维护，配合指定、选定等进行基础性的调查，组织或培育无形民俗文化遗产的保护团体等。

近年来，一般国民对于文化遗产的关心也不断提高，地方政府在地域社会的文化遗产保护方面所发挥的作用，也为越来越多的人所认识。根据这些保护条例，地方政府对于其辖区内的文化遗产，积极地予以指定、管理、维护和公开；同时对所有者的管理、维修和公开事业给予经费补助。各都、道、府、县教育委员会内，均设置了文化遗产保护指导委员，职责是巡回视察当地的文化遗产并给予工作指导。鉴于埋藏文化遗产对于说明和揭示地方历史及文化有不可替代的价值，各都、道、府、县及市、町、村均积极协调经济开发与埋藏文化遗产保护之间的关系，为实施科学的调查与发掘，展开遗址的保存与活用事业，地方政府通过保护和整备既存的遗址遗迹，公开展示发掘的器物，普及地方历史知识，利用埋藏文化遗产为地域振兴和提高民众的知识教养而服务。

文化遗产行政需要国家和地方的一体化运作。国家的文化遗产保护工作需要落实在地方；而保护好辖区之内的文化遗产对于提高和发展地方文化、振兴地方经济也很有意义，因此，也是地方政府理所当然的责任。截至2016年5月1日，日本地方政府基于各自的《文化遗产保护条例》所指定、选定的文化遗产共计110089件，其中在都、道、府、县一级，共计有21584件；在市、町、村一级，共计有88505件（见表5-1）；登录的文化遗产共计4294件，其中在都、道、府、县一级，共计有234件，在市、町、村一级，共计有4060件（见表5-2）；除指定、选定和登录之外的文化遗产共计914件，其中在都、道、府、县一级，共计有235件，在市、町、村一级，共计有 679 件（见表 5-3），这些数据，现在仍处于年年增加的状态。应该说这些文化遗产将是今后产生新的国家文化遗产的主要基础。

表 5-1　都道府县·市町村的指定·选定文化遗产件数

文化遗产的种类		都道府县	市町村	合计
有形文化遗产	建造物	2487	9465	11952
	美术工艺品	10243	42453	52696
无形文化遗产	艺能	31	324	355
	工艺技术	126	240	366
	其他	9	77	86
民俗文化遗产	有形	745	4876	5621
	无形	1651	6264	7915
纪念物	遗迹	2984	12891	15875
	名胜地	276	878	1154
	天然纪念物	2993	10886	13879
文化景观		10	20	30
传统建造物群保存地区		1	109	110
保存技术		28	22	50
合计		21584	88505	110089

（截至 2016 年 5 月 1 日）
（资料来源：文化厅官方网站）

表 5-2　都道府县·市町村登录文化遗产件数

文化遗产的种类		都道府县	市町村	合计
有形文化遗产	建造物	107	536	643
	美术工艺品	38	1777	1815
无形文化遗产	艺能	0	2	2
	工艺技术	0	91	91
	其他	0	0	0
民俗文化遗产	有形	12	745	757
	无形	70	253	323
纪念物	遗迹	0	521	521
	名胜地	1	15	16
	天然纪念物	6	120	126

续表

文化遗产的种类	都道府县	市町村	合计
文化景观	0	0	0
传统建造物群保存地区	0	0	0
保存技术	0	0	0
合计	234	4060	4294

（截至2016年5月1日）

（资料来源：文化厅官方网站）

表5-3　指定·选定·登录以外的文化遗产件数

文化遗产的种类		都道府县	市町村	合计
有形文化遗产	建造物	0	122	122
	美术工艺品	5	248	253
无形文化遗产	艺能	0	6	6
	工艺技术	0	18	18
	其他	1	0	1
民俗文化遗产	有形	0	33	33
	无形	208	62	270
纪念物	遗迹	16	81	97
	名胜地	5	8	13
	天然纪念物	0	94	94
文化景观		0	7	7
传统建造物群保存地区		0	0	0
保存技术		0	0	0
合计		235	679	914

注：①在"遗迹"与"名胜地""名胜地"与"天然纪念物"等文化遗产的指定中存在重复指定但又分别计算等问题，表中的件数和实际件数不一致。

②"遗迹"中含有"旧迹"。

③都、道、府、县有直接从市、町、村决定的"传统建造物群保存地区"中选定等情况，因此在数字上存在重复情况。

④市、町、村所指定、选定的文化遗产有来自登录的文化遗产，因此在统计的数字上存在重复情况。

（截至2016年5月1日）

（资料来源：文化厅官方网站）

三 文化遗产的所有者、占有者等的责任与义务

在文化遗产的保护与利用上,除中央和地方政府承担相应的责任与义务之外,依据《文化遗产保护法》的规定,文化遗产的所有人、合法占有人以及管理者等,也需要承担以下责任和义务:

(1)由国家及地方政府指定、选定以及认定的文化遗产之所有者、占有者以及管理者等,应该就其所有、占有以及管理的文化遗产之变更、毁损和破坏情况及所在地变更等事宜,及时地向国家或地方主管机关报告;

(2)对于文化遗产进行管理和维护;

(3)对所有、管理的文化遗产进行公开;

(4)在出售或让渡重要文化遗产时,应该首先向国家提出出售申请;至于现状变更,则需要获得文化厅长官的许可。

此外,日本的文化遗产所有者等,为了进一步宣传其文化遗产的价值和重要性,同时也为保护各自的合法权益,往往会成立一些财团法人或其他社团法人,积极地进行信息交流和组织各类活动。例如,1971年6月成立的以传承建造物修理技术、保护文化遗产为目的的公益财团法人"文化遗产建造物保护技术协会"、1977年9月成立的以保护日本的美和技能为宗旨的公益社团法人"全国国宝重要文化遗产所有者联盟"、1979年成立的致力于历史街区的保护和活用的"全国传统建造物群保存地区协议会"、2007年11月成立的特定非营利活动法人"全国重要文化遗产民家集会"(『特定非営利活動法人全国重文民家の集い』)以及2005年9月4日成立的"大阪府登录文化财所有者会"等。这些文化遗产所有者的全国或地方的自治性组织,不仅致力于有关信息的收集、积累和经验交流及分享,供会员们分享并向全国发布信息,为各个会员更好地履行其各自的职责和义务提供了帮助,同时,还为提升地域文化和居民生活文化等方面确实做了不少实事。

四 一般国民的责任和义务

在日本,遵守相关法律,保护和活用文化遗产也是一般国民的义务。《文化遗产保护法》第4条明确规定:"一般的国民,必须遵守本法即政府和地方公共团体为执行本法而制定的具体的政策。"此义务和文化遗产

被定义为全体国民的文化财富这一理念密切关联。一般国民对于文化遗产承担的义务主要有：

（1）积极配合国家及地方政府进行的文化遗产保护活动；

（2）当发现遗址、遗迹时，应及时向国家或地方有关机关报告；

（3）在可能存在埋藏文化遗产的地方发掘或施工时，首先向国家或地方政府有关机关报告；

（4）在以调查为目的进行发掘时，应该向国家或地方有关机关提出报告等。

迅猛的现代化进程促使日本国民对于本民族文化遗产及其命运有着高度的危机感，同时，也由于日本国民有较好的教育背景和很强的法律意识，因此，他们对于由国家通过法律保护文化遗产的做法颇为认同。长期以来，日本政府一直在为培养和加强国民的文化遗产保护意识而努力，全体国民既是文化遗产这一类财富的享用者，也是文化遗产的保护者。日本国民强化了文化遗产的保护意识，反过来，又对政府的文化遗产行政极为有利。在保护和活用文化遗产方面，日本确实是接近于做到了全体国民的积极参与。日本各地长期以来一直活跃着很多诸如"狮子舞保护协会""花祭保存会""田乐保护协会""丰桥鬼祭保存会"等地方性和民间性的文化遗产保护组织，这些组织几乎全都是普通的国民参与其中。

伴随着日本社会富裕程度的提升、生活方式和价值观的多样化趋势和全体国民对于文化遗产重要性之认识的不断深化，1996年日本政府对《文化遗产保护法》的修订，特别突出地设置并强化了文化遗产的"登录制度"，它不仅使得文化遗产保护的范围进一步扩大，还极大地调动了全体国民参与的积极性。较为灵活和宽泛的文化遗产登录制度，其实也就是一种申报制，它引导一般国民珍视身边的各种类型的文化遗产，真正地达到了保护文化遗产于"民间"的目标。

第二节 保存、保护和活用、利用文化遗产的措施与案例

在依据《文化遗产保护法》所规定的相关法律程序完成了文化遗产的指定、认定、选定和登录记录之后，文化遗产的保存与活用工作，就会

遵循《文化遗产保护法》及其配套的相关政令或条例等有条不紊地展开。从《文化遗产保护法》的相关规定内容看，其实是强调不能将文化遗产行政只理解为保护，而是要充分地发挥文化遗产的作用，既要妥善保存、严格管理，又要积极地利用和发挥文化遗产的价值，尽量使其能够公开展示给一般的国民。

一　保存、保护的具体措施

保存、保护主要是指对文化遗产应该尽量采取维持其现状或原状之措施。日本文化遗产的保存、保护工作与前述的国家以及地方政府的主要责任与义务有重叠之处，文化遗产保存、保护措施的要点主要包括：

（1）国家对于文化遗产的所有者与文化遗产所在或所属的市、町、村，就管理、维修（维护）进行指导、建议和经费补助。

（2）通过确定国家优先权，当所有人出让其重要文化遗产时，同等条件下国家享有优先购买权；此外，市、町、村对被指定为文化遗产的土地、建筑物予以公有化时，国家对此种公有化事业予以经费补助。文化遗产是全体日本国民的文化财富，这是日本文化遗产行政的基本理念，通过实现了国有化或公有化，才能更加方便地通过公开展示方式为一般国民所亲近。

（3）限制改变文化遗产之现状以及限制其出境。

（4）对于利用文化遗产的经营活动设定税收方面的特例（优惠）措施。

（5）对文化遗产进行必要的记录与公开，对于记录和公开所有费用给予财政补助。

（6）不仅要保护文化遗产本身，也要努力保护文化遗产周围的环境。

（7）对于重要无形文化遗产保持者，除国家每年支付特别助成金支持其保持和提高专业技能或培养传承者的努力之外，国家还对由保持者团体或地方政府进行的有关传承者培养事业、公开展演与展示事业等予以部分经费资助。

二　活用、利用的具体措施

活用、利用主要是指充分地利用文化遗产的价值和发挥其功能，使之服务于现当代日本国民文化的建设。文化遗产的活用、利用主要包括以下要点：

（1）国家对于所有者、文化遗产所在或所属市、町、村，或其管理团体等，就文化遗产的公开发出指示、命令或劝告。这里的管理团体，主要是指为了使文化遗产得到妥善保护和管理，由文化厅指定的承担管理责任的地方公共团体或其他法人。

（2）由国家或地方政府负责设置和运营博物馆、剧场、文化遗产中心、文化遗产研究所等公开设施，它们负有对一般国民开放的义务。由于文化遗产被认为是国家和全体国民的文化财富，因此，其所有者、其所在或所属地方各级政府或社会公共团体经营的与文化遗产有关的公共设施，都有义务以公开展示等方式将文化遗产向一般国民公开，而不能秘不示人或奇货可居。

三　保护和利用文化遗产的典型案例

文化遗产的保存和活用或者保护和利用在实际的工作中常浑然一体、难以截然切割开来。日本有关文化遗产的保护与活用的形式和方法非常多样化，下面的例子具有一定的典型性。

（一）重要文化遗产（建造物）：岛根县大田市的"熊谷家住宅"

旨在促使更多的人以更加亲近的形式利用文化遗产的建筑物，进而推动文化遗产保护的动向，近年在日本各地非常活跃。文化遗产的所有者和地方政府及当地的市民团体密切协作，经常会在文化遗产的建筑物内，举办各类公益活动和文化活动。对于文化遗产（建造物）的积极利用，可以使其价值再次得到确认和评价，也可使普通市民对于文化遗产的亲近感进一步得到增强，有助于建设心灵健康的社会。岛根县大田市在对重要文化遗产（建造物）"熊谷家住宅"[1]进行保护性维修的工程中，通过公开招募的方式组成市民小组，其成员积极地参与常设展览的规划，还承担一些日常管理和接待参观者等方面的工作。"熊谷家住宅"在2006年4月完成维修和整理工作之后，向全社会公开，并以和市民小组协作的方式，把很多市民提案予以实践，摸索出一套适合"熊谷家住宅"的保护和管理经验。

---

[1] 详细参见"国家指定重要文化遗产熊谷家住宅"官方网站（http://kumagai.city.ohda.lg.jp/）。

（二）重要无形文化遗产（艺能）：社团法人"传统歌舞伎保存会"的努力

对于能乐和人形净琉璃文乐、歌舞伎、义太夫节等被国家指定为重要无形文化遗产的传统艺能，由国家补助其展开培养传承者的事业，在国立剧场举行公演、艺能研修、培养后继者及收集有关资料等项目的活动。近年来，为能更好地将这些传统艺能传承下去，还设置了旨在促使小学生体验传统艺能的机会。例如，1965 年 3 月 1 日成立的重要无形文化遗产歌舞伎的保持者团体——社团法人"传统歌舞伎保存"①，从 2001 年开始，实施以中学生为对象的歌舞伎讲习会；2002 年，扩展到以小学生为对象。2006 年度的小学生歌舞伎体验教室于 7—8 月分别在国立剧场和江户东京博物馆举行，参加活动的小学生，可以接受歌舞伎演员和演奏家的指导、参观歌舞伎的表演和舞台、试穿歌舞伎装束、学习歌舞伎表演动作和情节。活动结束时，孩子们身穿歌舞伎服装化妆打扮，在国立剧场举行学习成果发表会等。这种公开与普及活动，不仅增强了民众对无形文化遗产的保护意识，也为无形文化遗产后继有人奠定了基础，使得无形文化遗产得以永续传承。

（三）重要无形文化遗产（工艺技术）：主题为"日本的技能和美——重要无形文化遗产及其传承者们"的展览

从 1996 年起，文化厅每年都与都、道、府、县教育委员会，地方公立美术馆以及地方电视台联合，在独立行政法人国立美术馆等专业机构的协助下，举办为期长达一个月的主题为"日本的技能和美——重要无形文化遗产及其传承者们"②的全国性展览。展览的目的是得到全体国民对文化遗产保护事业的理解和支持，也是国家在履行《文化遗产保护法》所确定的职责与义务。展览的内容一般涉及被指定为重要无形文化遗产的陶艺、染织、漆艺等传统工艺技术，以及有关用具与材料的制作与生产、特别选定的文化遗产保存技术等。

（四）重要有形民俗文化遗产：新潟县十日町市博物馆的举措

日本重要有形民俗文化遗产的"活用"，大都是以博物馆或资料馆公

---

① 详细参见一般社团法人"传统歌舞伎保存会"官方网站（http：//www.kabuk.or.jp）。
② 文化厅现在正在募集 2017 年主办地和参展作品，截止期为 2016 年 7 月 22 日。参见文化厅官方网站（http：//www.bunka.go.jp/shinsei_boshu/kobo/h29_30_wazatobi_kaisaikibokan.html）。

开展示的形式进行的，但近年来，又有一些更为积极的方式被尝试。新潟县十日市博物馆不仅将其保管的重要有形民俗文化遗产"越后缩①纺织用具及相关资料""十日町的积雪期用具"等公开展示，还通过举办"儿童博物馆"，将其应用于体验讲座的素材。参加者通过实际使用与这些有形民俗文化遗产完全相同的"资料"，可以更好、更快地体验和理解它们的使用方法。②类似的实践，还可以举出重要有形民俗文化遗产"会津只见的生产用具和劳作服装"的例证。③福岛县只见町教育委员会在发掘整理当地民具资料即有形民俗文化遗产时，动员了很多上年纪的社区居民参与，这些曾经亲自使用或制作过各种民具的老人，希望把有关民具的知识传递给后代，于是，围绕着民具资料的整理、记录和公开而开展的活动，极大促进了社区的文化建设，也增强了社区的凝聚力。只见町的此种实践，也正是把非物质文化遗产保护在"社区基层"④的一个成功的范例。

（五）文化遗产防火日

以1949年1月26日奈良法隆寺金堂的火灾为契机，日本于1955年确定了每年的1月26日为日本"文化遗产防火日"（见图5-2）。文化厅、消防厅，各都、道、府、县及市、町、村的教育委员会、消防署、文化遗产所有者和居民们密切协作，每年都在全国各地开展文化遗产防火运动。2016年1月的第62届文化遗产防火日，在国宝"根来寺多宝塔（大塔）"（和歌山县岩出市）、大本山护国寺（东京都文京区）等全国各地的

---

① "越后缩"（日语发音：えちごちぢみ）为日本历史上越后国地区（今新潟县一带）民众利用苎麻生产的夏衣用麻织品的名称，该麻织品的最大特征就是独有的折皱，在江户时代为上流社会的高级织物。

② 参见十日町市『新十日町市博物館基本計画書（案）』パブリックコメント用公開資料（平成28年）第13页。这种方法并不限于有形民俗文化遗产，在其他类型的文化遗产上也可适用。例如，2011年举办的"儿童博物馆"，就是让儿童们仿制博物馆收藏的内樽泽开田遗址中出土的绳文晚期的陶器与石器等，这就属于是对埋藏文化遗产物的公开与利用行为。具体详见十日町市教育委员会文化财课『十日町市教育委員会文化財課年報（14）』滝沢印刷（平成24年）第17页。

③ 参见周星《垃圾还是国宝，这是一个问题？——以日本福岛县只见町的民具保存与活用运动为例》，载王文章主编《非物质文化遗产保护与田野工作方法》，文化艺术出版社2008年版，第408—436页。

④ 关于把非物质文化遗产保护在社区基层，请参见周超《社区参与：非物质文化遗产国际法保护的基本理念》，《河南社会科学》2011年第2期。

文化遗产所在地举行。① 由于日本的传统建筑物多为木造，因此，文化遗产防火日的设定非常必要。

图 5-2　第 62 届文化遗产防火日宣传海报
（资料来源：文化厅官方网站）

（六）文化遗产保护强化周

每年 11 月 1—7 日为日本的"文化遗产保护强化周"（见图 5-3）。这也是以 1949 年的法隆寺金堂火灾事件为契机而设置的。1954 年 11 月 3 日，以金堂修复工程的竣工仪式为契机，以普及和宣传爱护文化遗产的理念为目的，日本政府决定以每年 11 月 3 日前后一周为"文化遗产保护强化周"。截至 2016 年，这一活动已连续举办了 62 届（见图 5-4）。在文化遗产保护强化周的期间，以各级政府的教育委员会为中心，日本全国各地均要举办开放历史建造物、展示工艺美术品、史迹踏寻、传统艺能发表

---

① 详细内容参见文化厅・消防厅『第 62 回文化財防火デー実施要項』（http://www.bunka.go.jp/seisaku/bunkazai/hogofukyu/boka_day.html）。

会等各种活动。①

图5-3 "文化遗产保护强化周"的标志

（资料来源：文化厅官方网站）

图5-4 第62届文化遗产保护强化周宣传海报

（资料来源：文化厅官方网站）

---

① 详细内容参见文化厅『第62回（平成27年度）文化財保護強調週間実施要項』（http://www.bunka.go.jp/seisaku/bunkazai/hogofukyu/hogoweek/）。

第三节 文化遗产保护的国际交流

各种类型的文化遗产通常总会表现出一定的历史性和地域性，在多数情形下，它们也是特定地域社会里的文化。因此，不同地域的文化遗产工作及各种相关活动，往往是在努力建构文化的"地域性"或地域社会的文化认同。但地域性的文化遗产中也可能蕴含着超越地域、族群或国家的普世性价值。日本的文化遗产行政，主要就是由日本国家通过指定、选定和登录等制度，不断地把日本各地的各种类型的文化遗产逐渐提升为日本的"国民文化"，进而不断强化其在全球化背景下的日本文化特性。在另一层面上，日本政府还进一步把文化遗产作为国家软实力，即所谓"文化力"的一部分，通过申报世界文化遗产和展开有关文化遗产的国际合作等方式，不断地提高日本文化在全人类文化中的地位、比重和影响。换言之，对于文化遗产的价值赋予和认定，往往存在一个从地域文化到国民文化，再到世界遗产的不断被拔高和"升华"的过程。

一 日本的世界遗产

日本政府非常重视和积极致力于将日本的文化遗产申报为世界文化遗产的工作。1972 年的联合国教科文组织大会通过了《保护世界文化和自然遗产公约》并于 1975 年生效，目的是要建立一个国际性的协作与支援体制，将世界各国的具有显著性和具有普遍性价值的文化遗产和自然遗产，作为全人类共同的世界遗产予以保护。由于日本国内的文化遗产保护早已经法制化和体系化，所以，刚开始时，日本并没有特别看重"世界遗产"这一重要的国际文化认定机制。但日本自 1992 年缔结该公约以来，表现逐渐趋于积极，截至 2016 年 7 月 17 日，已有"法隆寺地域的佛像建造物""姬路城""古都京都的文化遗产""纪伊山地的灵场和参诣道"等文化遗产 16 项，[1]"屋久岛""白神山地""知床""小笠原诸岛"等世

---

[1] 参见日本文化厅『世界遗产（文化遗产）一览』（http://www.bunka.go.jp/seisaku/bunkazai/shokai/sekai_isan/ichiran/）。

界自然遗产4项，①共计有20项被登录为世界遗产。

为了做好世界遗产的申报和推荐，日本政府专门设立了有关省厅的联络会议，并确定了一个预备名录。在推荐和申报工作中，实行官、学、民的携手合作，精心地组织与策划。日本政府还积极支持和参与联合国教科文组织的工作，努力在其中渗透日本的一些文化遗产理念，例如，"无形文化遗产"的概念，就曾经对联合国教科文组织的"非物质文化遗产"概念多少有过一定的影响。2004年10月20—23日，日本政府与联合国教科文组织合作在奈良召开主题为"有形文化遗产和无形文化遗产的保护——探索整合的路径"的国际会议，首次就"有形"文化遗产和"无形"文化遗产的统合性保护进行了深入研讨，最终通过了《关于有形文化遗产和无形文化遗产保护之整合方法的大和宣言》。这可被看作日本试图继续引领世界文化遗产保护新潮流的又一番努力。

1998年，联合国教科文组织执行委员会通过了《有关人类口头及非物质文化遗产代表作宣言》，日本的能乐在2001年5月，被宣布为人类口头及非物质文化遗产代表作；接下来，日本的人形净琉璃文乐和歌舞伎（传统的演技演出形式）又分别于2003年11月和2005年11月，被宣布为人类口头及非物质文化遗产代表作。2003年，联合国教科文组织第32届大会通过了具有约束力的《保护非物质文化遗产的公约》，并于2006年4月生效，日本作为排名第三的签约国加盟该公约。2006年6月，在联合国教科文组织第一届缔约国大会上，日本当选为政府间委员会的委员国，积极参与制定了执行该公约的方针。该公约生效之后，宣布人类口头及非物质文化遗产代表作的工作即告中止，包括能乐、人形净琉璃文乐和歌舞伎等，全都自动登录成为人类非物质文化遗产代表作。截至2016年6月1日，日本共拥有22项世界非物质文化遗产。②

二 围绕文化遗产保护的国际合作

在积极申报世界遗产、扩大日本文化在国际社会中的影响力的同时，

---

① 有关日本世界自然遗产的介绍，参见『日本の世界自然遺産』（http://www.env.go.jp/nature/isan/worldheritage/charm/index.html#nakamura）。

② 有关日本世界非物质文化遗产情况，参见『ユネスコ無形文化遺産について』（http://www.bunka.go.jp/seisaku/bunkazai/shokai/mukei_bunka_isan/pdf/about_bunkaisan.pdf）。

日本政府还热衷于文化遗产保护与活用等方面的国际合作事业。除了与联合国教科文组织等国际机构或有关国家相互合作召开国际会议等方式外，日本政府还以经济实力为后盾，在推动建构有关文化遗产的国际合作体制方面做出了不少努力，并在学术研究与交流、文化遗产的保护与维修、建构数据库和培养专门人才等方面均做出了一定的贡献。2006年6月，日本《有关推进海外文化遗产保护之国际合作的法律》（平成18年6月23日法律第97号）得以通过；2007年12月，制定了《推进海外文化遗产保护的国际合作之基本方针》，在该法律及基本方针的推动下，促使日本在国际文化遗产保护与交流上发挥了积极作用。此后，随着国际形势的变化以及日本国内特别是受到2011年2月8日有关《文化艺术振兴基本法》的"第3次基本方针"之影响，2014年2月21日，外务省和文部科学省又通过了新的《推进海外文化遗产保护的国际合作之基本方针》[①]，这不仅为与文化遗产有关的国际合作活动提供了进一步的法律依据，也为国际合作确定了具体的实现方法。上述法律与基本方针明确了政府和教育研究机关在有关日本文化遗产的国际合作方面所应该承担的责任，要求强化有关机构之间的协作，积极策定国际合作的基本方针等。为了更加有效地推进国际合作，由日本政府、日本国内的研究机构和非政府组织等参加，于2006年6月创办了"文化遗产国际合作协会"，该协会的主要任务就是致力于建设日本国内外各研究机构之间的网络关系，并积极地实施信息搜集和整理以及调查研究等活动。

　　日本在文化遗产的国际合作方面所做的努力，既有配合或服务于其海外战略的侧面，例如，在其国际合作项目中及时增加了有关阿富汗和伊拉克的一些内容；但也有以促进世界和平为目的，基于全人类共享普遍性的世界文化遗产的理念而展开有关文化及学术交流事业的侧面。日本有关文化遗产的国际合作所涉及的地域、国家及项目很多。其中较为重要和具有代表性的，例如，"国际文化遗产保护协力机关合作推进事业"（向"文化遗产保存修复国际中心"派遣文化厅的职员等）、"世界遗产保护费"（基于国际条约推荐日本的文化遗产为世界文化遗产，支持国际性的专家

[①] 最新版基本方针的具体内容详见『海外の文化遺産の保護に係る国際的な協力 の推進に関する基本的な方針』（http://www.bunka.go.jp/seisaku/kokusaibunka/bunkazaihogo/pdf/kihontekihosin.pdf）。

会议等）、"亚洲各国文化遗产的保存修复协力事业"（向有关国家派遣专家和技术人员，参与历史建造物的调查和保护及管理计划的制订，并就有关修复事宜进行国际合作，或招聘各国涉及文化遗产的行政官员和专业技术人员访问日本，进行学术交流和技术研修），等等。

在日本文化遗产的国际合作项目中，目前与中国有关的主要有：

（1）把敦煌莫高窟壁画视为全人类贵重的文化遗产，为了阻止其长年的剥蚀和损伤，日本政府和中国敦煌研究院组织了日中共同研究和旨在修复、保护的国际文化遗产协作项目等。

（2）与韩国和中国合作，研究如何保护文化遗产不受环境污染的影响，即进行有关环境污染对文化遗产的影响以及修复技术的国际合作研究项目。

（3）关于亚洲古代都城遗址的研究以及与保护问题有关的研究等，该课题以汉魏洛阳城、汉长安城、隋唐长安城等为对象，与中国有关方面进行合作研究，进行有关遗址遗迹的分布调查、地下勘察和发掘调查等，实施该项目的目的在于通过考古学的方法正确地把握遗址遗迹的性质，并就古都文化遗产的保护和整备提出基本构想，进而将其有关成果也能应用于日本的古都研究。

（4）东亚生产遗迹的调查与研究，与中国河南省文物考古研究所合作，就河南省巩义市白治河流域唐三彩窑址的生产遗址及洛阳市周围有关遗址，进行考古学的研究等。①

综上所述，日本文化遗产保护的举国体制，相当程度上得益于其文化遗产的相关法律、法规和制度的健全、国民法制意识较强等，同时，也得益于日本官、学、民相互配合协作的传统。中国文化遗产的保护和利用，除考古文物等物质文化遗产因为得到了政府的重视而有较大成就之外，大部分还处于起步不久的阶段。对于非物质文化遗产和民俗文化遗产的保护和利用等，中国政府和社会尚缺少经验，学术界的调查与研究成果还远远不够，一般国民对于文化遗产的保护意识还有待大面积的提高。自从20世纪初期的五四运动以来，中国社会包括知识界，曾形成了把"传统文化"视为现代化的阻碍，因而也是"革命"的对象这样一种固定和偏执

---

① 文化財国際協力等推進会議『文化財の国際協力の推進方策について（報告）』（平成16年8月26日）。

的观念，现在很多曾经被视为迷信、落后、封建的文化或其表现形式，却反过来变成国家和民族的文化财富，必须予以珍视和保护。与此相关，知识界的观念转变、一般国民的文化自觉，还有政府在文化遗产行政的试错过程中逐渐的经验积累，都将有一段曲折的路程要走。此时，了解或参考一下日本文化遗产保护的举国体制，或许不无启示。

第六章

中国文化遗产保护法制体系的形成与发展

中国是一个文化遗产大国,但是,自19世纪中叶以来,西方列强的侵略使中国逐渐沦为半封建、半殖民地社会,此后近一百年间的战争、革命、内乱、贫困和各种天灾人祸,以及西方文化的强势侵入,导致中国传统文化出现了衰落、流失和自信沦丧的趋势。与此同时,中国各种类型的文化遗产也遭到大量损毁、破坏或流失海外。为扭转文化遗产的此种厄运,一百多年来,无数仁人志士奔走疾呼,历届政府也都曾程度不等地做过一些工作,虽然效果欠佳,但致力于文化遗产保护的努力一直不绝如缕。20世纪中叶,中国的文化遗产在物质文化遗产的保护方面逐渐步入正轨;但随后的"文化大革命"等政治运动又再次带来深刻的伤害;尤为深刻的局面是,长期以来,由于在对传统文化的认识上形成了较大的偏差和误读,中国有关非物质文化遗产和民俗文化遗产的保护一直处于空缺状态,直至21世纪初叶,这种局面才彻底得到了改观。

第一节 立法变迁:从《文物保护法》到《传统工艺美术保护条例》

若要在浩瀚的历史文献中去寻找中国文化遗产法律保护的源头,总会有很多新发现。根据现有的资料,《唐律疏议》《大明律》以及《大清律例》等古代的法律文献中,均有对出土文物给予保护的规定,但是,就近现代意义上的文化遗产法律保护而言,中国最初的文化遗产立法的萌芽大约可以追溯至清末变法之时。① 随后，便陆续出现了《保存古物推广办法》（1906年）、《保存古物暂行办法》（1916年）、《古籍、古物及古迹保存法（草案）》（1924年）、《名胜古迹古物保存条例》（1928年）、《古物保存法》（1930年）以及《古物保存法实施细则》（1931年）等。其中的《古物保存法》，后来在台湾地区一直被沿用至1982年《文化资产保护法》出台，并使得台湾地区的文化遗产法律保护制度呈现出了一定的独特性。② 此外，在1945年台湾光复之前的半个多世纪中，台湾地区的文化遗产法律保护基本上是适用了当时的日本法律。例如，日本的1919年《史迹名胜天然纪念物保存法》（大正8年4月10日法律第44号）等文化遗产相关法律法规，就因大正政府1921年制定的《台湾应实施（日本）法令之法律》（大正10年3月15日法律第3号）以及1922年制定的《行政诸法台湾施行令》（大正11年9月18日敕令第406号），而适用于台湾。这就使得台湾地区早期的文化遗产法律保护，呈现出了明显的殖民地色彩。③

一 《文物保护法》的制定与实施

在中国大陆，1949年新中国成立后，中央政府相继颁布了若干有关文物保护的行政性法规、法令、通知及规范性文件。例如，1950年的《古迹、珍贵文物、图书及稀有生物保护办法》、1951年的《关于地方文物名胜古迹的保护管理办法》、1961年的《文物保护管理暂行条例》等。这些法规性文件，在当时确实发挥了阻止文物进一步流失、保护文物免受破坏的作用，但由于这些规范性的文件不仅具有临时性，而且更是缺乏法律的稳定性，致使它们的作用也受到了一定的局限。此后，由于20世纪60年代"左"倾意识形态的迅速激进化，不仅"文物"等物质文化遗产

---

① 黄树卿：《中国文化遗产法的形成与发展》，载王云霞主编《文化遗产法：概念、体系与视角》，中国人民大学出版社2012年版，第78—86页。

② 有关台湾地区文化遗产保护法的研究成果比较多，具有代表性的有：顾军、苑利：《文化遗产报告：世界文化遗产保护运动的理论与实践》，社会科学文献出版社2005年版，第176—223页；严永和：《我国台湾非物质文化遗产法律保护制度述评》，《中央民族大学学报》（哲社版）2009年第5期；许耀明：《台湾地区"文化资产保存法"的沿革与规范：以古迹为中心》，载王云霞主编《文化遗产法：概念、体系与视角》，中国人民大学出版社2012年版，第66—77页等。

③ 苑利：《台湾地区文化遗产的保护领域的理论》，人民网（http://theory.people.com.cn/GB/49157/49165/3930394.html）。

遭到严重损毁,各种非物质形态的文化也因"破四旧、立四新"等政治运动的影响,出现了凋零和变异。"文化大革命"结束后,国家拨乱反正,率先于1982年11月19日,由第5届全国人大常委会第25次会议通过了《文物保护法》。

1982年的《文物保护法》规定,文物"按其存在形式分类,大体可以划分为两个部分,即不可移动的文物和可移动的文物,不可移动的文物包括:古建筑、石窟寺、石刻、古遗址、古墓葬、纪念建造物、纪念址 等。可移动的文物包括文物收藏单位和流散于社会的体量较小的文物"。应该说《文物保护法》的颁布实施,使中国正式进入了文化遗产保护的法制化时代。

《文物保护法》实施以来,国务院随后相继颁布了《文物保护法实施细则》(2005年),以及《水下文物保护管理条例》(1989年)、《文物保护法实施条例》(2003年)、《长城保护条例》(2006年)、《历史文化名城名镇名村保护条例》(2008年)4部行政法规。《文物保护法》后经1991年6月、2002年10月及2007年12月三次修订,成为中国现行的保护物质文化遗产的基本法律。《文物保护法》确立了重点文物保护单位制度、历史文化名城保护制度[1]、文物定级制度等。自1949年新中国成立以来,截至2014年4月25日,历届政府相继公布了七批、共4291处"国家重点文物保护单位"(含188处合并项目)。[2]

改革开放以来,中国还积极主动地参与国际社会的文化遗产保护机制,相继加入《世界文化与自然遗产保护公约》(1985年)、《关于采取措施禁止并防止文化财产非法进出口和所有权非法转让公约》(1989年)、《关于被盗或非法出口文物公约》(1997年)、《保护和促进文化表现形式多样性公约》(2006年)等。这意味着中国的文化遗产保护开始和国际接轨,也促使国内法和国际法的衔接成为新的立法需求。与此同时,文化部、国家文物局等部门也相继出台了关于世界文化遗产、博物馆、文物安全等方面的部门规章和规范性文件。

二 中国工艺美术大师与《传统工艺美术保护条例》

根据长期在工作实践中的探索所积累的经验,国务院相继于1988年

---

[1] 李晓东:《文物保护法概论》,学苑出版社2003年版,第144—178页。

[2] 该数据来自国家文物局网站(http://www.sach.gov.cn)公布的七批《全国重点文物保护单位名单》,由笔者统计而得。

颁布了《工艺美术行业荣誉称号试行办法》，1997 年颁布了《传统工艺美术保护条例》，规定由国务院负责传统工艺美术保护工作的部门、组织开展全国工艺美术大师的评审工作；2003 年机构改革之后，该职责被划转到国家发改委。

《传统工艺美术保护条例》的颁布意义重大，首先是它非常明确地以保护为目的，其次是以"条例"的形式开始了传承人认定制度的"法规化"。截至 2016 年 6 月，我国先后共组织进行了六届评选，共计认定中国工艺美术大师 444 位，其中由原轻工业部主持了 1979 年、1988 年两届，认定 96 位；由原中国轻工总会于 1993 年、1997 年主持了两届，认定 109 位；2006 年由国家发改委主持一届，认定了 161 位；2012 年由工业和信息化部等主持一届，认定了 78 位。① 随着 2013 年 5 月，国务院发布《关于取消和下放一批行政审批项目等事项的决定》，"中国工艺美术大师"评选则不再由工信部"官办"，而交由行业协会"中国轻工业联合会"评选。2016 年 5 月，中国轻工业联合会批准中国工艺美术协会展开第一届中国工艺美术行业荣誉称号的评审工作，该项工作正在紧锣密鼓地准备中，未来第七届"中国工艺美术大师"的评审，很可能是以"省级工艺美术大师"以及此次"首届中国工美行业艺术大师"的评审结果为依据。②

在 2011 年《非物质文化遗产法》出台之前，中国非物质文化遗产保护方面的行政法规主要有：《国家级非物质文化遗产代表作申报评定暂行办法》（2005 年）、《国家级非物质文化遗产保护与管理暂行办法》（2006 年）、《中国非物质文化遗产标识管理办法》（2007 年）、《国家级非物质文化遗产项目代表性传承人认定与管理暂行办法》（2008 年）等。

中国政府长期以来，指导国内文化遗产保护工作的基本方式是根据各种具体情况和当时的形势需要，临时和随机性地颁布一些行政法规和规范性文件。除了《文物保护法》和《传统工艺美术保护条例》，这些规范性文件也构成了中国文化遗产保护制度的重要组成部分。总体而言，在《非物质文化遗产法》出台之前，中国文化遗产保护的对象比较限定，尤其在

---

① 数据来自百度百科（http://baike.baidu.com/view/2183396.htm）。

② 参见中国轻工业联合会《关于规范行业协会开展行业工艺美术大师评选工作有关问题的通知》。

文化遗产的立法保护方面，远远落后于日本等先进国家。导致这种落伍的原因很多，其中之一就是中国更多地主要是倚赖行政规范保护，而并不是特别重视对文化遗产的立法保护。由于行政指令与法律在稳定性上存在很大的差异，所以，中国的文化遗产长期处于保护不力的状态之下。

第二节 《非物质文化遗产法》的出台背景与立法进程

《非物质文化遗产法》于 2011 年 2 月 25 日颁布、并于同年 6 月 1 日起实施，这意味着中国的非物质文化遗产保护事业从此迈向了依法行政的新阶段，故具有里程碑式的意义。[①]《非物质文化遗产法》与现行的《文物保护法》和《传统工艺美术保护条例》共同构成了中国文化遗产保护法制体系的基本内容和框架。《非物质文化遗产法》的出台，将中国的文化遗产保护工作从对有形和物质文化遗产的重点保护，扩展到了对无形、口头传承和非物质文化遗产的全面保护，推动了中国文化遗产保护法制体系的最终形成。采用法律形式对各类文化遗产予以保护，从此成为中国各级政府依法展开文化遗产行政的基本形态，这对于国家文化政策的制定和实施，对于国民文化生活的丰富、改善和提高，对于增强中国的文化软实力、文化影响力和人民的文化自觉意识等，均具有不容忽视的重要性。[②]

回顾《非物质文化遗产法》出台的时代背景和立法进程，可知它其实是在中国社会进程中有关传统文化和文化遗产的基本认知发生了大面积的改观之后，文化遗产尤其是口头和非物质形态的文化遗产的价值得到了全面、彻底和根本性的承认之后，才终于得以成功的。

一 《非物质文化遗产法》的出台背景

中国幅员辽阔、历史悠久、民族众多、生态环境的地域差异很大，因

[①] 蔡武：《依法保护、重在传承——关于贯彻中华人民共和国非物质文化遗产法的几点思考》，《人民日报》2011 年 3 月 2 日第 12 版。

[②] 参见周超《中国文化遗产保护法制体系的形成与问题——以〈非物质文化遗产法〉为中心》，《青海社会科学》2012 年第 4 期。

此，中国文化的族群多样性和地域多样性特点均颇为突出。各族群和不同地域的文化遗产，既有以深埋地下的遗址、遗物或残存于地面的遗迹等"物质"形态存留至今的情形，更有以口耳相传的形式即口头传统的、非文字的、无形的和"非物质"的形态传承至今的情形。所有这些不同形态的文化遗产，在社会剧烈变迁和动荡的时代，尤其需要得到来自法律的强力保护。然而，中国自"五四"以来形成了激进的文化革命思潮，其视传统文化为中国实现现代化的阻碍，必欲革除而后快，[1] 它反映到政党意识形态和国家文化政策层面，便相继出现了改历运动、反缠足运动、移风易俗运动、新生活运动、新年画运动、破"四旧"运动及"文化大革命"。这些运动一直在持续地消减着中国文化遗产的巨大存量。

20世纪70年代末期以来已长达30多年的改革开放，促使中国人民的物质生活财富获得空前增长，但同时，传统生活方式也发生巨变，出现了同质化趋向。快速城镇化及席卷全国的市场经济大潮，威胁到中国传统文化的多样性和延续性，尤其是以口传心授方式世代传承的非物质形态的文化正面临着消亡的危机。另一方面，持续的经济高速增长导致国民的文化自信心普遍增强，人们不再把传统文化看做"落后""封建"和现代化的阻力，而是将其看成承载着传统价值和意义的珍贵的文化遗产。由于实现初步富足，在价值观日益多元化的格局下，全社会对传统文化尤其是濒临危机的祖国文化遗产的关心空前高涨。城市化生活方式的普及，更引发了全民性的集体怀旧情绪，进而通过文化旅游市场的繁荣，促进了对各地名胜古迹等物质文化遗产以及风俗习惯、民俗艺能、传统节日等非物质文化遗产作为"文化资源"之重要性的再认识。改革开放使中国走上一条全力发展经济和改善民生的和平发展道路，国家文化政策也逐渐脱离了"阶级斗争"意识形态的主导，全面改变了将文化视为"革命"对象的思路，初步实现了文化政策的大转型，即全面保护祖国文化遗产，将其视为国家文化建设事业的根本性资源。[2]

中国近30多年来的改革开放，同时也是逐步建设法治国家的过程。

---

[1] 参见周星《乡土生活的逻辑：人类学视野中的民俗研究》，北京大学出版社2011年版，第344—357页。

[2] 参见櫻井龍彦・阮雲星・長谷川清・周星・長沼さかや・松岡正子「座談：開発と文化遺産」．愛知大学現代中国学会『中国21』Vol. 34，東方書店（2011年）。

《非物质文化遗产法》的制定，构成了中国社会主义法制体系建设的重要一环，意味着依法展开文化行政已成为国家文化政策的核心。通过法律规范国家文化政策，通过法律保护民族文化遗产、保障国民的各项文化权利，这和"文化大革命"时经常把"文化"问题上升到意识形态高度、使其政治敏感化的做法形成了鲜明对照，从一个侧面反映了国家的进步与成熟。中国文化遗产保护法制体系的形成历程虽颇为漫长和曲折，但总体呈现出立法步伐逐渐加快、保护范围逐渐扩大、立法技术逐渐提高、文化遗产保护的法制体系逐渐完善的趋势。

从国际层面看，由于中国选择和平崛起，不能也不需要通过武力来显示影响力，因此，通过文化"软实力"扩大中国在国际社会中的存在感，就成为必不可少的战略性选择。在全球化大背景下，中国文化伴随经济的长期和高速增长如能有新的创造性发展，中国的文化产品也就有可能被其他国家或民族的社会所接受、理解和知晓。但要创造出大量新的、高品质的文化产品，却必须是以对中国传统文化遗产的继承和扬弃为基础、为前提的。[①] 因此，伴随着国家经济实力的增长及国民收入的提高，全体国民的"文化自觉"开始苏醒，文化自信心和尊严感开始恢复。对文化遗产的重新认识和近年来兴起的非物质文化遗产保护运动，表明中国公众已逐渐克服了一百多年以前因中国现代化转型严重受阻、饱受列强欺凌而形成的文化自卑感。

二 《非物质文化遗产法》的制定过程

2003年10月，联合国教科文组织通过了《保护非物质文化遗产公约》；2004年8月，全国人大常委会即批准中国加入该公约。通过加盟联合国《保护非物质文化遗产公约》，中国初步实现了对国内文化政策的重新界定和深刻转型，矫正了由于过往政治运动及意识形态极端化的影响而事实上形成的对于文化和文化遗产的偏颇与狭隘的理解。由于国内法的整备和完善是加盟此公约的前提条件，故中国对非物质文化遗产保护的立法工作自然受到这一前提条件的影响。2005年3月，国务院办公厅发布《关于加强我国非物质文化遗产保护工作的意见》，制定了《国家级非物

[①] 周超：《中国文化遗产保护法制体系的形成与问题——以〈非物质文化遗产法〉为中心》，《青海社会科学》2012年第4期。

质文化遗产代表作申报评定暂行办法》，并建立了"非物质文化遗产保护工作部际联席会议制度"。同年12月，国务院发出《关于加强文化遗产保护的通知》，在全国范围内将非物质文化遗产保护工作列入议事日程。2006年11月，文化部颁布《国家级非物质文化遗产保护与管理暂行办法》。2008年5月，文化部颁布《国家级非物质文化遗产项目代表性传承人认定与管理暂行办法》，依据该办法，截至目前，全国已在国家、省、地、县4个级别认定了非物质文化遗产代表性项目约8万件。上述文化遗产行政举措，显示中央政府积极推进非物质文化遗产保护工作的规范化，从而为相关立法工作创造了良好的基础。

实际上，中国就非物质文化遗产保护开展立法工作，可追溯至20世纪90年代。从1998年起，文化部和全国人大教科文卫委员会在国内外立法调研基础上，起草了《民族民间传统文化保护法（草案）》[①]；2002年8月，文化部向全国人大教科文卫委员会报送了《民族民间文化保护法》的建议稿。从2003年起，中国实施"民族民间文化保护工程"，后来，"民族民间文化"这一概念被"非物质文化遗产"这一范畴所吸纳和同化，《民族民间传统文化保护法》也改称《非物质文化遗产法》，这其实是与中国引进联合国教科文组织主导的文化理念及文化遗产、无形文化遗产的国际法保护机制密不可分的。

2005年，文化部成立《非物质文化遗产保护法》立法工作小组，草拟了《非物质文化遗产保护法（草案送审稿）》，于2006年9月报请国务院审议。国务院法制工作机构审查该草案送审稿时，做了一定的修改和补充。2010年6月，国务院第115次常务会议讨论通过《非物质文化遗产法（草案）》，并提请全国人民代表大会常务委员会审议。在广泛征求社会各界的意见和建议后，终于在2011年2月25日颁布实施该法。

与此同时，全国各级地方政府也相继颁布了一批地方法规，例如宁夏（2006年）、江苏（2006年）、浙江（2007年）、新疆（2008年）等地相继出台文化遗产或非物质文化遗产保护条例，[②] 施恩土家族苗族自治州（2006年）、兰州（2007年）、四川北川羌族自治县（2008年）等地相继

[①] 李秀娜：《非物质文化遗产的知识产权保护》，法律出版社2010年版，第141页。

[②] 赵方：《我国非物质文化遗产的法律保护研究》，中国社会科学出版社2009年版，第39—40页。

出台民族民间文化保护条例,这些地方性法规是中国文化遗产保护法制体系的重要组成部分,其陆续出台意味着中国文化遗产保护工作已经走向全面的法制化之路。

第三节 《非物质文化遗产法》的要点及其建构的法律制度

《非物质文化遗产法》共六章、54条,内容依次为总则、非物质文化遗产的调查、非物质文化遗产代表性项目名录、非物质文化遗产的传承与传播、法律责任及附则等。正是通过该法规定的诸多具体条文,相关的多项基本法律制度才得以确立起来。

一 立法宗旨及保护对象

《非物质文化遗产法》在"总则"里明确了其立法宗旨、目的和所规范的对象。根据《非物质文化遗产法》第1条的规定,"为了继承和弘扬中华民族优秀传统文化,促进社会主义精神文明建设,加强非物质文化遗产保护、保存工作",其宗旨清晰而又明确,目的是要通过对非物质文化遗产的保护来继承和弘扬民族的优秀传统文化,进而将其应用于促进当代社会文明的建设。作为调整、保护对象的"非物质文化遗产",该法的定义为:……各族人民世代相传并视为其文化遗产组成部分的各种传统文化表现形式,以及与传统文化表现形式相关的实物和场所。其具体包括:(1)传统口头文学以及作为其载体的语言;(2)传统美术、书法、音乐、舞蹈、戏剧、曲艺和杂技;(3)传统技艺、医药和历法;(4)传统礼仪、节庆等民俗;(5)传统体育和游艺;(6)其他非物质文化遗产等(第2条第1款)。

从上述定义及所列(1)至(5)项具体内容看,不难发现它汲取了《保护非物质文化遗产公约》等国际法文件中对非物质文化遗产的规范。《非物质文化遗产法》的定义基本上来自上述国际法文件。[①] 但非物质文

[①] 全国人大常委会法制工作委员行政法室编:《中华人民共和国非物质文化遗产法释义及实用指南》,中国民主法制出版社2011年版,第15页。

化遗产这五大类在中国的具体保护实践中，又进一步被具体表述为"国家级非物质文化遗产代表作项目名录"采用的十大分类，即民间文学，传统音乐，传统舞蹈，传统戏剧，曲艺，传统体育、游艺、竞技，传统美术，传统技艺，传统医药，民俗。这应该是中国加盟国际公约后，在积极履行国际法义务的同时，又将其"中国化"的一种体现，其中内含着中国学术界对相关知识领域的基本认知。

值得注意的是，有关非物质文化遗产的上述界定并不是中性的，它含有一定的价值判断；它必须被认为是优秀的、健康的，诸如"跳大神"之类民俗，若按字面看，或许可理解为非物质文化遗产，但就非物质文化遗产保护制度的基本精神而言，却有可能被排除在外。[①] 所以，中国当前认定和保护非物质文化遗产的实践，确实是对艺术类非物质文化遗产认定较多，对宗教类非物质文化遗产认定较少。至于第（6）项"其他非物质文化遗产"，则是对《非物质文化遗产法》保护对象的兜底性条款，它可涵盖前五项以外其他项目，也为将来新发现和重新认知的非物质文化遗产项目在法律规定上留下空间。[②]

上述定义中有关"与传统文化表现形式相关的实物与场所"的表述，意味着在非物质文化遗产范畴中，实际也必然地内含着物质的形态或要素，这可能导致出现对文化遗产之"非物质"与"物质"的二元保护体系产生理解上的疑惑，因此，《非物质文化遗产法》第2条第2款明确了"属于非物质文化遗产组成部分的实物和场所，凡属文物的，适用《中华人民共和国文物保护法》的有关规定"[③]，该条款解决了作为非物质文化遗产组成部分的"实物"和"场所"之与"文物"范畴的重叠问题，但也表明存在着《非物质文化遗产法》和《文物保护法》之间应如何衔接的问题。

二 国家的保护责任和义务

中国加盟的《保护非物质文化遗产公约》第13条明确了缔约国在非

---

① 信春鹰主编：《中华人民共和国非物质文化遗产法释义》，法律出版社2011年版，第11页。

② 李树义主编：《非物质文化遗产法律指南》，文化艺术出版社2011年版，第48页。

③ 这里的有关规定是指《文物保护法》第2条对"文物"的范围划定以及国家文物局公布的《近现代文物征集参考范围》与《近现代一级文物藏品鉴定标准（试行）》等。

物质文化遗产保护上的国家责任。《非物质文化遗产法》也以国内行政法的方式明确了国家的基本法定责任,即"县级以上人民政府"有义务"将非物质文化遗产保护、保存工作纳入本级国民经济和社会发展规划"(第6条第1款前部),通过"……认定、记录、建档等措施保存非物质文化遗产""对体现中华民族优秀传统文化,具有历史、文学、艺术、科学价值的非物质文化遗产采取传承、传播等措施予以保护"(第3条),"并将保护、保存之经费列入本级财政预算"(第6条第1款后部)。对"民族地区、边远地区、贫困地区的非物质文化遗产保护、保存工作",国家有"扶持"之义务(第6条第2款)。各级政府相关主管机关负责辖区内非物质遗产的保存、保护工作(第7条),并承担强化宣传、"提高全社会保护非物质文化遗产的意识"(第8条)之义务。国家应该鼓励和支持个人与组织"参与"非物质文化遗产的保存与保护(第9条),对有显著贡献的组织和个人予以"表彰"与"奖励"(第10条)等。这些条文将非物质文化遗产的保护责任确定为国家,落实在各级人民政府,对政府的义务做了规范。

三 非物质文化遗产的调查制度

开展非物质文化遗产的调查,是对其保存、保护、利用及传承的基础,也是对非物质文化遗产项目进行认定、记录、公示和管理的基本前提。《非物质文化遗产法》要求"县级以上人民政府根据非物质文化遗产保护、保存工作需要,组织非物质文化遗产调查;非物质文化遗产调查由文化主管部门负责进行。其他有关部门可以对其工作领域内的非物质文化遗产进行调查"(第11条)。通过调查,文化主管部门应对非物质文化遗产进行认定、记录(第12条第1款前段),建立档案及相关数据库(第13条前段);建立健全调查信息的共享机制(第12条第1款前段);相关档案及数据库信息等,在不违背《保密法》的前提下,应向公众公开(第14条);调查中收集的代表性实物、资料等,统一由文化主管部门妥善保管、不得损毁或流失(第12条第2款)。

《非物质文化遗产法》还赋予公民、法人和其他组织依法对非物质文化遗产进行调查的权利(第14条)。在展开调查时,调查者应在被调查对象同意的基础上进行,应尊重其风俗习惯,不得损害其合法权益(第16条);若在调查时或通过其他途径发现有濒临消失的非物质文化遗产项目，国家应立即予以记录、收集有关实物，或采取其他抢救性保存措施；对于需要传承的，则应采取有效措施支持其传承（第17条）。这些条款确立了科学、公开、尊重调查对象及所在社区之风俗习惯的调查原则。出于文化主权的考虑，《非物质文化遗产法》对境外组织或个人在中国境内从事非物质文化遗产的调查设置了许可制，即调查实施之前须获得省级以上人民政府文化主管部门批准；调查应与境内非物质文化遗产学术研究机构合作进行；调查结束后，应向批准调查的文化主管部门提交调查报告和在调查中所获实物图片、资料复制件等（第15条）。

四 非物质文化遗产代表作名录制度

受1972年《保护世界遗产公约》的"世界遗产名录"及2003年《保护非物质文化遗产公约》中"人类口头与非物质文化遗产代表作名录"制度的启示和影响，中国建立的非物质文化遗产保护制度也以"代表性项目名录"为核心。《非物质文化遗产法》规定，中国"非物质文化遗产代表性项目名录"分为国家和地方两级，即国务院"将体现中华民族优秀传统文化，具有重大历史、文学、艺术、科学价值的非物质文化遗产项目"列入"国家级非物质文化遗产代表性项目名录""予以保护"（第18条第1款）；各省、自治区、直辖市人民政府将其辖区内"体现中华民族优秀传统文化，具有历史、文学、艺术、科学价值的非物质文化遗产项目"列入"地方非物质文化遗产代表性项目名录""予以保护"（第18条第2款）。列入国家级名录的"非物质文化遗产代表性项目"应由省、自治区、直辖市人民政府从"省、自治区、直辖市非物质文化遗产代表性项目名录中向国务院文化主管部门推荐"（第19条前段）。"地方非物质文化遗产代表性项目名录"制度，由省、自治区、直辖市参照《非物质文化遗产法》相关规定制定（第43条）。"公民、法人和其他组织可以向省、自治区、直辖市人民政府或者国务院文化主管部门提出列入国家级非物质文化遗产代表性项目名录的建议"（第20条）。这是在明确国家和省级名录制度的区别和联系的同时，也为公民和其他社会组织的参与保留了空间。

对于被"推荐"或"建议"列入国家级名录的非物质文化遗产项目，先由国务院文化主管部门组织"专家评审小组"初评，初评过半数通过的，再由国务院文化主管部门组织"专家评审委员会"审议，① 提出审议意见（第 22 条第 1 款、第 2 款），审议认为拟列入国家级名录的，由国务院文化主管部门予以不少于 20 日的"公示"以"征求"公众意见（第 23 条）。最后，由国务院文化主管部门将拟定的国家级名录报国务院批准并公布（第 24 条）。"专家评审小组"和"专家评审委员会"的评审应遵循公开、公平、公正原则（第 22 条第 3 款）。对国家级名录内的非物质文化遗产，国务院文化主管部门应制定"保护规划"（第 25 条第 1 款）；经省、自治区、直辖市人民政府批准列入地方名录的非物质文化遗产，则由省、自治区、直辖市文化主管部门制定"保护规划"（第 25 条第 2 款）。国家与地方政府文化主管部门制定的"保护规划"，应对濒临消失的非物质文化遗产代表性项目予以"重点保护"（第 25 条第 3 款）。对非物质文化遗产代表性项目较为集中、特色鲜明、形式和内涵保存完整的特定区域，当地文化主管部门可制定"专项保护规划"，报经本级人民政府批准后，实施"区域性整体保护"（第 26 条第 1 款前部）。"区域性整体保护"涉及村镇或街区之空间规划的，由当地城乡规划主管部门制定"专项保护规划"（第 26 条第 2 款）。国务院文化主管部门和省、自治区、直辖市文化主管部门对保护规划的实施进行"监督检查"；发现未能有效实施的，要"及时纠正、处理"（第 27 条）。这些条文为国家及地方文化主管部门（必要时，也涉及城乡规划主管部门）的文化遗产行政提供了具体规范。

五 传承人认定制度与全社会参与的传承和传播

保护非物质文化遗产的目的是使其得到维系和传承。由于非物质文化遗产主要依托于"人"而存在，它以声音、形象和技艺等为表现手段，以口传心授为传承延续方式，具有动态的特点，因此，《非物质文化遗产法》建立了以非物质文化遗产代表性项目的"代表性传承人"为核心的旨在鼓励非物质文化遗产传承与传播的制度。

各级文化主管部门对国家级名录和地方名录中的各项非物质文化遗

---

① 关于"专家审议委员会"的设立、委员任期、工作范围、程序及原则等，在《国家级非物质文化遗产代表作申报评定暂行办法》第 13、14、15 条中有规定，但对"专家评审小组"却没有直接的相关规定。据《非物质文化遗产法》第 22 条规定的精神及立法机关对该条文的解释，"专家评审小组"由国家级非物质文化遗产项目十大分类领域的专家构成。

产，可以认定"代表性传承人"（第29条第1款）。经过认定的传承人，必须熟练掌握其传承的非物质文化遗产；必须在特定领域内具有代表性，在一定区域内有较大影响（第29条第2款）。传承人的法律义务是开展传承活动，培养后继人才；妥善保存相关实物、资料；配合文化主管部门和其他有关部门进行的非物质文化遗产调查；参与非物质文化遗产的公益性宣传活动等（第31条第1款）。对无正当理由不履行上述法定义务的，文化主管部门可取消其非物质文化遗产代表性传承人资格，并重新认定代表性传承人（第31条第2款前段）。这些法律条文具体规定了代表性传承人应承担的诸多义务，说明传承人并不是一种荣誉头衔或职称，而是在获得国家资助的同时，也肩负着传承和传播非物质文化的法定责任。

为支持其传承活动，县级以上人民政府文化主管部门应根据需要，为传承人提供必要的传承场所，为其开展授徒、传艺、交流等活动提供必要的经费资助；支持其参与社会公益活动（第30条）。当地政府应采取有效措施，宣传和展示被列入名录的非物质文化遗产（第32条）；国家鼓励展开与非物质文化遗产相关的科学技术研究、保护与保存方法研究，鼓励非物质文化遗产的记录和代表性项目的整理、出版（第33条）。除确立传承人的传承、传播义务和地方政府及主管部门的国家责任外，《非物质文化遗产法》还要求学校开展非物质文化遗产方面的教育（第34条第1款）；新闻媒体开展非物质文化遗产项目的宣传、普及（第34条第2款）；图书馆、文化馆、博物馆、科技馆等公共文化机构和有关学术研究机构、保护机构及利用财政性资金兴办的文艺表演团体、演出场所经营单位等，均应在各自业务范围内开展非物质文化遗产的整理、研究、学术交流和代表性项目的宣传、展示等（第35条）。此外，国家还鼓励和支持公民、法人及其他组织，依法设立非物质文化遗产的展示场所和传承场所，展示和传承非物质文化遗产的代表性项目（第36条）。显然，该法追求的是建构一个全民参与保护非物质文化遗产的举国体制。

《非物质文化遗产法》还鼓励对非物质文化遗产的合理利用。"合理利用"不应对非物质文化遗产造成破坏，而应是传承活动的一部分，即通过合理利用而使非物质文化遗产得以维系和传承。《非物质文化遗产法》明确规定国家鼓励和支持在有效保护的基础上，合理利用非物质文化遗产代表性项目，开发具有地方、民族特色和市场潜力的文化产品和文化服务（第37条第1款）。该法要求县级以上地方人民政府，应对合理利用非物质文化遗产代表性项目的单位予以扶持。合理利用非物质文化遗产代表性项目的单位，依法可享受国家规定的税收优惠（第37条第3款）；致力于开发和利用非物质文化遗产代表性项目的单位或个人，应支持传承人的传承活动，并保护属于该项目组成部分的实物和场所（第37条第2款）。

六　法律责任制度

《非物质文化遗产法》对上述各项制度中的作为与不作为行为设定了相应的法律责任。受其行政法性质所限，违反《非物质文化遗产法》的行为主要承担行政责任，但法律依然设定了民事责任和刑事责任，从而增加了其严肃性和强制力。

根据行政行为主体及行政相对人的不同行为，该法确定了不同的行政责任。对文化主管部门和其他有关部门的工作人员在非物质文化遗产保护、保存工作中玩忽职守、滥用职权、徇私舞弊的行为，依法给予处分（第38条）；对文化主管部门和其他有关部门工作人员进行非物质文化遗产调查时侵犯调查对象的风俗习惯并造成严重后果的，依法给予处分（第39条）。对境外个人或组织未经申请许可在中国境内进行调查的（第15条），由文化行政主管部门责令改正，予以警告，没收其违法所得及调查取得的实物、资料；情节严重的，个人处以1万至5万人民币罚款（第41条第1款）；组织处以10万至50万人民币罚款（第41条第2款）。对违反《非物质文化遗产法》相关规定，破坏属于非物质文化遗产组成部分之实物和场所的，依法承担民事责任；构成违反治安管理行为的，依法给予治安管理处罚（第40条）。违反《非物质文化遗产法》而构成犯罪的，依法承担刑事责任（第42条）。

由上述对《非物质文化遗产法》的各项具体规定的评析，可知中国保护非物质文化遗产的法律制度，也初步形成了自己独到的特点，例如，单行立法，境外组织与个人的调查许可制，对民族、边远及贫困地区的扶持，保护规划及特定地区的专项保护规划制度等。另一方面，中国的《非物质文化遗产法》也积极汲取了相关国际公约及某些文化遗产保护先进国家较为完善的相关法制建设的经验。例如，联合国《保护非物质文化遗产公约》对非物质文化遗产的定义和范围划定、其世界遗产和世界非物质文化遗产的"名录"制度，日本《文化遗产保护法》（1950年法律第214号）对其重要无形文化遗产的认定、记录及保持者（传承人）认定制度，由政府鼓励对重要无形文化遗产进行合理利用并在税收等方面予以优惠的制度等，都不同程度地对《非物质文化遗产法》产生了影响。由于《非物质文化遗产法》是在全球化、国际化和改革开放的大背景下制定的，因此，在兼顾中国法制特色和与国际法制接轨方面较好地实现了立法技术的提高。

《非物质文化遗产法》以单行法方式出台，为中国非物质文化遗产的保护提供了法律保障，既促成了中国文化遗产保护法制体系的完善，也奠定了国家依法开展文化遗产行政的基础。《非物质文化遗产法》的颁布是近年来中国社会文化领域中的一件大事，不仅意味着国家文化政策完成了从"文化革命"朝"文化保护"的方向转换，也意味着普通民众的文化创造力及其文化生活空间得到了起码的尊重，其重大和深远的意义自不待言。

但也毋庸讳言，由于中国行政法的立法技术尚不够成熟，在仓促的非物质文化遗产保护"运动"背景下应运而生的《非物质文化遗产法》，难免存在一定的问题。特别是要在13多亿人口、民族众多、地域和族群的文化多样性特点均非常突出的中国，大面积和大规模地保护好种类繁多的文化遗产，仅靠一部简略的单行法来调整所有保护对象复杂的法律关系，绝非一件容易的事。因此，对于《非物质文化遗产法》，还应在将其与文化遗产保护的国际法体系以及与文化遗产保护法制较完备的先进国家进行深入的比较法学研究的基础上，进一步总结中国文化遗产保护法制体系的特点、优点和问题。此外，还应深切关注在实施《非物质文化遗产法》的普法、执法过程中可能会相继出现的各种问题，诸如在"合理使用"非物质文化遗产时涉及的知识产权问题、不当利用问题、歪曲贬损问题等。各级政府在其文化遗产行政的具体实践中，在建构全民参与体制的过程中，也应总结经验，不断发现新的问题，进而为相关法律制度的进一步完善与未来可能的修订积累可资参考的科学认知。

第七章

文化遗产保护法制体系的中日比较

在《文物保护法》实施近30年之后,《非物质文化遗产法》终于在2011年得以出台,它将中国的文化遗产法律保护工作从对有形和物质的文化遗产的重点性保护,进一步拓展到了对于无形、口头传承和非物质文化遗产的全面性保护,这也就标志着中国文化遗产的法律保护体系的基本形成,从此,中国的文化遗产行政全面地进入了"依法行政"的新阶段,其重要意义不言而喻。目前,刚刚成形不久的文化遗产法律保护体系(特别是《非物质文化遗产法》)在中国也正在进入一个试错、改进和不断积累经验的阶段,在此,本章拟根据《文物保护法》《非物质文化遗产法》等相关内容以及实施情况,着重从意识形态背景、基本理念与国情差异等方面入手,在立法模式、法律的可操作性、传承人认定制度等方面,将其与文化遗产保护法制体系较为成熟的日本《文化遗产保护法》等相关法律进行初步的比较研究,如此既可凸显中国文化遗产保护法制体系的特色,同时也将能够为今后中国文化遗产法律保护制度在实施实践中进一步完善提供一定的借鉴。[1]

第一节 中日两国之间的基本国情差异

中国和日本的国情在很多方面存在着不同,因此,中日两国的文化遗

---

[1] 参见周超《中日非物质文化遗产保护法比较研究》,《思想战线》2012年第6期;「日中無形文化財保護法の比較研究」『文明21』第29号(2012年12月)第43—53页。

产立法及行政可以说是既有相同或类似之处,又有很多重大的差异。相同或类似之处,例如,双方的文化遗产立法及其行政均受到其各自国内政治格局及动态的影响,均是在文化民族主义和国家意识形态的指导之下分别得以确立和实施的。但是,两国之间的很多差异,也有很多值得深思之处。

一 国家意识形态背景的不同

日本作为"天皇制"国家的属性,使得其政府在对文化遗产的认定和选定工作中,很多都涉及宗教尤其是传统的神道教。日本国民即便有很多人是事实上的无神论者,但其国家的基本意识形态却潜在地内含着有神论(多神教)的意识形态,战前的天皇曾被认为是日本这个众神之国的最高神,战后的民主化虽然破除了天皇的神圣性,而改制为象征性,但若涉及文化遗产,自然就无法与有神论和多神的神道教切割开来。事实上,在日本,积极推动文化遗产保护事业的政治组织,主要就有全日本神道教联盟,它基本上可以说是日本的政治保守势力。[①] 日本国内基本上没有有神论和无神论之间的意识形态冲突,与此同时,日本国内对其传统文化的珍视也一直具有一贯性和连续性。虽然围绕"天皇制"本身的存废,日本国内是存在分歧和争议的,但其文化遗产保护的立法和行政实践却几乎没有任何阻力。

反观中国,由于国家的社会主义属性,更由于执政的中国共产党坚持无神论的意识形态,这就使得中国政府在认定那些涉及信仰、宗教或祭祀,以及以往曾经被批判为"封建迷信"(例如,风水、祭祀类节日等)的那一部分文化遗产时,往往就会有所犹豫,或显得分外敏感。事实上,从目前中国政府已经公布的国家非物质文化遗产保护名录来看,也确实是艺术类居多,而信仰祭祀类偏少。由于《非物质文化遗产法》没有对信仰类文化遗产给予强有力的支持,也没有予以明晰的界定或规范,所以,在具体的操作性实践中,文化遗产行政部门就容易对信仰类文化遗产敬而远之,或者采取变通的方式,往往是换个名目,以相关事项中的部分其他要素,例如以艺术的要素为名义,将其认定为艺术类文化遗产。此种曲

[①] 参见周星《日本的丰桥鬼祭:对一项无形民俗文化遗产的现场观察》,《文化遗产》2015年第6期。

线、绕弯的认定，固然在客观上有助于部分信仰类文化遗产的项目也有可能被认定，即民间信仰通过"文化遗产化"而获得合法性，[①] 但归根到底，这种状况很难说是文化遗产保护正常应有的格局。

二 文化遗产保护理念上的差异

在日本的文化遗产保护理念当中，突出地强调文化遗产乃是全体国民的文化财富，也因此国家才有理由动用国民税金去实施保护，相关机构或获得国税资助的传承人（保持者与保持团体）也才有义务将其文化遗产予以公开。应该说，正是这一理念有力地推动了日本文化遗产保护之举国体制的形成，也有力地促成了普通日本公众对其文化遗产的热爱和对相关保护事业的支持。文化遗产乃全体国民的文化财富这一理念，值得中国方面认真地学习和借鉴。中国当然也有近似的表述，但基本上更多的是强调"国家"，强调文化遗产是国家的财富，是国家的软实力，对于文化遗产的保护主要就是集中致力于文化遗产的国家化。也因此，一般民众的文化遗产保护意识往往就较为薄弱，或认为保护文化遗产主要是国家的事，与自己无关。若以"文物"保护为例，国家长期以来一直都在努力地保护文物，但在通过文物的开放、公开性陈列等反馈给社会、反馈给全体国民的努力则明显不够，与此同时，普通百姓中倒卖、损毁文物的现象则是屡禁不绝。究其原因，除国家法律仅规定了地下埋藏文物的国家所有权（《文物法》第5条）之外，还与现行法规对文物的发现者或挖掘者的褒奖制度不尽合理，以及国家优先购买权[②]（《文物法》第58条、《文物拍卖管理暂行规定》第16条）的实施状况不够理想等有着千丝万缕的关联性。在这里，仅仅有文化遗产乃全体国民之文化财富的理念尚嫌不足，还应该进一步明确文化遗产，尤其是非物质文化遗产对其所在社区民众的价值和意义，这样，得以保护的文化遗产既可以成为全体国民以及成为这个国家的文化财富，同时也能够在它们原生的基层社区获得可持续性的活力。

[①] 参见周星《民间信仰与文化遗产》，《文化遗产》2013年第2期。

[②] 参见赵勇《国家文物优先购买权的法律分析》，《中国拍卖》2009年第7期；戴孟勇《论国家对珍贵文物的优先购买权》，《烟台大学学报》（哲社版）2015年第4期。

三 国家民族构成的不同

日本除了阿伊努人和在日韩国人以及冲绳的地域性等问题之外，基本上很少有少数民族问题的困扰，因此，其文化遗产保护的法制体系比较容易形成统一的格局。相比之下，中国则是一个典型的多民族国家，这一点和日本有很大的不同。中国有为数众多的少数民族，他们各自都有非常重要和辉煌的文化遗产需要予以保护和利用，特别值得指出的是，像藏族、蒙古族、维吾尔族等一些少数民族，其文化遗产的历史之悠久、种类之丰富、数量之巨大、体系之完整，都需要国家的文化遗产保护法制体系予以足够的关照和重视。① 从现有的文化遗产保护和利用的实践来看，中国在这方面还是取得了很大的成就。国家的非物质文化遗产保护工作，很自然地是必须把各少数民族珍贵的文化遗产和全国各个地方之传统的民俗文化遗产均包含在内，同等地视为国家重要的社会文化资源以及国家文化多样性的重要标志。

例如，在西藏，根据自治区文物局的统计，自1961年3月4日布达拉宫、大昭寺、扎什伦布寺、噶丹寺、昌珠寺、萨迦寺、藏王墓、江孜宗山抗英遗址8处被国务院列为第一批国家重点文物保护单位开始，到2015年3月29日止，自治区共有包括古遗址、古建筑、古墓葬等在内的不可移动文物4277处，其中国家重点文物保护单位达55处（含世界文化遗产布达拉宫及其扩展项目大昭寺、罗布林卡），自治区级文物保护单位391处，县级文物保护单位978处；② 国家级历史文化名城3座，③ 历史文化名镇、历史文化名村以及历史文化名街各1处，国家级文

---

① 关于少数民族文化遗产的法律保护问题，一直以来始终是学术界研究的重要课题，研究成果颇丰。涉及本章所列举的藏族、蒙古族、维吾尔族等少数民族文化遗产的法律保护，最新和较有代表性的著作有：包桂荣：《民族自治地方少数民族非物质文化遗产的法律保护研究——以蒙古族为例》，民族出版社2010年版；赵虎敬：《新疆非物质文化遗产的法律保护》，人民出版社2014年版；安静：《藏区非物质文化遗产的法制保护》，西安交通大学出版社2015年版等。

② 该数据来自新华网（http://news.xinhuanet.com/culture/2015-03/30/c_127635384.htm）。

③ 该数据来自国务院新闻办公室2015年4月15日发布的《西藏发展道路的历史选择》白皮书（http://news.163.com/api/15/0415/12/AN88BP440001124J_all.html）。

博单位4家①等。西藏自治区人民政府依据《文物保护法》《城市规划法》的相关规定，于2007年5月11日还核准确定了布达拉宫等西藏32处全国重点文物保护单位的保护范围和建设控制地带（缓冲地带），从而使西藏的有形文化遗产的保护范围更加具体化和具备了整体性。

据国务院新闻办公室2011年7月11日发布的《西藏和平解放60年》，20世纪80—90年代，中央人民政府不仅投入3亿多元人民币，用于修复和开放了1400多座寺庙、文物古迹和宗教活动场所，使这些古建筑均得到了有效的保护，而且为推荐布达拉宫进入世界文化遗产名录，中央政府还拨出5500万元人民币专款和大量黄金、白银等珍贵物资，对布达拉宫进行了一次大规模维修，②最终促成了"申遗"的成功。自2000年以来，中央先后投入资金20.4亿元人民币的专项资金，实施了一系列针对重点文物的保护和维修工程，其中布达拉宫、罗布林卡、萨迦寺等的保护和维修工程投资3.8亿余元人民币。③尽管国家与自治区对文化遗产保护的力度很大、成绩显著，但伴随社会经济的迅猛发展以及青藏铁路开通带来的西藏旅游热潮，也为文化遗产带来了一些潜在的威胁，为此，自治区政府遂开始采取对世界文化遗产布达拉宫每天限制游客2300人之类的保护性的措施。

实际上，西藏自治区依据国家的民族政策、宗教政策和文物政策等，对于藏族宗教文化遗产的全面保护，或许还能够对化解内地文化遗产保护工作中面临的信仰、祭祀类文化遗产时的困扰有所启示。不言而喻，眼下全国范围内对于非物质文化遗产的关注和重视，对于西藏文化遗产的全面性保护也是一个很大的机遇。长期以来，对于藏族文化遗产的保护主要也是集中在历史或宗教类建造物等"有形"的物质文化遗产上面，在这个意义上，2006年5月政府把藏族"格萨尔"史诗、民俗节日"雪顿节"、藏族唐卡、拉萨风筝、藏戏等22个项目列入国家首批非物质文化遗产保护名录，确实堪称是西藏自治区非物质文化遗产保护的一个很大的发展。

---

① 该数据来自国家文物局官方网站文博数据库（http：//www.sach.gov.cn/col/col1701/index.html）。

② 该数据来自中华人民共和国中央人民政府官方网站（http：//www.gov.cn/jrzg/2013-10/22/content_2511942.htm）。

③ 该数据来自十一世班禅额尔德尼·确吉杰布在2015年3月4日全国两会分组讨论中所作的题为《大力培养人才，以使藏传佛教更好地与社会主义社会相适应》的发言与提案。

截至2015年12月30日，西藏全区共有世界级非物质文化遗产项目2项；国家级非物质文化遗产项目89项、传承人68名；自治区级非物质文化遗产项目323项、传承人350名；地（市）级非物质文化遗产项目109项、传承人95名；以及县级非物质文化遗产项目939项。[①] 为了支持传承人在非物质文化遗产保护方面发挥其"传承"作用，国家级传承人每年发放传承保护经费10000元、自治区级5000元、地（市）级3000元、各县再根据本地的财政情况而各有不同，如有些县是再追加2000元等。[②] 此外，为了使2011年的《非物质文化遗产法》在西藏能够很好地得到实施，西藏自治区人民代表大会常务委员会还于2014年3月31日通过了《西藏自治区实施〈中华人民共和国非物质文化遗产法〉办法》，确立了自治区地方非物质文化遗产的三级保护制度。

从西藏自治区文化遗产保护工作的上述基本情况来看，显然《文物保护法》和《非物质文化遗产法》共同发挥着极其重要的作用，但同时也还面临着一个如何才能够更好地与国家的《民族区域自治法》及其他宗教管理等方面的法律法规之间实现相互的协调、衔接、呼应、配合，或者互为补充的课题。中国正在加快实施"西部大开发"的国家战略，藏族及各少数民族的文化遗产并不只是被抢救的命运和被保护的对象，相反，毫无疑问地它们还是可以被合理利用的文化资源，以及能够持续地不断发展的文化领域。

第二节 立法模式：单行立法与综合性立法

《文物保护法》《非物质文化遗产法》与日本《文化遗产保护法》分别是中日两国各自国家文化遗产保护事业的基本大法。《文化遗产保护法》更具有综合性，它所涉及的内容也更为宽泛和多样化，其中的埋藏文化遗产、国宝、重要文化遗产等范畴可以和《文物保护法》的相关范畴

[①] 该数据来自赵延《西藏建立非遗四级名录体系》，中国新闻网（http://www.chinanews.com/cul/2015/12-30/7695271.shtml）。

[②] 该数据来自韩海兰《西藏非遗四级名录体系基本形成》，《西藏商报》2015年12月28日第4版。

相对应；而其无形文化遗产、民俗文化遗产等范畴则可以和《非物质文化遗产法》中的相关范畴相对应。但是，《文化遗产保护法》中的名胜、天然纪念物和文化遗产保存技术等，则无法为中国的上述两部法律所涵盖。总体而言，《文化遗产保护法》对于文化遗产保护之法制体系的建构要更为绵密、细致和精确，对于文化景观、近代化遗产等较新的文化遗产种类的保护力度，也要比中国相关法律更为全面和有力。当然，中日两国政府通过法律所建构的文化遗产的保护和管理制度也有诸多不同，在日本，一般是由文化厅长官代表国家委托都、道、府、县等地方政府的教育委员会进行保护管理，中国则是分别由政府的文物局和文化部非物质文化遗产司承担主要的行政管理职责，并在全国将其管理系统的触角深入到了基层的文物局、文管会和文化局、文化站。此类管理体制的差异，多是基于不同的国情及文化遗产的各种实际状况而形成的，很难有对错优劣之判断。

一 日本从单行立法到综合性立法的转变

从立法技术的角度看，单行立法是中国的文化遗产尤其是非物质文化遗产法律保护最大的形式性特点。这一特点较为突出地反映了中国对非物质文化遗产保护的重视与积极态度，但也多少反映出中国在行政立法技术上的不尽成熟。一般来说，单行立法不同于"综合立法模式"，而属于所谓"分别立法模式"[1]。单行立法的特点是针对性强，通常是针对特定对象而设计的，但单行立法的问题之一在于和其他法律的衔接问题较为突出。由于中国文化遗产之现状的多种复杂性，并没有采取在现行《文物保护法》的基础之上予以扩充和完善，增添或者追加非物质（无形）文化遗产和民俗文化遗产的各项内容，而是在《文物保护法》之外另起炉灶，另外单行立法，出台了一部全新的法律《非物质文化遗产法》。这样做，确实是将原本具有整体性的文化遗产割裂开来，我们只有将上述两部法律分别保护的对象联系起来，方可获得对"文化遗产"的完整性理解。虽然我们可以将《非物质文化遗产法》视为是和《文物保护法》一起共同构成了中国的文化遗产保护的法制体系，但现实的问题却是两部法律分别应对的是物质文化遗产（严格说来，也只是物质文化中特定的一部分）

---

[1] 朱祥贵：《文化遗产保护法研究——生态法范式的视角》，法律出版社2007年版，第17—19页。

和非物质文化遗产，这样，就有可能使文化遗产的有形物质和无形非物质的划分固定化，由此也会产生出诸如如何协调和衔接两部法律之间的互补关系等问题。

与此同时，中国目前还没有类似日本那样，在《文化遗产保护法》之上，还有一部更加"上位"和更加具有综合性的法律《文化艺术振兴基本法》，在明确规范日本国家的文化战略和文化政策的同时，也进一步明确文化遗产在其中的地位和作用。也因此，《文物保护法》《非物质文化遗产法》之与中国国家的更加宏观的文化发展战略及文化政策之间的关系，就显得并不是非常明晰和确定无疑。

相比较而言，日本对文化遗产的保护和利用是采取了综合性立法，是将有形物质文化遗产与无形非物质文化遗产融合在一部整体性的综合性行政法当中，并和其他法律紧密衔接。[①] 在 1950 年《文化遗产保护法》出台之前，日本也曾经采取过单行法的立法形式保护其文化遗产，但经过 1950 年的法律整合，1951 年、1952 年、1954 年、1975 年、1996 年、2002 年、2004 年相继七次重大修法[②]以及超过 30 多次的一般性修订，最终使得无形文化遗产和有形的物质文化遗产的法律保护形成一个整体。换言之，日本的文化遗产立法经历并完成了从单行立法模式朝向综合立法模式的转换。此种通过一部统合性的基本法，并逐渐使之完善而具备更强的系统性的做法，比较符合文化的整体性原则，也因此，其文化遗产行政就颇具效率。综合性立法模式不仅提高了文化遗产行政的协调性与统一性，也有利于增强其法律的权威性。日本的文化遗产保护主要是根据一部法律，依法实施保护的中央政府的行政机关也是一个，即文化厅。由一个行政主管部门适用一部法律，比较有利于和其他相关联的法律、法规的配套实施。应该说，日本的《文化遗产保护法》与其 1974 年《传统工艺品产业振兴法》（昭和 49 年法律第 57 号）、1992 年《关于利用地域传统艺能等资源、实施各种活动以振兴观光产业及特定地域工商业之法律》（平成 4 年法律第 88 号）、1997 年《阿依努文化振兴法》（平成 9 年法律第 52 号）、2001 年《文化艺术振兴基本法》（平成 13 年法律第 148 号）以及

[①] 王军：《日本的文化财保护》，文物出版社 1997 年版，第 25 页。

[②] 有关日本《文化财保护法》数次重大修改的基本内容，参见中村賢二郎『わかりやすい文化財保護制度の解説』ぎょうせい（2007 年）第 20—30 頁。

2006年《观光立国推进基本法》（平成18年法律第117号）等，彼此之间确实形成了较好的协调、衔接与配套。

中国则是两部法律、一部条例，即《文物保护法》和《非物质文化遗产法》及《传统工艺美术保护条例》；由三个行政主管机关，即国家文物局、文化部非物质文化遗产司与工信部，分别适用上述法律、条例而开展相关的文化遗产保护工作。此种局面很容易导致在国家文化遗产政策的制定与实施时，因需要相互的协调与合作而增加行政成本；而部门职权和利益的协调又往往难以避免微妙的博弈。由于文化遗产被人为地切割成"物质"和"非物质""有形"和"无形"，故在需要和其他部委分别适用之法律、法规中涉及文化遗产的有关条款相配套时，比较难以形成良性的关系。

二 传统立法原则对中国文化遗产保护法律体系的影响

中国行政立法（当然也包括民事立法）一直延续着改革开放初期确立的"条件成熟一个立一个"的立法原则，[①] 在百废待兴、法制破坏殆尽的背景下，通常是为了直接、临时和简单对应某种社会秩序之维护的需求，故较多采取单行法的立法方式。几十年来，中国有关文物和文化遗产的行政性规范、法规的陆续出台，固然说明文化主管机关比较重视文物和文化遗产问题，但也反映出临时性、应付性、缺乏全盘性综合考虑的特点。事实上，每次新条例、办法、通知的出台，恰好反映了文物和文化遗产的危机状态日益深刻化，需要弥补既有法律、法规的漏洞。经过1991年、2002年、2007年、2013年、2015年五次修订的现行《文物保护法》，应该说在这些方面已有很大改进，但它与随后制定的《文物保护法实施细则》（2005年）之间仍有不尽协调之处。类似情况亦见于《非物质文化遗产法》，在该法颁布之前，中国有关的行政法规、条例主要有：《工艺美术行业荣誉称号试行办法》（1988年）、《传统工艺美术保护条例》（1997年）、《国家级非物质文化遗产代表作申报评定暂行办法》（2005年）、《国家级非物质文化遗产保护与管理暂行办法》（2006年）、《中国非物质文化遗产标识管理办法》（2007年）、《国家级非物质文化遗

---

① 万其刚：《彭真立法思想研究》（http://www.npc.gov.cn/npc/xinwen/rdlt/fzjs/2011-04/11/content_1650905.htm）。

产项目代表性传承人认定与管理暂行办法》（2008年）等。《非物质文化遗产法》和上述法规或行政性规范的关系尚有待进一步理顺，除了相互的兼容、互补之外，还必须处理好具体规定的相互重叠、歧义乃至冲突等各种复杂的问题，否则就有可能会直接影响到文化遗产的"依法行政"，[①]或者也有可能会间接地危害到法律的尊严与权威性。

《非物质文化遗产法》所要保护的对象——非物质文化遗产，往往又与具体的有形物相关联或以有形物为载体，故在该法实施的过程中，就应该避免出现对"有形民俗文化遗产"的忽视或遗漏。2003年国家文物局基于修改后的《文物保护法》而发布了《近现代文物征集参考范围》和《近现代一级文物藏品鉴定标准（试行）》，将"反映中国近现代各民族的生产活动、生活习俗、文化艺术和宗教信仰等方面的文物"[②]也纳入征集范围，其中具有典型意义的民族民俗文物亦可确定为一级文物。这种增补法律之附属性法规的做法，多少可以弥补单行法立法方式的缺陷。

第三节　原则性规定与法律的可操作性问题

中国改革开放以来的立法实践，多少形成了一个法律条款多为原则性规定的"传统"。《非物质文化遗产法》作为一部行政性法律，多少也受到这个"传统"的影响。它主要明确了国家和政府在非物质文化遗保护中所应承担的各项责任，但有一些只是原则性规定，而较少可操作性。众所周知，行政机关作为一个拥有无限大权力的"怪物"，若不将其在非物质文化遗产保护领域的法律责任和义务具体化，它就有可能会有各种理由来规避或淡化法律所要求其承担的保护责任，甚至也有可能利用相关法律赋予的公权职责去侵害其他私权。

[①] 参见周超「日中無形文化財保護法の比較研究」『文明21』第29号（2012年12月）第44页注[②]。

[②] 具体包括有代表性的生产工具、生活用品和有关宗教信仰的典型物品；具有代表性的年画、剪纸、风筝、皮影、雕刻、漆器（《近现代文物征集参考范围》第4条第1项、第2项）；壁画、蜡染、服饰、头饰、刺绣、地毯［《近现代一级文物藏品鉴定标准（试行）》第4条］等。

一 《非物质文化遗产法》分则规定的"总则化"

在《非物质文化遗产法》"总则"中所确定的原则及制度，在"分则"并未得到进一步的明确化和具体化，有的地方甚至仅仅是换了一个说法。例如，"总则"第3条规定的"国家对非物质文化遗产采取认定、记录、建档等措施予以保存，对体现中华民族优秀传统文化，具有历史、文学、艺术、科学价值的非物质文化遗产采取传承、传播等措施予以保护"。而在"分则"的第12条中则表述为"文化主管部门和其他有关部门进行非物质文化遗产调查，应当对非物质文化遗产予以认定、记录、建档，建立健全调查信息共享机制"，除了可将"调查"理解为认定、记录、建档工作的基础之外，几乎只是将其中的"国家"置换为"文化主管部门和其他有关部门"，法律条文的实质含义并没有多大差别，仅仅是将"国家"通过"……认定、记录、建档等措施"保护、保存"非物质文化遗产"的责任具体落实到了"文化主管部和其他有关部门"而已。就如何"调查"，法律则仅仅规定了"县级以上人民政府根据……需要，组织……调查"；该"调查……由文化主管部门负责进行"（第11条）。同时，在非物质文化遗产保护的前提，即"非物质文化遗产的认定"上，应该具体地明确如何认定、认定程序、认定代表性项目名录和认定代表性传承人之间的关系等，但这些在《非物质文化遗产法》中也没有具体化。这种"只见森林、不见树木"的立法"传统"，即法条过于笼统而缺乏可操作性的问题，几乎存在于改革开放以来所有的立法实践之中，在行政立法中表现得尤为明显，这可能与新中国30多年的法律断层致使中国的立法技术较为落后有着密切的关系。

纵观中国《非物质文化遗产法》的内容，比较具体并具有一定可操作性的制度，主要是"第三章"所建构的非物质文化遗产代表性项目名录制度和"第四章"所建构的非物质文化遗产代表性项目的"代表性传承人"制度，而且，这两项制度还有文化部颁布的《国家级非物质文化遗产保护与管理暂行办法》和《国家级非物质文化遗产项目代表性传承人认定与管理暂行办法》作为补充。这意味着新制定出台的《非物质文化遗产法》所确定的相关制度，并没有完全将这两部"暂行办法"中合理的并已得到实践检验的、行之有效的制度融入新法之中，而是将其并置，使之并行，这样也就有可能出现二者之间产生重复、不整合乃至于歧义或冲突等问题。对于依然有效的"暂行办法"的解释权属于"国务院文化行政部门负责",如果解释超越了《非物质文化遗产法》的"原则性"规定,就必然会对《非物质文化遗产法》的实施造成不利影响。类似这种法律与暂行行政法规并存的混乱现象,可以说是中国行政立法所特有的问题,它反映出中国当前行政立法不大注重法律的协调性、逻辑性与技术性,较为仓促,前期的立法研讨工作不够深入。

日本在制定其《文化遗产保护法》时,曾对当时日本实施的法律、法规进行了全面清理,并将其中的合理的、行之有效的规定,尽可能融入一部完整的法律之中,并努力使得文化遗产的"保护""保存"以及"活用"等各项制度具体化、明确化。它不仅强调日本政府在文化遗产保护过程中的主导责任,同时也对国家行政机关的过剩作为或不作为有所限制。例如,对于重要无形文化遗产的"指定"和"指定的取消";对于重要无形文化遗产"保存者或保存团体"的"认定""追加认定""认定的取消"的条件、程序以及"特别助成金"(津贴)的数额;对于重要无形文化遗产的"公开"与"记录";对于民俗文化遗产的"调查""登录""记录";对于重要有形民俗文化遗产、无形民俗文化遗产的"指定";对于文化遗产保存技术的"选定""选定保存技术的保存"以及保持者或保持团体的"认定"等,均有详尽、明确的规范。① 日本《文化遗产保护法》的"总则"所确定的一些基本原则与制度,在其后的"分则"中多有具体陈述;即便出于立法逻辑等方面的考虑,分则部分未能详细规定的,亦在"第12章补则"里(共计39条)得到补充。此种既注重立法逻辑又照顾到内容完整性和具体性的立法技术,值得我们在今后修订《非物质文化遗产法》时予以参鉴。

二 原则性规定与可操作性之间的协调

法律条款的原则性规范较为笼统的好处,在于它为依法行政或执法过

---

① 在《文化财保护法》之外,日本政府还制定有:1951年的《国宝、重要文化遗产指定基准以及特别史迹名胜纪念物和史迹名胜纪念物指定基准》(昭和26年告示第2号)、1954年的《重要无形文化财的指定以及保持者和保持团体的认定之标准》(昭和29年告示第55号)、《重要有形民俗文化财的指定标准》(昭和29年告示第58号)、1975年的《重要无形民俗文化财的指定标准》(昭和50年告示第156号)以及2005年《登录民俗有形文化财的登录标准》(平成17年告示第45号)等,这些也都是日本文化财保护法制体系的重要组成部分。

程中的变通、创造性预留了足够的空间,但缺点则是过犹不及,很可能导致对法律条款的多种理解,从而降低法律的权威性,甚至也有可能使得它难以落在实处。例如,在中国的非物质文化遗产项目(代表作)的申报和审定实践当中,除了"国家级非物质文化遗产名录",还另有一个"国家级非物质文化遗产扩展项目名录"。两者的区别仅在于它们进入名录的时间上存在前后的差异,而在历史、文学、艺术与科学的价值或保护的力度及重视程度上并无本质性差别。这种情形的出现可能意味着所要保护的非物质文化遗产的评定标准发生了微妙的变化,也可能是由于确定名录的过程过于仓促,尤其是调查环节的工作不够扎实,而不得不采用扩展名录的方式来拾遗补阙。严格说来,在《非物质文化遗产法》颁布实施之后,这种现象的存在本身就违反了该法第18条的规定,因为第18条第1款仅规定了"国家级非物质文化遗产代表性项目名录",并没有对"扩展项目名录"给予制度上的任何规定,可见它是由文化遗产行政部门对涉及名录的法律规定,作出了变通性的理解或者解释。

再比如,中国的非物质文化遗产代表性传承人的认定,这个大方向无疑是正确的,因为它尊重非物质文化遗产的传承主体,这是传承人制度的精髓,[①] 但是,在具体的实践中也发生了一些问题。像"民俗"中的春节、清明节、中秋节等节庆,以及瑶族盘王节、傈僳族刀杆节、羌年、民间社火、秦淮灯会等,通常无法认定明确的传承人,因为它们是地域社会或族群民众的集体传承,比较难以认定到具体个人。目前,虽未认定春节、清明节、端午节、中秋节等项目的传承人,但却认定了瑶族盘王节、傈僳族刀杆节、羌年、民间社火、秦淮灯会等项目的传承人,这种针对相同性质的非物质文化遗产类型而予以变通性的不同做法,其实是值得考虑、值得反思的。对于以地域、族群和社区为背景、为土壤、为载体的非物质文化遗产也认定具体到个人的传承人的话,有可能引发一些其他意想不到的新问题。相比较而言,日本《文化遗产保护法》所认定的传承人则仅限于"重要无形文化遗产"和"文化遗产保存技术"中的"技艺"精湛者,而对"民俗无形文化遗产"则未设"保持者"或"保持团体"的认定。如此安排,正是考虑到传承人在"民俗艺能、传统技能"方面精益求精的程度与个人努力有关,而传统节庆等民俗活动或习俗则与个人

---

① 李墨丝:《非物质文化遗产保护国际法制研究》,法律出版社2010年版,第294—295页。

的"艺能、技能"关系不大,通常多为传统的民俗知识的积累和体现。

另外,日本文化遗产保护法制体系中对于传承人的种类,既有"个人认定"(保持者)或"综合认定"(保持者群体),也有"保持团体"的认定,应该说兼顾得较为合理。中国目前所认定的传承人全部为个人(自然人),没有团体。看来,根据非物质文化遗产的不同形态和类别,增加对由个人组成的传承人集体的认定,或许应是今后补充、修订或完善《非物质文化遗产法》时一个值得改进之处。不过,考虑到非物质文化遗产更多的是地域或族群的民众在长期生产和生活中创造的,其传承主体除自然人、法人和社群外,还有地域社会,[①] 所以,《非物质文化遗产法》对文化遗产分布集中的地区,实行"区域性整体保护"(第26条)。根据《国家"十一五"时期文化发展规划纲要·民族文化保护》中提出的"确定国家级民族民间文化生态保护区"这一目标,截至2015年2月11日,经文化部同意已在16个省(自治区、直辖市)先后设立了"闽南""徽州""客家""羌族"等18个"国家级文化生态试验保护区",这些保护区的历史文化积淀非常丰厚、均具有鲜明的区域和民族特色。[②] 不过,这样的保护区主要还是由当地文化主管部门或城乡规划主管部门等政府机构承担责任,如何把非物质文化遗产的传承和保护工作具体地落实到基层社区,应该是更为重要的环节。应该说在"区域性整体保护"的原则性规范和"国家级文化生态实验保护区"的具体实践之间,确实还需要有更加具有可操作性的法律条款的界定。目前,在这些"国家级文化生态试验保护区"的带动下,非物质文化遗产的区域性整体保护确实在逐渐得到改善。

日本《文化遗产保护法》及其反复修订的过程显示,其可遵循性与可操作性的不断提升,有助于强化法律本身的权威性、严谨性和效力,其每次修法均涉及其他相关配套法规的制定与公布,以及与其他法律、法规的密切衔接。中国的《文物保护法》和《非物质文化遗产法》其实也都面临着类似的课题,除了和《文物保护法》配套的《文物保护法实施条例》具有一定的可操作性外,《非物质文化遗产法》还尚未出台"实施条例",很多条款的内容还是过于原则性。为此,各省、自治区、直辖市纷纷制定了各自的"实施《非物质文化遗产法》办法",这在一定程度弥补

---

① 周星:《文化遗产与"地域社会"》,《河南社会科学》2011年第2期。

② 该数据来自人民网(http://book.people.com.cn/n/2015/0211/c69360-26548389.html)。

了《非物质文化遗产法》实施过程中的可操作性问题的缺陷，但从长远来看，这些做法仅为"权宜之计"，这种状态不宜持续时间太长，还是应该尽快地出台实施条例，并在未来的文化遗产行政中，不断地修改、整合和完善中国自己的文化遗产保护法。

最后，值得指出的是，中国的《非物质文化遗产法》还确立了与文化遗产相关的调查制度。虽然各级政府在其开展文化遗产行政的工作实践中组织进行了为数众多的普查活动，并在申报和认定国家、省、地、县四级名录的过程中发挥了提供依据的作用，但是，随着名录申报热潮的降温，旨在保护和使用非物质文化遗产之目的的调查工作应该如何展开，各级政府的文化主管部门的调查责任应该如何体现等，《非物质文化遗产法》在这些方面并没有明晰的规范。日本在其文化遗产保护和利用方面获得的成就，与其调查研究先行和全面、扎实的学术研究积累密不可分。日本全国范围的文化遗产调查所产生的大量成果，为文化遗产的认定、登录、选定、保护及灵活利用等创造了颇为坚实的基础。应该说，对于文化遗产进行系统和大面积的调查、研究及其相关成果的积累，正是中国文化遗产行政目前较为薄弱，今后需要加强之处。

第八章

非物质文化遗产及传承人认定的中日比较

伴随着国民经济的高速发展和人民生活水准的逐渐提高，全球化进程导致传统生活方式急剧变迁，也使得中国很多珍贵的非物质文化遗产濒临危机，进而威胁到了中国的文化多样性。到 21 世纪初，中国社会及人民的"文化自觉"有了很大的提高，这其中的一个突出表现便是在各种因素的推动下，兴起了非物质文化遗产的保护运动，有关保护和传承非物质文化遗产的话题引起了社会各界的广泛关注，由国家主导的非物质文化遗产保护工作也已经全面展开。

第一节 无形文化遗产、无形民俗文化遗产和非物质文化遗产

自 2001 年 5 月 8 日，中国的"昆曲"被联合国教科文组织列入世界第一批"人类口头与非物质文化遗产名录"起，中国社会开始关注"人类口头与非物质文化遗产"（the Oral and Intangible Heritage of Humanity）这一概念，但就在人们尚未对其展开全面深入地了解和研究的情况下，2003 年 10 月 17 日，联合国教科文组织又在法国巴黎通过了《保护非物质文化遗产公约》。于是，"非物质文化遗产"很快取代了"人类口头与非物质文化遗产"而成为国际社会和中国学术界密切关注的新概念。目前，对这一概念的学术讨论仍在进行之中，它和中国国内原有的"民间文化""口承文艺""民俗文化""传统文化"等概念的关系，尚需进一步地予以澄清和理顺。

一　无形文化遗产与无形民俗文化遗产

参照日本的文化遗产分类体系，中国学者通常会将其"无形文化遗产"对译为汉语的"非物质文化遗产"。但若深究起来，便不难发现应该是"无形文化遗产"再加上日本文化遗产分类体系中"民俗文化遗产"的一部分，即"无形民俗文化遗产"，两者叠加起来才更加吻合中文所谓的"人类口头与非物质文化遗产"或"非物质文化遗产"本来的界定和内涵。

"民俗文化遗产"被认为体现了日本国民的"生活样式"，其在理解日本国民的生活方式变迁等方面的重要性，也被认为是不可或缺的。日本的民俗文化遗产包括"有形民俗文化遗产"和"无形民俗文化遗产"两大类。所谓"无形民俗文化遗产"，主要是指有关衣食住、生计职业、信仰、年节岁时等方面的风俗习惯、各种传统的民俗艺能（例如，民众在各种年节庆典或祭祀时所举行的表演与民俗活动）以及民俗技术等；所谓"有形民俗文化遗产"，则主要是指用于上述"无形民俗文化遗产"的概念所规范的各种场景的衣物、器皿、民间生活的各种用具、物件和家屋等设施。"有形民俗文化遗产"的概念，大体上可以对译为中国的"民俗物"或"民俗用品"概念；而"无形民俗文化遗产"的概念，则可以大体上对译为汉语的"民间文化"或"民俗文化"。

日语所谓的"无形"，就是"非物质"的意思，主要是说其较为缺乏物质的形态，或其文化的意义不能完全体现或主要不体现在物化的载体上，换言之，"无形"的文化遗产，其实也并非完全没有物质的依托。反过来，中国对于无形文化遗产之"无形"的强调，可能过于突出了它的口头性，即主要是通过口耳相传的方式得以传承的文化遗产。这个理解多少是受到了中国长期以来形成的对于民间文学和民间文艺学相关理论的影响。但是，对于口头传承性的过于强调，可能会使得我们对非物质文化遗产传承机制之复杂性的理解过于简单化。

中国对非物质文化遗产的十大分类中虽然有"民俗"一项，但却不能简单地将其等同于日本法中的"民俗文化遗产"这一范畴。由于"民俗文化遗产"这一概念的外延颇为宽泛，它实际上是无法予以全面保护的。日本对民俗文化遗产中那些被认为特别重要或具有特别价值的，才由国家分别"指定"为"重要无形民俗文化遗产"和"重要有形民俗文化遗产"。虽然"重要无形民俗文化遗产"的指定，其程序和"重要无形文化遗产"的指定程序基本上一致，但不同的是，关于"重要无形民俗文化遗产"，并没有设置相应的类似于"人间国宝"（或"活国宝"）那样的保持者或保持团体的认定制度。这主要是因为民俗文化不同于上述"无形文化遗产"，它的传承者往往就是一个地域社会或村落的整体，往往不必也不应该具体地落实到某些个人或团体。

二 非物质文化遗产及其传承

通常，非物质文化遗产或无形文化遗产的特点，就在于它以技能、技巧或者人们常说的"绝活"之类的身体记忆等形态而存在和传承，正是由于这些技能、技巧或者"绝活"之类的能力，一般多是无形或非物质的形态，它们的传承性特点，就在于其传承机制是以人为本、口传身授的，例如，通过师傅带徒弟的方式，让徒弟在师傅身边接受熏陶和指导等。也因此，对于它们也就难以把握，难以保护，难以利用。所以，对于非物质文化遗产或无形文化遗产的保护，就涉及对于具备那些能力的人的保护，即那些能够具体地"体得"（通过身体记忆）、体现、承载或传承着无形文化遗产或非物质文化遗产的表演者，以及传统工艺美术及技术的技能持有者，通过相关法律的既定程序而予以认定，就成为保护和传承非物质文化遗产或无形文化遗产的基本路径。得到认定的这些人士，在日本被称为"保持者"或"保持团体"，在中国被称为非物质文化遗产传承人。

这些被认定为（重要）无形文化遗产或非物质文化遗产保持者或保持团体的人士，自1954年开始，日本媒体就开始称其为"无形态国宝""活国宝"等，后来又有了一个来自大众媒体和一般国民的口头称谓——"人间国宝"。[①]"人间国宝"是比照从"重要有形文化遗产"当中进一步指定出来的"国宝"而言的，"人间国宝"意味着他们是重要无形文化遗产的体现者和传承人。他们和那些物化形态的"国宝"一样，只是他们不是物化的器物或建筑，而是活生生的人，他们身体的记忆和技艺本身就是"国宝"。如果一定要类比的话，日本的重要无形文化遗产的保持者，

[①] 参见冯树文《日本："人间国宝"认定制度》，《人民日报》（海外版）2002年12月13日第8版。

即所谓"人间国宝",大体上可以对译为我国的"工艺美术大师""某某表演艺术家""民间工艺美术大师"或"非物质文化遗产传承人"等。

这里潜在的一个假设是,如果没有这些保持者、保持团体或传承人,那么,所谓无形文化遗产或非物质文化遗产也就无从依托。在现实生活中,人们常说某种技艺、某种绝活因为某位老人的去世而断绝或失传了,大概就是指这种情形。但实际上,文化的传承包括身体技能之类的传承过程要复杂得多,同时,也有更多的无形或非物质文化遗产的传承,或者较难落实到具体的个人,例如,中国的春节、端午节和日本某个村落的某种祭祀活动等,或者也没有多少技术含量,例如,中国人在清明时分上坟祭祖和日本人过年时在家里摆放一些饰物等。传统节庆等民俗活动或习俗则属于传统知识的积累,它与个人的技能之类并没有太大的关联性。①

因此,日本是把无形文化遗产和民俗文化遗产中那一部分无形的民俗文化遗产作了明确的区分,对于前者实行保持者、保持团体,即传承人的认定;对于后者则基本上不实行传承人的认定。但在中国,由于非物质文化遗产的概念囊括了上述两者,而且,在设计相关传承人的认定制度时,对它们也没有任何区分,从而,因为概念的内涵、外延以及文化遗产分类体系的差异而造成了文化遗产保护实践中的一些新的问题。

第二节 "人间国宝""工艺美术大师"与非物质文化遗产传承人

非物质文化遗产的传承需要以人作为媒介和载体,因此,对于非物质文化遗产的保护也就需要落实到具体的传承人身上。上文已经提及的日本无形文化遗产、文化遗产保存技术的"人间国宝"和"保持团体",还有中国的"工艺美术大师"与政府认定的非物质文化遗产传承人等,都是非常重要的制度性安排。本节进一步探讨中日两国有关非物质文化遗产的传承人认定制度,通过比较明确其各自的特点。

---

① 有关中日传承人认定制度的比较,详细请参阅周超《中日非物质文化遗产传承人认定制度比较研究》,《民族艺术》2009年第2期。

一 日本的"人间国宝"

"人间国宝"这个称谓形象地反映了重要无形文化遗产的传承人在日本社会所享有的崇高地位，也反映了日本社会对他们的尊敬和喜爱。这不仅意味着他们身怀绝技，其高超技艺得到了举国公认，甚至还包含着对其艺德、职业道德和高尚人格的赞许。一经被认定为"人间国宝"，也就意味着其技艺或绝技和作品被全社会和国家所认可，其作品很自然地也就会价值倍增。

日本政府对于这些承载着非物质形态的文化遗产的所谓"人间国宝"非常重视。《文化遗产保护法》对重要无形文化遗产保持者和保持团体的认定，有明确的程序规范，进而对被认定为"人间国宝"的人士的权利、责任和义务等，也均有明确的规定。法律规定一旦被认定为"人间国宝"，就负有将其技艺、技能及其作品等予以公开和传承给后世的责任和义务，如果坚持绝技"秘不外传"，拒绝技艺或其所谓"绝活儿"外泄，或因其他各种原因不愿或不能传承其技能的，就将被解除或取消其资格。"人间国宝"在享有崇高社会地位的同时，也得肩负起传承技能和技艺的重大责任。"人间国宝"虽然可以从政府那里获得一定资助，但往往却要拿出更多的钱用于事业的振兴和传承，国家也要求其不断地努力从事其工艺技术的改进或演艺水平的提高。换言之，在某种意义上，国家级的重要无形文化遗产一经确定，其保持者或保持团体就应该意识到它们已不再只是个人或少数人团体所拥有的文化了，而已经成为日本国家和全体国民的文化财富了。

"人间国宝"的认定集中在传统艺能领域和工艺技术领域。前者主要有"能乐""文乐""雅乐""狂言""组踊""歌舞伎""讲谈"等传统的日本古典艺能方面的表演艺术家或著名的艺人。后者主要涉及陶艺、染织、漆艺、金工、铁匠、木竹工、人形、截金、和纸、铁匠等各行业或各方面拥有所谓"绝艺""绝活儿"的匠人或手艺人。显然，"人间国宝"的分布不仅涵盖了那些比较"雅"的无形文化，也对很多"草根性"传统给予了重视，从而极大地提高了民间艺人和传统工匠的社会地位。在上述不少传统的艺术或工艺行业中，往往原本就存在着自古而来的师徒传承或沿袭宗名（名分）之类的传统，再加上日本政府推行的保护和扶持"人间国宝"的制度，遂促成了一种很好的奖励传统文化持续延绵和发展的机制，从而在很大程度上缓解了日本传统艺术和传统工艺技术的传承难以为继的危机。

日本政府的文化行政主管部门是唯一拥有认定传承人之权力的机关，其他任何机关均无权认定。重要无形文化遗产的保持者或保持团体一经正式认定，国家就应该组织实施记录其活动、技能与成果的工作；对于保持者或保持团体进行的培养后继者（如研修、收徒授业等活动）、公开其成果或技艺（如调查记录、展览、出版和演出等活动）等文化传承事业，也必须予以国库补助。对每一位无形文化遗产保持者（人间国宝），国家每年发给200万日元的"特别助成金"。对于使用国库补助进行的无形文化遗产的保存与传承活动，政府有权就其管理、记录、展示等做出必要的指示，并拥有对有关经费实施监督与管理的权力。

与此同时，政府还有权对他们就公开其技能与作品或公开其有关记录等提出"劝告"，也有权就他们从事的文化遗产保存与传承活动进行必要的"建议"和"劝告"。当保持者或保持团体发生诸如死亡、团体解散，或保持者因为身心健康问题不再适任，或保持团体因人员构成变动导致不再适任等法定事由时，文部科学大臣有权"解除认定"，解除认定后应该予以公告，并将解除认定的结果通知保持者或保持团体的负责人。由于日本政府在重要无形文化遗产的认定，包括其保持者或保持团体的认定上始终处于主导地位，也由于日本媒体有较高的自律性以及认定程序公开、作为认定依据的调查报告等信息的公开透明等原因，遂使"人间国宝"这一一般国民给予无形文化遗产保持者即传承人的荣誉称号很少被滥用，其公信力一直以来得到了较好的维持，其权威性也得到了全社会的公认。

二 中国的"工艺美术大师"与非物质文化遗产传承人

在中国社会和学术界，"传承人"是近年来才逐渐普及开来的新概念之一，其在官方正式文件中的使用始于2005年国务院发布的《关于加强我国非物质文化遗产保护工作的意见》。但是，根据这一概念的内涵、相关认定制度的性质以及类似的保护方式等多方面来看，或可认为早在1979年8月16日，由国务院委托轻工业部首次对有突出贡献的工艺美术艺人授予"中国工艺美术家"荣誉称号，应该就是中国文化遗产传承人认定制度的发端。当年，由轻工业部主持召开"全国工艺美术艺人、创作设计人员代表大会"，首次授予杨士惠等34位工艺美术艺人此荣誉称号，虽然此后近10年间，政府并未组织进行新的荣誉称号授予工作，但这一时期却是中国工艺美术行业迅速恢复和发展，工艺美术推陈出新、创新作品层出不穷，为国家"出口创汇"做出巨大贡献的时期。"中国工艺美术家"荣誉称号的授予，在当时的时代背景下，虽然也包含了对祖国传统的工艺美术文化遗产予以继承和发扬的构想，但它确实又带有既定行业表彰先进和模范人员的色彩。

1988年1月11日，由轻工业部、国家科委联合发布了《关于颁发〈工艺美术行业荣誉称号试行办法〉的通知》，明确指出为进一步鼓励和调动广大工艺美术人员的积极性和创造性，更好地为"出口创汇"，为国家社会主义物质文明和精神文明服务，使工艺美术行业荣誉称号的评定工作"正常化""制度化"，特制定《工艺美术行业荣誉称号试行办法》，授予那些技艺高超、贡献卓著的工艺美术艺人以"中国工艺美术大师"的称号。为避免"中国工艺美术家"与"中国工艺美术大师"两个称号的并存现象，该办法第14条规定自本办法下发之日起，轻工业部过去授予的"中国工艺美术家"改称为"中国工艺美术大师"。《工艺美术行业荣誉称号试行办法》的出台，意味着中国传承人认定制度的初步成形及其制度化，但应该指出的是，它的主要目的并不是对传统工艺文化遗产进行保护和传承，而是为了"出口创汇"的行业功利和更加宽泛的为"两个文明"的建设服务。随后，经长期摸索，国务院于1997年颁布了《传统工艺美术保护条例》，规定由国务院负责传统工艺美术保护工作的部门，组织开展全国工艺美术大师的评审工作，2003年机构改革之后，该职责被划转到国家发改委。

《传统工艺美术保护条例》的颁布意义重大。首先，它非常明确地是以保护为目的；其次，是以"条例"的形式将传承人认定制度"法规化"。截至2016年8月1日，我国先后共组织进行了6届评选，共认定"中国工艺美术大师"443位。其中，由原轻工业部主持了1979年、1988年两届，认定了96位；由原中国轻工总会分别于1993年、1997年主持两届，认定了108位；2006年由国家发改委主持第5届，认定了161位；[1] 2012年由工信部主持第6届，认定了78位。之后，根据第十二届

---

[1] 欧新黔：《第五届中国工艺美术大师评审工作总结报告》，载李砚祖主编《中国工艺美术研究》2007年第1辑，北京工艺美术出版社2007年版，第3—13页。

全国人民代表大会第一次会议批准的《国务院机构改革和职能转变方案》，2013年5月5日，国务院发布了《关于取消和下放一批行政审批项目等事项的决定》，取消了工信部中国工艺美术大师的评选，转由中国轻工业联合会举办。对此，很多人认为取消"中国工艺美术大师"评选"官办"的做法，将严重影响"中国工艺美术大师"的权威性，但在政府行政职能改革的浪潮中，中国工艺美术大师评选工作还是得到了顺利"交接"。

在政府公权力缺失的情况下，中国的"中国工艺美术大师"评选活动又出现了一些新动向，即在2016年3月31日，中国工艺美术协会发布了《关于开展中国工美艺术大师评审工作的通知》并通过了《中国工美艺术大师评审暂行办法》，可见在中国又出现了一种新型"大师"。对此，中国轻工业联合会于4月22日发布《关于暂停中国工艺美术协会组织开展的"中国工美艺术大师"评审工作的通知》，叫停了中国工艺美术协会的"中国工美艺术大师"的评选活动。后经请示人力资源和社会保障部，中国轻工业联合会又分别于5月18日和5月24发布了《关于规范行业协会开展行业工艺美术大师评选工作有关问题的通知》和《关于同意中国工艺美术协会〈中国工美行业艺术大师评选办法〉的批复》，作为回应，5月31日中国工艺美术协会发布了《关于中国工艺美术行业荣誉称号评审有关问题的通知》，正式开始了中国工美行业艺术大师的评选工作。根据上述这些通知的内容，我们可知以下两点：一是为了区别于现有的"中国工艺美术大师"，中国轻工业联合会要求中国工艺美术协会将"中国工美艺术大师"这一荣誉称号改为"中国工美行业艺术大师"，此次评选为首届"中国工美行业艺术大师"评选，并同意中国工艺美术协会所制定的《中国工美行业艺术大师评选办法》；二是进一步明确了中国工艺美术协会2016年8月正在评审的"省级工艺美术大师"和首届"工艺行业艺术大师"荣誉称号的评审工作，将成为未来中国轻工业联合会首次举办的第七届"中国工艺美术大师"评选工作的基础。对于行业协会在工艺美术大师评选活动中作用的强化之倾向，有必要持续地加以关注。

《工艺美术行业荣誉称号试行办法》和《传统工艺美术保护条例》所界定的"中国工艺美术大师"称号，早先仅限于工艺美术行业的专业人士，其所保护的传承人范围较窄，但后来每次评选认定时范围都有所扩大，尤其最近一届评选认定，涉及工艺雕塑、漆器、金属工艺及首饰、织毯、陶瓷、刺绣和染织、传统工艺玻璃、编织工艺、抽纱花边和编结、传统工艺家具、其他工艺美术等很多门类。① 从工艺美术行业的分类看，其内涵与《保护非物质文化遗产公约》中的"传统手工艺"近似或相同，但公约涉及的其他内容，如口头传承、表演艺术、民俗活动以及有关自然界与宇宙的知识和实践等，则无法包含到"工艺美术"的范畴之内。

值得注意的是从1996年起，中国民间文艺家协会与联合国教科文组织下属的国际民间艺术组织（LOV）合作，首次评审认定了"民间工艺美术大师"15名、"一级民间工艺美术家"96名、"民间工艺美术家"541名，这就使得传承人认定的范围进一步扩大化，涉及陶瓷、刺绣、染织、泥塑、面塑、木雕、内画、毛猴等几十个民间艺术的门类。此后，经过1次追授和2004年的再次评审认定，截至2006年9月共认定"民间工艺美术大师"37名、"一级民间工艺美术家"96名、"民间工艺美术家"1213名②。中国民间文艺家协会属于"半官方"的群众性社团，也具有一定的行业代表性，但由于中国语境下"工艺美术"和"民间工艺美术"的分类存在着较大面积的重叠，再加上政府主管机关和民间社团组织对此类问题或分类存在着认知上的不同，所以，在中国便形成了官方和民间组织两个认定体系并存在着相互交叉的现象。

与此同时，国际社会在20世纪后半期逐渐形成了各国的文化遗产乃全人类共同的文化财富的理念，对于人类口头与非物质文化遗产也必须予以保护的共识逐渐得到增强。联合国教科文组织曾先后在《保护传统和民间文化的建议》（1989年）、《人类口头非物质文化遗产代表作计划》（2000年）、《世界文化多样性宣言》（2001年）、《伊斯坦布尔宣言》（2002年）等文件中，多次强调保护非物质文化遗产的重要性，并最终缔结了《保护非物质文化遗产公约》（2003年）。中国在2004年8月宣布加入该公约，国务院办公厅于2005年11月发布了《关于加强我国非物质文化遗产保护工作的意见》，决定成立"非物质文化遗产保护工作部长级联席会议制度"；设立了"国家级非物质文化遗产名录"，并建立起国家、

---

① 朱怡芳：《中国传统工艺美术品种认定研究》，载李砚祖主编《中国工艺美术研究》2007年第1辑，北京工艺美术出版社2007年版，第31—38页。

② 在2004年的评审认定之后，社会上出现了质疑这种与国际组织合作的评审认定活动，同时联合国教科文组织也再次重申组织名称的使用必须获得许可，但"民间工艺美术大师"等的认定活动并未获得许可，因此2006年9月的认定活动不了了之，之后也未再进行认定活动。

省、市、县各级非物质文化遗产代表作的名录体系。国务院于2006年5月20日，批准并公布了第一批518项"国家非物质文化遗产名录"；同年11月2日，文化部制定了《国家级非物质文化遗产保护与管理暂行办法》。2007年6月9日，在中国第二个"文化遗产日"，文化部公布了第一批226名民间文学、杂技与竞技、民间美术、传统手工技艺、传统医药5大类的"国家级非物质文化遗产项目代表性传承人名单"；12月29日，文化部接着公布了第二批545名民间音乐、民间舞蹈、传统戏剧、曲艺、民俗5大类"国家级非物质文化遗产项目代表性传承人名单"，至此，国家级非物质文化遗产项目代表性传承人的涵盖范围终于扩展至全部10大类非物质文化遗产。此后，2008年6月7日，国务院公布了第二批510项"国家级非物质文化遗产名录"和第一批147项"国家级非物质文化遗产扩展项目名录"。截至2016年8月1日，国家已经公布四批、涉及非物质文化遗产全部10大类的国家级非物质文化遗产代表性项目名录，① 共计1372项；三批国家级非物质文化遗产代表性项目扩展项目名录464项；以及代表性传承人共计1986名。② 经由认定的国家级传承人的分布，涵盖了《非物质文化遗产法》所要保护的全部对象，这表明中国初步建立起了国家非物质文化遗产传承人的认定制度，依据《非物质文化遗产法》，这些传承人在享有国家各种扶持资助的同时，也肩负着传承文化、培养后继者以及向全社会公开和传播其技能或技艺的责任与义务。

文化遗产传承人的认定在中国的历史颇为短暂，其形成大致可划分为四个发展阶段：1979—1997年为第一阶段，以原轻工业部颁发《工艺美术行业荣誉称号施行办法》为标志；1997—2004年为第二阶段，以国务院制定《传统工艺美术保护条例》为标志；2004—2011年为第三阶段，以中国加入《保护非物质文化遗产公约》和文化部发布《国家级非物质文化遗产保护与管理暂行办法》为标志；2011年以后为第四阶段，以《非物质文化遗产法》的颁布与实施为标志。

---

① 国务院在2014年11月11日发布《第四批国家级非物质文化遗产代表性项目名录的通知》时，将"国家级非物质文化遗产名录"名称调整为"国家级非物质文化遗产代表性项目名录"，"国家级非物质文化遗产扩展项目名录"改为"国家级非物质文化遗产代表性项目名录扩展项目名录"。

② 这些数据由作者根据"中国非物质文化遗产网"和文化部官方网站发布的信息统计而来。

目前，中国非物质文化遗产传承人的认定工作虽然取得了很大成就，但也出现了一些问题。首先，并不是所有的非物质文化遗产，特别是"民俗"类非物质文化遗产均适合认定传承人。其次，就目前的认定实践来看，由于时间仓促，事先的调查研究不够充分等原因，多少存在着认定范围过广、分类不尽妥当、人选把关不严等问题。最后，我国传承人认定制度的设计尚存在一些漏洞，例如，若参照日本《文化遗产保护法》的设计，似乎还应有对传承团体的认定。但最大的问题，应该就是二元化的认定体系。

第三节 中国二元化传承人认定体系及其制度性缺陷

官方和民间组织的两套认定体系彼此之间是互相影响、互相补充、互相竞争，同时也互有重叠、互相冲突的关系。由于各自对文化遗产的认识不尽相同，对"民间"的理解上也存在差异，故各自对传承人认定的标准也就各有侧重。文化遗产传承人认定体系的二元状态及其持续存在，直接影响到传承人认定制度的权威性与合法性，并导致产生一些不必要的混淆和误解。传承人认定制度的此种二元化格局的形成，反映了中国文化遗产保护工作已经凸现出的若干制度性缺陷。

一 文化遗产现行分类标准的混乱

对于文化遗产，包括非物质文化遗产的分类标准等，目前还没能统一和标准化，甚至在有关"传统工艺美术"和"民间工艺美术"这样一些基本概念的理解上，也有很多分歧。从"工艺美术大师"称号所涉及的范围看，早期依据的"工艺美术行业"的划分，在不同时期所涉及的范围也存在着较大的差异。例如，《工艺美术行业荣誉称号施行办法》中确定的工艺美术行业只包括美术陶瓷、民族乐器、美术玻璃制品等，到《传统工艺美术保护条例》则进一步具体化为具有百年以上历史，技艺精湛且世代相传，有完整的工艺流程，采用天然原材料制作，有鲜明的民族风格和地方特色，在国内外享有盛誉的手工艺品种和技艺等。显然，上述界定的变化，主要是由于人们对"工艺美术""传统工艺美术"等概念的认识，经常随着时间的推移、社会的发展以及人们的文化自觉而不断发生着较大的改变。基于《传统工艺美术保护条例》，国家对传统工艺美术的品种和技艺等实行认定制度，遂促使"传统工艺美术"概念的内涵逐渐地获得了确定性。在长期的工作实践中，中国有关行政主管部门形成了一套较为规范的工艺美术划分标准，即分为11大类，但由于在这些大类内部又有非常繁杂的具体分项，① 加上参与者或当事人对各自利益的考量，遂使有关认识往往难以统一。2006年国家发改委在评选第5届"中国工艺美术大师"时，最初曾设定工艺美术为24类，后来又修改合并为11大类，并在每一大类下设有相对独立的项目。虽然国家对于传统工艺美术的分类渐趋统一和规范，但在社会上，人们的认识仍比较混乱，特别是由于民间的认定体系又对"民间工艺美术"另有界定，因此，就有必要澄清或明确"传统工艺美术"和"民间工艺美术"的具体内涵，并努力使其与《国家级非物质文化遗产代表作申报评定暂行办法》中所谓的"传统手工艺技能"相一致。

上述"工艺美术大师""民间工艺美术大师""国家级非物质文化遗产项目代表性传承人""中国民间文化杰出传承人"等命名所分别依据的理念和标准，既有很多相通之处，也有很多微妙的区别，故在和非物质文化遗产保护的国际理念与实践接轨或与之对话时，往往难以避免地会出现一些理解方面的混乱。《国家级非物质文化遗产代表作申报评定暂行办法》的有关条款对非物质文化遗产的界定，参照了《保护非物质文化遗产公约》的有关内容，因此，两者的理念基础和界定范围基本一致，但是，在具体的工作实践中，中国对非物质文化遗产的分类却更加具体，例如，将非物质文化遗产细分为民间文学、音乐、舞蹈、戏剧、曲艺、杂技与竞技、美术、手工技艺、传统医药和民俗10大类，并以此为基础认定国家级非物质文化遗产传承人。至于民间社团命名的"民间文化杰出传承

---

① 我国对工艺美术的11大分类，主要是指工艺雕塑类、刺绣和染织类、织毯类、抽纱花边和编结类、艺术陶瓷类、工艺玻璃类、编织工艺类、漆器类、工艺家具类、金属工艺和首饰、其他工艺美术类。在上述各大类下的具体分项非常繁杂，以工艺雕塑类为例，目前主要有玉器、珊瑚雕、木雕、石雕、木偶头雕刻、微刻、牛角雕、骨雕（牛骨、骆驼骨）、煤精雕刻、果核（桃核、橄榄核）雕刻、椰壳雕刻、刻葫芦、刻砚、砖雕、竹刻、彩塑、面塑、油泥塑（或称瓯塑）、少数民族雕刻（鄂伦春族桦树皮雕刻等）、牙雕等；以编结工艺为例，则还可细分为竹编、草编、棕编、麦秆编等。

人"则只包括民间文学、民间表演艺术、手工技艺和民俗技能4大类。

二 "工艺美术大师"与"传承人"等称号的权威性问题

二元化传承人的认定体系，可能会使国家认定的"工艺美术大师"与"国家级非物质文化遗产项目代表性传承人"等称号的权威性与"含金量"受到质疑。眼下，中国的"工艺美术大师"及其类似称号，据统计有20余种之多。仅从"谷歌"检索，即可以发现有诸如"中国工艺美术家""中国工艺美术大师""中国工美行业艺术大师""某某省工艺美术大师""世界民间艺术大师""国际民间工艺美术大师""中国民间工艺美术大师""民间工艺美术大师""国际特级民间工艺美术大师""一级民间工艺美术家""国际民间艺术大师""中国民间工艺美术家""优秀民间工艺美术家""优秀工艺美术家""土家织锦优秀民间工艺大师""中国当代剪纸艺术大师""中国当代特级剪纸艺术大师""中国织锦工艺大师"等。除一些媒体用语的非规范称谓之外，这些称号根据授予单位的性质，可以划分为几类：（1）国家授予或认定；（2）由中国民间文艺家协会与联合国教科文组织有关下属组织合作授予；（3）由一些民间协会或某些企业授予。除了官方正式称号，即"中国工艺美术大师""某某省工艺美术大师"之外，其他很多称号的命名与使用都有违反《工艺美术行业荣誉称号试行办法》之嫌。该办法第15条第2款明确规定，省以下单位和跨地区的联合性组织、企业集团等，均不得评授工艺美术大师称号。此项规定的目的正是维护"工艺美术大师"称号的权威性，如果允许任意授予，不仅不利于工艺美术行业的发展，还会造成虚假繁荣景象，引起工艺美术品市场的混乱。遗憾的是该办法实施之后，有关行政主管部门在实施监督上基本不作为，对滥用"工艺美术大师"称号的行为也基本上没有查处。对于那些濒于失传境地，又无法被涵盖进《工艺美术行业荣誉称号试行办法》与《传统工艺美术保护条例》之中的传统剪纸、传统绘画等民间工艺美术，中国民间艺术家协会与联合国教科文组织下属有关组织合作授予"民间工艺美术大师"称号，固然也是一种保护举措，但它确实对国家"工艺美术大师"称号的权威性造成了一定冲击。作为民间组织的中国民间文艺家协会和中国文联是否拥有此种传承人认定的权力和资质，多少是值得质疑的，除非它们获得特别授权或修改官方的上述禁止性规定。

导致"大师"称号泛滥的另一个原因，还在于它与中国的"技术职称"评定体系存在着重叠。从《工艺美术行业荣誉称号试行办法》最初实施时轻工业部所发通知来看，称号授予机关与技术职称管理机关为同一个，这就使得人们误以为"大师"是一种职称，甚至执行机关也存在类似认识。例如，北京市命名的"工艺美术大师"分一级、二级、三级和特级，凡是国家级的都归入特级；青海省也分一级、二级、三级等。① 这种分级方法与技术职称评价体系是极为相似的。另外，中国非物质文化遗产的保护工作起步较晚，对于非物质文化遗产传承人的认定也缺乏经验，很容易按照惯例把它和以往评选先进、劳模，或技术职称评定，或荣誉称号的授予相互混淆。

三 二元化认定体系的协调问题

现存的二元化传承人认定体系，彼此之间已经出现了较大面积的重叠和互相竞争格局，造成了一定的社会资源浪费。此种状况亟待通过国家立法予以规范或整合。2007 年 5 月，政府决定在第二个"文化遗产日"（6月 9 日）公布首批国家非物质文化遗产项目代表性传承人名单，但中国文联和中国民间文艺家协会则抢先于 6 月 3 日在人民大会堂公布了首批 166 位民间艺人为"中国民间文化杰出传承人"，其所涵盖的领域主要包括民间文学、民间表演艺术、手工技艺和民俗技能等。民间组织"抢先"以及选择在人民大会堂发布颇有"较劲"意味，也确实对国家认定制度的严肃性形成了冲击，稀释了国家认定的权威性。和中国民间文艺家协会同样，中国文联也属于"半官方"的民间社团组织。姑且不论民间的社团组织是否具有认定或确认国家级文化遗产传承人的资格、依据与合法性，仅就现状而言，中国确实是明确地形成了事实上的官方和民间组织二元的传承人认定体系。

国家非物质文化遗产传承人的认定，其直接依据是国务院颁布自 2006 年 12 月 1 日起实施的《国家非物质文化遗产保护暂行办法》。民间组织的传承人认定依据，主要来自中国民间文艺家协会主持的"中国民间文化遗产抢救工程"的调查结果。两个传承人认定体系的并存，导致国家认定和民间组织宣布的传承人名单之间高度重复，既为国家认定又是民间

---

① 参见青海省工艺美术管理中心《青海省首届工艺美术大师、民间工艺师评选揭晓》，青海民族文化网（http://www.qhwh.gov.cn）。

组织公布的传承人有35名之多，约占国家认定传承人总数的15.49%，约占民间组织公布的传承人总数的21.08%。两组名单并存，不仅意味着国家与民间组织各自在摸底调查、资料收集与整理、专家委员会设置、登记与建档工作中的重复投入，也表现出政府与民间组织在该领域各有"势力范围"之嫌，这种状况显然与国务院《关于加强我国非物质文化遗产保护工作的意见》确立的"政府主导、社会参与，明确职责、形成合力"等原则相背离。

类似的重复不仅存在于政府与民间组织之间，也存在于政府各部门之间。例如，由发改委负责评审的"中国工艺美术大师"的名单，与国家级非物质文化遗产传承人名单竟有43人重复，约占"中国工艺美术大师"总人数的11.78%，约占国家级非物质文化遗产传承人总数的19.03%。造成这种局面的原因，主要是政府不同部门分别进行各自的认定而彼此又较少协调的缘故。

第四节 中国非物质文化遗产传承人认定制度的改进与完善

鉴于中国事实上存在的二元化非物质文化遗产传承人认定体系所存在的各种问题，同时参考非物质文化遗产保护先进国家的经验，应该对中国的非物质文化遗产传承人认定制度不断地进行改革和完善。

一 整合文化遗产的分类标准

今后需要进行统一或系统的文化遗产分类，明确非物质文化遗产概念的内涵和外延，致力于将现存二元化的非物质文化遗产传承人的认定体系合并或规范成为一元化的传承人认定体系。在这一过程中，需要对非物质文化遗产国家名录以及非物质文化遗产传承人的标准、国家认定程序、传承人应承担的责任和义务、国家有关部门的资助及监督等，均通过立法方式予以明确并实现公开化。

通过相关立法，制定严谨、科学、合理、具体及统一的非物质文化遗产认定标准，可以节约社会成本、消除资源浪费、化解二元化认定体系导致的多种混乱。中国现行的对非物质文化遗产的法律界定与分类，主要参考了《保护非物质文化遗产公约》的表述，同时又有中国自己的理解。例如，《国家级非物质文化遗产代表作申报评定暂行办法》第 2 条规定："非物质文化遗产指各族人民世代相承的、与群众生活密切相关的各种传统文化表现形式（如民俗活动、表演艺术、传统知识和技能，以及与之相关的器具、实物、手工制品等）和文化空间。"这个界定说明中国行政法规确定的"非物质文化遗产"，实际还包括"物质"层面，而"各种传统文化表现形式"也包含了物质和非物质两方面的内涵。①

就非物质文化遗产的范围而言，中国现行法规性文件与《保护非物质文化遗产公约》的界定基本一致，即指口头传统（包括作为文化载体的语言）、传统表演艺术、民俗活动、礼仪、节庆、有关自然界和宇宙的民间传统知识和实践、传统手工艺技能等以及与上述表现形式相关的文化空间等。但前已述及，在工作实践中实际采取的却是更适合具体国情的分类，例如，民间文学、音乐、舞蹈、戏剧、曲艺、杂技与竞技、美术、手工技艺、传统医药和民俗这 10 大类，集中进行传承人认定的多在民间文学、杂技与竞技、民间美术、传统手工技艺、传统医药 5 大类中。无论是援引《保护非物质文化遗产公约》，还是采用中国独自的工作分类，都没有处理好"民俗文化遗产"与"非物质文化遗产"之间的关系，这可能也是导致概念混乱的缘由之一。在包括"民俗文化遗产"在内的非物质文化遗产的概念中，并不是所有项目均能认定传承人的，因为"民俗文化"的传承往往不是由某个人或某些团体所能完成；那些能够被认定出传承人或传承团体的项目，大都需要有个人独特的技能或技艺。

二　确立一元化的传承人认定体系

《非物质文化遗产法》也基本上没有化解二元化的传承人认定体系间的竞争关系。如何通过立法或制定法规性文件，整合现存非物质文化遗产传承人的二元化认定体系，可能是今后一个值得重视的课题。已有的某些实践表明，只要国家和民间达成良好沟通与某种程度的分工合作

---

① 该办法第 2 条括号中的文字是对"传统文化表现形式"的解释，但第 3 条将非物质文化遗产分解为"传统文化表现形式"和"文化空间"，在解释"传统文化表现形式"时却略去"与之相关的器具、实物、手工制品等"。此种前后不一致的表述，反映了中国行政立法机关对非物质文化遗产的理解尚存在着认识的不确定性。

关系，解决此类问题并不很难。例如，2006年4月，青海省政府根据《传统工艺美术保护条例》及国家相关规定，由省文化厅、省发改委、省人事厅等部门组成"'青海省工艺美术大师、民间工艺美术大师'评审工作领导小组"，并决定由省工艺美术管理中心会同省民族民间艺术品工艺美术协会开展"青海省工艺美术大师、民间工艺美术大师"的推荐申报。经由工艺美术行业的知名专家、学者及有关人士组成的评审委员会评审，报省文化厅、省人事厅审核批准后，分别授予"青海省工艺美术大师""青海省民间工艺美术大师"等称号。这种工作程序和方法虽不是无可挑剔，却表明"民间工艺美术大师"是可以被统一的认定体系所吸收的。若是由政府统一标准，公开认定程序并予以公告，而某些具体的调查和评审环节可由民间组织承担，这样就不会产生双重认定可能引发的混乱，也有利于维护认定的权威性和被认定传承人的社会公信力，以此为基础，政府则应该对那些获得认定的传承人予以相应和对等的财政补助。

除了需要化解传承人认定方面的二元对峙或重叠格局，还应通过立法，花大气力解决政府各部门间的横向整合问题。例如，同样都是由国家认定的"工艺美术大师"或"国家级非物质文化遗产项目代表性传承人"，最终还是应该逐渐统一，以便管理。中国较早时授予"工艺美术大师"称号的目的在于表彰先进，推动出口创汇，现在则应促使其实现转型，使之成为"传统工艺美术"领域的非物质文化遗产传承人。换言之，不仅有必要将国家认定的"工艺美术大师"和民间组织公布的"民间工艺美术大师"等，合并或统一在"国家级非物质文化遗产传承人"的框架之内，还应把民间组织宣布的"中国民间文化杰出传承人"最终也消化在"国家级非物质文化遗产传承人"的谱系之中。只有最终实现了非物质文化遗产传承人的一元化认定制度，传承人的崇高荣誉、权威性、真实性和公信力才可能得到真正保障，同时，国家也才便于对他们给予必要的扶持、资助和管理，从而真正有助于保护和传承珍贵的非物质文化遗产。

将二元化传承人认定体系予以一元化整合，实际也就是整合已有的法律法规资源，协调和统一政府各部门的现行条例、暂行办法及各种法规性文件和政令的改革过程，其最好的方法和方向应该就是今后不断通过《非物质文化遗产法》的逐步修订来实现上述目标。这样才能为中国非物质文化遗产传承人认定事业提供一个统一的制度体系，也才能促使各种类型的文化遗产均得到均衡保护。中国行政立法基本上是行政主管部门"各自为政"，政出多门，故其所"立"法律、法规、政令之间往往存在较多的冲突与不协调，常导致现有法律、法规的资源浪费和效率低下。这方面的改革今后仍任重而道远。

第九章

日本对文化景观的法律保护及其对中国的启示

虽然日本的文化遗产保护有很多独创的理念，但也有一些是在与国际社会的文化遗产保护事业的交流中，并受其影响而形成或强化的。本章集中探讨日本法律对文化景观的保护，在梳理文化景观保护之相关理念的国际背景及日本经验的基础之上，进一步思考其对中国可能具有的参考价值。

第一节 文化景观：外来的与本土的概念

日本对文化景观的保护，除了《文化遗产保护法》，还有所谓的"景观绿色三法"作为规范，即2004年《景观法》（平成16年6月18日法律第110号）和《有关与景观法实施相关的其他法律整备之法律》（平成16年6月18日法律第111号），以及《有关城市绿地保全法修改之法律》（平成16年6月18日法律第109号）。由于文化景观的保护所涉及的问题较为复杂，所以，日本是通过《文化遗产保护法》和"景观绿色三法"的配套，才建成了其文化景观的法律保护体系。这对于文化景观的法律保护，为日本政府落实其"文化立国""观光立国"的战略，以及实现《创建美丽国家大纲》的目标，发挥了非常重要的作用。

一 《保护世界遗产公约》中的"文化景观"

对于"文化景观"的界定林林总总，[1]但法律上对其加以明确化约始

---

[1] 有关"文化景观"概念的相关论述，较有代表性的如：汤茂林：《文化景观（转下页）

于1992年12月世界遗产委员会（WHC）明确地将"文化景观"（cultural landscape）纳入《世界文化与自然遗产保护公约》确定的世界遗产名录之时。早在1972年通过的《保护世界遗产公约》第1条第3项"遗址"中，"从历史、审美、人种学或人类学角度看具有突出的普遍价值的……自然与人类结合的作品……"这一表述，就已为法律上的文化景观概念提供了直接依据。在世界遗产委员会1977—1992年之间制定的不同版本的《保护世界遗产公约操作指南》①（简称《操作指南》），已将"人类与其自然环境之间的相互作用""自然与文化要素的结晶"等作为世界自然遗产的遴选标准。② 从1984年起，世界遗产委员会开始关注"文化与自然双遗产"，尤其是"乡村景观"（rural landscape）诸如亚洲的梯田、欧洲

（接上页注①）的内涵及其研究进展》，《地理科学进展》2000年第1期；周年兴、俞孔坚、黄震方：《关注遗产保护的新动向：文化景观》，《人文地理》2006年第5期；胡海胜、唐代剑：《文化景观研究回顾与展望》，《地理与地理信息科学》2006年第5期；戴代新、戴开宇：《历史文化景观的再现》，同济大学出版社2009年版，第8—11页；单霁翔：《走进文化景观遗产世界》，天津大学出版社2010年版，第20—21页；胡海胜：《文化景观变迁理论与实证研究》，中国林业出版社2011年版，第28—32页；陈瑾、马湧、李会云、张位中：《文化景观视角的旅游规划体系：要领、原理、应用》，四川大学出版社2012年版，第4—6页；李仁杰、傅学庆、张军海：《非物质文化景观研究：载体、空间化与时空尺度》，《地域研究与开发》2013年第3期等。

① 自1975年《保护世界遗产公约》生效后，为便于各成员国申请，1977年世界遗产委员会制定了《世界遗产保护公约操作指南》或称《世界遗产遴选标准》，随着时代的变化及有关世界遗产研究的深入，其内容始终处在不断更新与变化中。截至2013年，该指南已发布了24个版本，其中涉及"文化景观"遴选标准的主要有1994年版本和2008年版本，其内容详见 http://whc.unesco.org/en/guidelines/。相关部分的汉译内容，可参见赵智聪《作为文化景观的风景名胜区认知与保护》，博士学位论文，清华大学，2012年，第31—32页。

② 之所以将"文化景观"归入自然遗产，是由于传统上普遍认为"景观"属于自然环境问题，这一点体现在1972年《保护世界遗产公约》缔结前后的其他国际法律文件以及国际会议讨论的议题上，如1962年 UNESCO 通过的《保护景观和遗址的美与特征之宣言》（Recommendation concerning the Safeguarding of the Beauty and Character of Landscape and Sites）、1976年 IUCN 受 WHC 委托将"受保护的景观与海洋景观"（protected landscapes and seascapes）等"具有显著普遍价值"的自然遗产遴选标准具体化、1987年以"被保护的景观"（protected landscape）为议题通过的《保护湖区宣言》（The Lake District Declaration）等。具体内容请参考 Lucas, P. H. C., Protected Landscapes, A Guide for Policy-makers and Planners, Chapman and Hall, 1992; Jessica Brown, Nora Mitchell, Michael Beresford, The Protected Landscape Approach: Linking Nature, Culture and Community, 4th Edition, IUCN The World Conservation Union, 2004 等。

的葡萄园等,于1991年将其作为文化遗产的遴选标准,随后在1992年正式采用了"文化景观"的概念。为使"自然与人类结合的作品"的文化景观具有确定性标准,《操作指南》列举了以下三种类型[①]:

(1)由人类设计和建筑的景观(designed landscape),包括出于美学理由而建造的园林和公园景观,其经常(但并不总是)与宗教或其他纪念性建造物或建筑群相关,[②]例如,1995年被列入世界遗产名录的葡萄牙辛特拉文化景观、2001年进入名录的西班牙阿兰胡埃斯文化景观等。

(2)有机进化的景观(relict landscape),其最初始于社会、经济、行政以及宗教的某种需要,并通过与周边自然环境的相关联系或相适应而发展到目前的形式。其包括两种类别:一为残遗物(或化石)景观,代表一种过去某段时间已经完成的进化过程,无论是突发还是渐进的。它们之所以具有突出的普遍价值,还在于其显著的特点依然体现在该实物之上,如2003年、2007年进入世界遗产名录的阿富汗的巴米扬考古遗迹和文化景观、阿塞拜疆的戈布斯坦岩石艺术文化景观等;二是持续性景观,其在当今与传统生活方式相联系的社会中,保持一种积极的社会作用,且其自身演变过程仍在进行中,同时又展现出了历史演变的物证,如1995年、2000年被列入名录的菲律宾巴纳韦梯田景观、瑞典南厄兰岛农业景观等。

(3)关联性文化景观(associative landscape),此类景观被列入世界遗产名录,以与自然因素、强烈宗教、艺术或文化相联系为特征,而非以文化物证为特征。同时,还要求文化景观须符合文化遗产的部分或全部标准,但并不排除文化景观符合自然遗产标准,如1993年第一个、1994年第二个被列入名录的新西兰汤加里罗国家公园与澳大利亚乌卢鲁卡塔曲塔

---

① 有关这三种文化景观的相关汉译内容,可参见刘红婴、王健民《世界遗产概论》,中国旅游出版社2003年版,第129页;戴代新、戴开宇《历史文化景观的再现》,同济大学出版社2009年版,第9页;胡海胜《文化景观变迁理论与实证研究》,中国林业出版社2011年版,第31—32页等。

② 2006年,国际古迹遗址理事会国际文化景观委员会(ICOMOS-IFLA)在进行"文化景观清查"时,将"由人类设计和建筑的景观"主要确定为"花园"(garden)、"公园地"(parkland)以及"与纪念建筑或建筑群有关的公园"(gardens related to monumental buildings and/or ensembles)三种。参见赵智聪《"削足适履",抑或"量体裁衣"?——中国风景名胜区与世界遗产文化景观概念辨析》,载中国风景园林学会编《中国风景园林学会会论文集》,中国建筑工业出版社2009年版,第222—226页。

国家公园，1996年的中国庐山国家公园以及2004年的日本纪伊山圣地及参拜道等。

《保护世界遗产公约》及《操作指南》对于文化景观的界定、分类，以及遴选标准的确定等，说明国际社会对世界遗产的保护范围进一步拓宽了，自从提出世界文化与自然双遗产之后，世界遗产委员会更加注重"自然与人类结合的作品"。从最初将景观作为自然遗产的一部分、经设立文化与自然双遗产、再到在文化遗产中设立文化景观的过程可以看出，文化景观是以一定自然地域中的人类活动而形成的、其格局与过程必定会随着人类活动的不断变化而发生改变，因此，文化景观是一个开放性概念，其内涵与种类也将随着人类活动与认识的深入而变化。

作为《保护世界遗产公约》的缔约国、原本已具备完整的文化遗产法律保护体系的日本，受文化景观这一新概念的影响，于2004年12月对其国内法《文化遗产保护法》进行了重大修改，增设文化景观为其文化遗产的新种类，并在《文化遗产保护法》"第八章　重要文化景观"以及其他相关条款的准用规定中，使文化景观保护制度实现了具体化。

二　《文化遗产保护法》中的"文化景观"

日本的文化景观概念，其《文化遗产保护法》第2条第1款第5项有明确界定："为理解我国国民生产生活等所不可或缺、并在一定地域所呈现的民众生产生活以及由该地域的风土所形成的文化景观"为"本法所保护的文化遗产"；第134条第1款规定："基于都、道、府、县或市、町、村的申请，文部科学大臣可以在都、道、府、县或市、町、村根据《景观法》第8条第1款第1项所规定的景观规划区域或第61条第1款规定的景观区域内的文化景观，根据文部科学省政令所规定的基准，以及为保存该区域或该景观所采取的必要措施等，选定特别重要者为重要的文化景观。"文部科学省于2005年公布的《重要文化景观的选定基准》（文部省告示第46号）再次明确了文化景观是"地域民众生产生活以及该地域风貌所形成的、能够代表国民生产生活特色的典型的或独特的景观地"，其遴选标准应当至少符合以下各项中的一项或多项：

（1）与农耕相关的景观地，如水田、旱田等；

（2）与采草、放牧相关的景观地，如草场、草原等；

（3）与森林利用相关的景观地，如经济林、防护林等；

（4）与养殖捕捞相关的景观地，如养殖木排、海苔网等；

（5）与水资源利用相关的景观地，如水塘、水路、渔港等；

（6）与开采、制造等相关的景观地，如矿山、采石场、工厂群等；

（7）与物流、人员往来通行等相关的景观地，如马路、广场等；

（8）与居住相关的景观地，如围墙（垣根）、宅地防护林等。

从上述与民众的生产、生活等息息相关的 8 项"景观地"[①] 标准来看，可知日本法律认定的文化景观具备了《保护世界遗产公约》所确定的"自然与人类结合……"的性质，同时也反映了日本进一步扩大文化景观之范围的趋势性特点。自 2006 年 1 月 26 日文部科学省"选定"滋贺县近江八幡市的"近江八幡水乡"作为第一个重要文化景观开始，截至 2015 年 10 月 7 日，日本政府已选定 43 项[②]重要文化景观，其中符合一项选定标准的 2 项，如长野县千曲市的"姥舍梯田"、爱媛县宇和岛市"游子村水荷浦[③]旱田"等；其余都符合两项或两项以上标准，例如，高知县四万十川流域的源流地山村风景、上游山村与梯田、中游与下游农山村物流人员往来通行景观、久礼渔港及渔师町景观等文化景观，就符合两项以上标准。

三 《景观法》中的"良好景观"

根据上述法律条文可知，日本《景观法》的相关规定，是《文化遗产保护法》中文化景观及其保护制度的前置法律，因此，对于《景观法》的立法目的及其相关规定的了解，有助于进一步明确文化景观的内涵。在"以促进城市、农山渔村的良好景观之形成，通过制定综合性景观规划措施，创造具有美丽风格之国土风貌、丰富多彩的生活环境以及个性明显且

[①] 文化庁「魅力ある風景を未来へ：文化的景観の保護制度」（http://www.bunka.go.jp/bunkazai/pamphlet/pdf/pamphlet_ja_02_ver2.pdf）。

[②] 数字来自日本文化厅官方网站（http://www.bunka.go.jp/seisaku/bunkazai/shokai/keikan/）。

[③] 游子村基本上以渔业为主，受地形限制几乎没有多少耕地。当地民众在山上开垦了一些旱田梯田，其中"水荷浦"的旱田梯田最为著名，成为景观地。"水荷浦"也有另一种日语称谓，即"水ヶ浦"，始于江户时代，由于当地曾经有出嫁女子回娘家时挑一担水作为礼物的习俗，因此民众更喜欢用"水荷浦"这一名称。

具有活力的区域社会,提高国民生活水平、推动国民经济以及区域社会健康发展为目的"的《景观法》(第1条)中,"良好景观"是一个核心概念。《景观法》对它的定义是:"……地域的自然、历史、文化等与民众生活、经济活动等协调而成的景观"(第2条第2项前段),其"……作为全体国民的共同财产,为美丽的国土风貌之形成、丰富多彩的国民生活环境之创建所不可或缺,为惠及现在或未来之国民必须采取必要的完善与保全之措施"(第2条第1款)。《景观法》要求景观规划机构在制定"良好景观规划计划"时,"从地域的自然、历史、文化的角度出发,在一定土地区域内,制定适合该地域特性的良好景观的规划计划"(第8条第1款第2项)。

从相关规定的具体内容看,日本法律上的"文化景观"与《保护世界遗产公约》中的"文化景观"在边界划定上存在一定的差异,它是指以区域民众传统的生产生活方式为基础而形成的具有文化价值的土地利用之表象,以及因此形成的景观地。此处所谓的"土地利用",主要以农耕、放牧、森林的利用、渔业劳动、水资源的利用、采掘、制造、流通、交流以及人居等为主。日本这种以土地利用为表象的景观地之内容,与《保护世界遗产公约》所列举的"有机进化的景观"之内容基本吻合,其他两种类型的文化景观却不在日本"文化景观"的涵盖当中。但在日本《文化遗产保护法》中既存的指定"史迹名胜天然纪念物"与选定"重要传统建造物群保存地区"却能够基本上涵盖《保护世界遗产公约》中"由人类设计和建筑的景观"和"关联性文化景观"这两项内容。此外,日本法还将与采掘、制造等相关的土地利用、都市居住的景观也作为保护对象,其与公约中确定的"人与自然的共同作品"这一定义,在前提上存在较大差异。[1]

由于景观地的形成与当地民众长期形成的传统的生产生活方式密切相关,若改变其传统的生活生产方式则一定会对景观地的保护造成影响,而维护或保持当地民众的传统的生活生产方式则将有利于文化景观的保护。也由于地域民众的传统的生活生产方式还是非物质文化遗产的核心内容之一,故可认为日本"文化景观"的内涵,也在渐渐地扩展至"文化空间"

---

[1] 本中真「国内外の文化的景観に関する最近の動向」『ランドスケープ研究』Vol. 73 (1)(2009年)。

(cultural space) 或者说开始出现与其相互重叠的倾向。① 这或多或少地体现在上述日本"重要文化景观"的遴选标准之中，同时也与世界文化遗产从自然到文化、从物质到非物质、然后二者相互结合的发展路径大体上吻合。2007 年 10 月日本文化审议会文化遗产分科会倡导的在各地促进与普及的"历史文化基本构想"、2008 年 5 月日本新制定的《历史城镇建设法》②（平成 20 年 5 月 23 日法律第 40 号）以及 2015 年 4 月由日本政府开始推动的"日本遗产"认定等，就是这一倾向的具体表现。

第二节 从名胜、良好景观到文化景观

到 2004 年在《文化遗产保护法》中增设"文化景观"，日本的文化景观保护制度已经发展了一百多年。根据立法的时间顺序及法律文件的不同性质，这个过程基本上可以以 1919 年 4 月 10 日通过《史迹名胜天然纪念物保存法》（大正 8 年 4 月 10 日法律第 44 号）与 2004 年修订《文化遗产保护法》、出台"景观绿色三法"为分界点划分为以下三个阶段。

一 日本文化景观保护制度的酝酿阶段

日本有关景观保护的历史可以追溯至江户时代（1603—1868 年），其内容主要以大名在各自辖区内对街景的维护与完善为主，范围几乎涉及日本全境，且多为藩主的个人行为。③ 据传幕府将军德川家康（1543—1616 年）在完成了名古屋城修建后，为保障其能够从旧居冈崎城远眺名古屋城而命令冈崎城附近居民不得修建超"高"建筑，这被认为是日本景观管理制度的肇始。进入明治时期（1868—1911 年）以后，明治政府将社寺周边的土地国有化，还在法律文件上明确了对公共景观的保护。例如，1871 年正月 5 日，太政官发布的《社寺上知令》（太政官布第 4 号）将社

---

① 鈴木地平「文化的景観保護制度の現状と課題」『ランドスケープ研究』Vol. 73（1）(2009 年)。

② 该法律的日语全称为『地域における歴史的風致の維持及び向上に関する法律』，简称为『歴史まちづくり法』，依照简称，将其翻译为《历史城镇建设法》比较合适。

③ 寺澤毅「文化的資産としての景観の保護と継承」(http: //www. sfc. keio. ac. jp/~tomohiro/changing/hirasawa. pdf)。

寺周边土地编入官有地，由府县管辖；1873 年 7 月 2 日发布了《社寺境内树木采伐之禁令》（太政官布第 235 号），明令禁止采伐社寺境内树木。这两道命令的目的虽然并非直接保护社寺景观，却间接地起到了保护作用，因为社寺周边土地所有权的变更有可能会对社寺的整体景观带来不确定性，而采伐社寺境内树木也必然会对社寺景观造成破坏。因此，其直接与 1897 年颁布的《古社寺保存法》（明治 30 年 6 月 10 日法律第 49 号）有一定的关联。由《古社寺保存法》第 19 条"名所旧址之保护准用古社寺法之规定"，可知日本的文化景观保护制度当时已初现端倪。[①]

1873 年 1 月 15 日，太政官发布"正院达第 16 号"通知，宣布"自古以来的名胜古迹等民众游览、观光场所（如东京金龙山浅草寺、东叡山宽永寺，京都八坂神社的岚山之类的免税地或公有地等）以及之前的免赋之地，作为民众的长久偕乐之地[②]，各府县应对其所在地以及景况进行事无巨细之调查、并附以图纸后向大藏省报备"。次日，东京府就浅草寺、宽永寺、三缘山增山寺、富冈八幡社以及飞鸟山五处景观地提出报备，之后各地纷纷提出报备名单。在某种意义上也可以说，这种报备制就是日本文化遗产申报认定制度的开端。

继承江户时期的街景保护，明治政府在 1911 年制定了《广告物取缔法》（明治 44 年 4 月 7 日法律第 70 号），其第 1 条规定："为了保护景观，行政官厅认为必要时可以以命令之形式禁止或限制广告物的表示、设置等"；若所设置的广告物或看板"存在危险之虞或有危害安宁秩序或扰乱（善良）风俗之虞者，行政官厅可命令拆除或采取其他必要处分之措施"。从立法宗旨及具体规定可以看出，该法具有景观行政保护及社会治安管理之性质。[③] 同年 3 月，明治政府又将《保护史迹及天然纪念物建议案》《维持和保护名胜地建议案》以及《设置国立公园建议案》等提到议事日程。至此，日本政府开始重视如何将文化美景保存好并作为文化遗产遗留给后世，但究竟是将名胜、天然纪念物等作为《文化遗产保护法》的保

---

① 本中真「国内外の文化的景観に関する最近の動向」ランドスケープ研究 Vol. 73（1）（2009 年）。

② 原文为"万人偕楽ノ地"，该通知被视为日本"公园"诞生的标志，参见上野公园官方网站（http://www.ueno.or.jp/history）。

③ 小林正「我が国の景観保全・形成法制」レファレンス Vol. 57（1）（2007 年）。

护对象，还是自然环境保全制度的保护对象，日本学术界至今依然存在争议。①

二 从名胜到古都历史风貌：文化景观保护制度的形成

经过长期的准备及学者等民间力量的推动，1919年4月10日，日本政府通过了以古代遗迹（史迹）、名胜地（名胜）以及动植物、地质矿物质（天然纪念物）为保护对象的《史迹名胜天然纪念物保存法》，其中"史迹"与"名胜"就可以包括在后来的文化景观之中。同时，作为文化景观保护的制度性铺垫，日本不仅制定了《都市规划法》（大正8年4月5日法律第36号）、《市街建造物法》（大正8年4月5日法律第37号），还于1931年4月1日制定了以保护和开发自然风景地为目的的《国立公园法》（昭和6年4月1日法律第36号）。1934年，根据《国立公园法》，日本政府指定了首批三个国立公园，亦即"濑户内海国立公园""云仙国立公园"（现为"云仙天草国立公园"）和"雾岛国立公园"（现为"雾岛锦江湾国立公园"）。至此，日本便初步形成了（历史）文化景观与自然景观平行保护的基本法律制度。

在与文化景观息息相关的自然景观保护制度当中，日本基本上是以"自然环境、公园、河流森林""城市建筑"与"绿地"的规划以及城乡基础设施建设等为主要的规制对象。这方面的立法比较复杂。② 例如，1949年6月3日制定并首次提出"良好景观"概念的《屋外广告物法》（昭和24年6月3日法律第189号）；以城市公园绿地规划及自然风景地的保护与利用为目的、分别于1956年4月20日和1957年6月1日制定的《都市公园法》（昭和31年4月20日法律第79号）和《自然公园法》（昭和32年6月1日法律第161号）；为了强调树木在城市风景中所起作用，于1962年5月18日专门制定的《都市树木保存法》（昭和37年5月18日法律第142号）等。后来，为促进"良好城市环境建设"，又相继于1973年9月1日和1974年6月1日制定了《都市绿地保存法》（昭和48

---

① 根木昭「自然的名勝及び天然記念物の『文化財』としての適否に関する考察」『長岡技術科学大学研究報告』Vol. 17（1995年）；根木昭『日本の文化政策——「文化政策学」の構築に向けて』勁草書房（2001年）第173—189頁。

② 岡田哲也・篠原修「『文化的景観』の成立過程と成果・課題に関する考察」『景観・デザイン研究講演集』日本土木学会 Vol. 4（2008年）。

年9月1日法律第72号)和《生产地绿地法》(昭和49年6月1日法律第68号)。

为了避免因为经济高速成长伴随的严重环境公害而影响古城历史风貌,日本政府于1966年1月13日在《都市规划法》之外,又专门制定了《古都历史风貌保存特别措施法》(昭和41年1月13日法律第1号),该法"冻结"了京都、奈良、镰仓以及由政令确定之市、町、村的历史风貌,即具有历史意义的建筑物、遗迹等以及与周边自然环境相协调、体现古城传统与文化的土地利用状态等(第2条),通过"指定"古城"历史风貌保存地区"(第4条)、制订古城"历史风貌保存计划"(第5条),限制或规制古城的土地开发行为,以达到保护古城文化景观的目的。作为该法以及前述飞鸟山景观地保护措施的延续,1980年5月26日制定了《明日香村历史风貌及生活环境完善特别措施法》(昭和55年5月26日法律第60号)。这两部法律的核心概念之一,是在"具有历史意义的建筑物、遗迹等"周边地区增加一个"缓冲区",以保持其周边环境与古城建筑物、遗迹的风格"保持一致"。1975年通过修改《文化遗产保护法》与《都市规划法》,在其文化遗产分类中增设了"传统建造物群保存地区"(第142—146条),并努力让其在城市建设规划中得到体现。

20世纪90年代初,受到国际社会有关自然与文化多样性思潮的影响,日本政府将对人居环境等的关注从城镇扩大至农村。例如,1987年制定了"以确保农村良好经营条件、舒适人居环境"为目的的《集落地域整备法》(昭和62年6月2日法律第63号);在1999年制定的新《粮食、农业、农村基本法》(平成11年7月16日法律第106号)中,增加了"确保自然环境、促进良好景观形成、传承文化"的条款;2000年修订《自然公园法》时,增加"确保生物多样性、维护风景、确立风景地保护协定"等内容。[①]

三 日本文化景观保护法制的统一化阶段

21世纪初,日本政府提出"观光立国"和"创建美丽国家"计划。为使该计划具体化,2004年日本政府修改并统一了此前有关城乡景观及

[①] 神吉紀世子「農村における文化的景観の保全と創造」『農村計画学会誌』Vol. 30 (3) (2011年)。

自然环境的相关立法,通过在城市规划中创设"景观地区"、加强限制景观地区内土地利用行为、保护"景观重要建造物""景观重要树木",确保城市规划地区或地域的绿色区域或绿化地域等,形成了一套完整的以"良好景观"为核心的景观法律体系,即"景观绿色三法"。以此为基础,再通过修订《文化遗产保护法》增设"文化景观",使之与既存的相关景观制度相协调,形成了既与《保护世界遗产公约》有关文化景观保护的理念相一致,又独具日本特色的文化景观保护制度。

值得特别提及的还有丰富的地方性文化景观立法,这些立法对于日本文化景观的保护也发挥着非常重要的作用。受地方自治制度的影响,在2004年《文化遗产保护法》中增设文化景观范畴之前,有一些文化遗产比较丰富的地方政府在其依据《文化遗产保护法》制定的"文化遗产保护条例"之外,还制定了"景观保护条例",例如,古城京都市、奈良市、名古屋市、金泽市等,均分别制定了《京都市风致地区条例》(1970年)、《京都市街景整备条例》(1972年)、《名古屋市城市景观条例》(1984年)、《奈良市城市景观条例》(1990年)、《金泽市街景保存条例》(1994年)等。2004年"景观绿色三法"的出台以及《文化遗产保护法》的修订,促使各地有关文化景观保护的地方性立法呈现井喷态势,截至2014年7月,已有34个都、道、府、县,316个市、町、村制定了地方性的"景观条例"。[①] 从这些地方性文化景观立法的内容来看,一个重要的特点就是将《文化遗产保护法》中的文化景观与《景观法》中的景观合并在一起。如果说2004年之前的地方性立法尚属"各自为政",那么,2004年之后的地方性立法,则是在新法和修订后的《文化遗产保护法》的基础上制定的,具有统一性。

第三节 日本重要文化景观选定制度的基本内容

日本文化景观保护制度是一整套以"良好景观"的规划、地方政府的"景观保存"等为基础,并由中央政府选择重点予以保护的制度性体

[①] 依据日本景观行政官网(http://www.keikan-net.org)中的"景观条例一览"的内容,由笔者统计。

系，其中最具代表性的就是"重要文化景观"选定制度。本书第四章已简要提及这一制度，但未能深入，本节拟基于《文化遗产保护法》第八章第134—141条的规定，对其详加说明。文部科学省曾就重要文化景观的选定基准（或称遴选标准）、申请规则等，于2005年制定并推出了《重要文化景观选定基准》和《重要文化景观的选定及申请之规则》（省令第10号，简称《景观选定及申请规则》），根据上述这些法律法规，可知其重要文化景观选定制度的基本内容如下。

一 重要文化景观的选定申请与选定程序

根据《文化遗产保护法》规定，重要文化景观的选定首先是由文部科学大臣根据前文提及的选定基准，在都、道、府、县或市、町、村"申请"的基础上，"选定"其中最典型和最具特色的文化景观为"重要文化景观"（第134条第1款）。都道、府、县或市、町、村的"申请"是基本前提，而且，所申请的文化景观应该是都、道、府、县或市、町、村依据《景观法》第8条第2款第1项划定景观规划区域或第61条第1款规定景观地区内的文化景观，并已采取必要保存措施，即已就选定申请的文化景观制定有《文化景观保存计划》；都、道、府、县或市、町、村根据《景观法》等制定的《景观条例》中已有保护文化景观的必要之规定（《景观选定及申请规则》第1条第1款第1、第2项）。这些都是文部科学大臣和文化遗产审议委员会选定重要文化景观时所必须考虑的因素。

都、道、府、县或市、町、村所制定的《文化景观保存计划》主要内容应包括：文化景观的位置与范围、文化景观构成要素、文化景观保护的基本方针、文化景观的保护应兼顾土地利用之原则、文化景观的整备事项、文化景观保护的必要体制事项以及其他必要事项等（《景观选定及申请规则》第1条第2款）。对各地制定的《景观条例》中有关文化景观保护的必要之规定的要求，主要是为了考察地方政府有关文化景观保护在制度上是否具有长远规划、保护措施是否有合理性等。同时，由于各地文化景观的巨大差异也使得保护措施千差万别，很难确定一个统一标准，因此，这一要求的重点并非具体措施的内容如何，而是在地方《景观条例》中"是否有"文化景观保存措施。例如，滋贺县《近江八幡市景观创建条例》中的"景观创建协定地区"措施，与《奈良市景观条例》中的"文化观光保存地区""传统建筑群保存地区"措施等。

文部科学大臣在收到来自地方的重要文化景观选定申请后,应组织召集文化审议会,经过质询与答辩,最终选择其中某个或某些为"重要文化景观"。一经"选定",文部科学大臣应在法定期限内,向社会公告其"选定"结果,并通知作为申请人的地方政府以及与文化景观相关的权利人。

受文牍主义影响,日本的法律法规明确了重要文化景观选定申请时必须提交申请书的记载事项及所添附的其他文件等。例如,申请书应记载以下内容:文化景观的名称、种类、所在地及面积,文化景观的保存状态、特性、保存计划及其他事项(《景观选定及申请规则》第2条第1款);申请人除提交申请书外还须一并提交文化景观的位置及范围示意图、概况照片、条例相关规定的节选、权利人的同意书以及其他资料(第2款)等。

法律规定文部科学大臣在选定重要文化景观以及文化厅长官发布劝告与命令时,既应尊重相关主体的合法权利(如所有权、采矿权以及其他财产权等),也应考虑重要文化景观选定与国土开发等其他公共利益以及与农林水产业和其他领域产业间的利益协调关系(《景观选定及申请规则》第140条第1款、第2款)。当重要文化景观的价值丧失或因其他特殊原因,文部科学大臣可以取消该选定。

二 相关主体的权利、义务与国家财税优惠措施

重要文化景观一经选定,就受《文化遗产保护法》的保护,与之相关的法律关系主体均须承担相应的法律义务。例如,因不可抗力之原因造成重要文化景观全部或部分灭失或损毁的,与重要文化景观相关的土地、建筑之所有人或合法占有人等,在该事实发生之日起10日内,须以文部科学省政令所规定的记载事项,向文化厅长官提交书面报告(第136条主文);若属于文部科学省政令规定的对重要文化景观保存无重大影响的,则不在此限(同条但书)。

当因管理不当使重要文化景观有灭失或损毁之虞时,文化厅长官可以就管理方法之改善及其他管理措施的采取等,向文化景观的相关权利人等发出劝告(第137条第1款);无正当理由拒不执行与该劝告相关之措施的,文化厅长官可直接命令其执行之(第2款);文化厅长官在发出劝告或命令之前,需事先征求并听取申请人都、道、府、县或市、町、村的意

见（第3款）。文化厅长官有权就其劝告或命令的执行情况进行监督（第4款）。

若要改变重要文化景观之现状或实施影响重要文化景观之保存的行为时，行为人必须在实施上述行为前30日内，向文化厅长官提出申请（第139条第1款主文）；但若该现状之改变或行为之实施是以防止因自然灾害而采取的紧急措施，或依据政令且对重要文化景观之保存影响轻微的，则不在此限（第1款但书）。文化厅长官对于该现状之改变或行为，可以发出劝告或命令（第2款），但应事先听取申请人的意见（第3款）。如有必要，文化厅长官可直接要求重要文化景观的相关权利人报告其重要文化景观的现状、管理或修复等状况（第140条）。

国家在文化景观保护中发挥主导作用，其重要职责之一即通过某种手段引导和激励相关权利人自觉地保护文化景观，其最佳方法便是财税优惠政策。依照《文化遗产保护法》的规定，这些财税优惠政策一般分为两类：一为相关经费的财政补贴，二为税收优惠。前者既包括国家就地方政府为保存重要文化景观、特别是那些为保存所必要之物件的管理、修缮、修复等直接给予部分经费补贴（第141条第3款），也包括因文化厅长官的劝告或命令而采取必要措施所产生费用的全部或一部分（第137条第4款），此外，国家还就地方政府对文化景观的调查、保存规划的策定等给予经费补贴。后者则主要表现为固定资产税的减征，如构成重要文化景观的主要建造物、土地等，其固定资产税额可按应课税标准的一半征收。

对于为防止文化景观灭失或损毁而采取措施并获得国家财税优惠政策的，相关权利人在有偿出让重要文化景观时，《文化遗产保护法》要求应在文化厅长官指定的期限内，将所获财政补贴（扣除合理折旧后）如数上缴国库（第138条）。

三 法律责任制度

由于《文化遗产保护法》的行政法性质决定了其所确定的法律责任形式，主要以行政责任为主，即以行政罚款为主。例如，对于无正当理由拒不执行文化厅长官有关重要文化景观修缮的劝告与命令的相关责任人，处以30万日元以下罚款（第201条第3款）；对于重要文化景观的全部或一部灭失或损毁、改变重要文化景观之现状或实施影响重要文化景观保存之行为等，而未及时向文化厅长官书面报告或者虚假报告者，处以5万日元以下罚款（第203条第2款）等。这些条款的目的是保障行政命令得到执行、以维持文化遗产行政的顺畅；至于重要文化景观保护中的刑事与民事责任，在《文化遗产保护法》中并没有直接明确的规定。

第四节 他山之石：对中国文化景观保护制度的启示

目前，中国现行的与文化遗产保护有关的法律、法规中并未出现"文化景观"一词，但这并不意味着国家不重视对文化景观的保护。从20世纪50年代开始，不同时期的法律文件都有一些涉及文化景观的内容。如"古文化遗址""名胜古迹""纪念建筑""山林风景""全国重点文物保护单位""风景名胜""风景名胜区""历史风貌""大运河文化遗产及其环境保护""历史文化名城名镇名村""文化街区"等概念，都可以说明这一点。具体到过往和既存的法律、法规及规范性文件，主要有：1950年的《古文化遗址及古墓葬之调查发掘暂行办法》《关于保护古文物建筑的指示》、1951年的《关于管理名胜古迹职权分工的规定》《关于地方文物名胜古迹的保护管理办法》、1963年的《文物保护单位保护管理暂行办法》、1982年的《文物保护法》、1983年的《关于加强历史文化名城规划工作的几点意见》、1985年的《风景名胜区管理暂行条例》、2000年的《中国文物古迹保护准则》、2002年的《国务院关于加强城乡规划监督管理的通知》、2003年的《文物保护法实施条例》、2006年的《风景名胜区条例》、2008年的《关于进一步加强大运河文化遗产及其环境景观保护工作的通知》《历史文化名城名镇名村保护条例》等。

一 明确文化景观在现有法律体系中的地位

从上述法律、法规及规范性文件中的相关规定可知，在中国所保护的文化遗产中包含着文化景观的内容，其不仅与《保护世界遗产公约》确定的"文化景观"的内容相吻合，也与日本文化景观保护的路径基本一致。自从1996年江西庐山作为中国首个世界文化景观被列入世界文化遗产名录以来，文化景观问题引起了学术界的普遍关注，之后山西五台山、浙江杭州西湖、云南哈尼梯田相继于2009年、2011年、2013年成为世界文化遗产，进一步推动了有关文化景观问题的研究。但是，截至目前，中国尚未形成较为系统、相对独立的文化景观保护制度，其原因之一在于文化景观概念的宽泛性，使得较难处理其与国内法中其他文化遗产类型之间的逻辑关系。此外，既存的相关法规，特别是《风景名胜区条例》与《历史文化名城名镇名村保护条例》已经在发挥着类似的作用，所以，其在立法方面的紧迫性并没有被广泛认知。相对于中国目前多少有些混乱的制度性安排，将其融入《文化遗产保护法》的日本经验，有一些地方还是值得我们借鉴的。

有必要在深入研究文化景观问题的前提下，将其在现行法律中进一步明确化。保护对象的概念明确化不仅是文化景观法律保护的基础，也是与国际接轨、整合中国文化景观法律制度的前提。尽管文化景观含义的不确定性会构成一定的障碍，但通过列举文化景观种类的方式，也可以使其具体化，同时也可使得文化景观的概念具有开放性，为文化景观概念范畴的进一步扩容留出余地。这方面，日本确定多项"重要文化景观的选定基准"的做法，就值得我们借鉴。文化景观范畴的明确化，还将有利于使非物质文化遗产的一些内容逐渐纳入文化景观，或促成其与"文化空间"范畴的相互融合，从而促使文化景观的保护朝着新的方向发展。

二 明确文化景观保护的行政责任主体

在明确文化景观作为法律保护之对象的基础上，将文化景观保护主管机关的权力移交给文化或文物主管机关来行使，即严格区分景观规划责任主体与文化景观保护责任主体。根据中国现行法的规定，与文化景观相关的"不可移动文物""风景名胜区""历史文化名城名镇名村"等的主管机关，分别为"国务院文物行政部门"（《文物法》第13条）、"国务院建设主管部门"（《风景条例》第3条）及"国务院建设主管部门会同国务院文物主管部门"（《历史名城条例》第5条）等，这种状况说明中国文化景观保护的主管机关并不统一。虽然它也表明国家对于文化景观保护的重视，但在另一方面也反映出中国文化景观保护制度尚较为混乱。与此同时，文化景观的保护总体上要以城乡建设规划为基础，而城市规划的责任机关也是"国务院城乡规划主管部门"，即住房和城乡建设部。此类"既为运动员又是裁判员"的局面，也正是中国依法治国、依法行政往往难以落实的根源之所在。中国目前处于快速城镇化的建设过程当中,对于文化景观造成最大破坏的,除因在城乡建设规划过程中未曾考量文化景观保护之外,最为常见的便是已经规划了文化景观保护内容的城乡建设规划,却往往因为建设的需要而任意变更或修改规划而造成的文化景观破坏(尤其是那些当下尚非著名的文化景观,或地方性文化景观)。日本有关文化景观保护的主管机关统一为文部科学大臣,[1] 此种让文化景观保护完全独立于城乡建设规划,而城乡建设规划又必须考虑文化景观保护的制度性安排,可以避免前述因制度性安排不合理而对文化景观造成的破坏。

三 利用公益诉讼强化对文化景观的保护

在具有中国特色的社会主义法律体系基本建成的当下,针对中国目前的文化景观行政,重要的并非制定或修改相关的法律法规,而是扩大行政司法救济的范围、加强法律法规的实施。例如,在涉及公共利益的行政行为诉讼中,增加"纳税人诉讼"或"住民诉讼"等,以防止因行政不法行为而对公共利益的损害。在中国目前的司法实践中,类似这种"纳税人诉讼"或"住民诉讼"的"集体诉讼"仅在《产品质量责任法》中部分被允许,而在行政诉讼中尚无法实现。若在以公共利益维护为核心的文化景观行政中,允许民众行使维护公共利益的"集体诉讼",则必将有利于文化景观的保护。

最后,"本土化"一直以来都是法律制度借鉴的一个基本问题,文化景观的法律保护制度借鉴同样无法回避。在借鉴联合国及日本文化景观法律保护制度时,必须特别注意和考量国情的不同对制度借鉴造成的影响,例如,日本发达的地方自治制度、多元的土地所有形式、非政府组织与住民积极参与的社会环境[2]、完善的住民诉讼制度等,在日本文化景观保护制度中发挥着颇为积极的作用,但这些在中国却有着完全不同的制度环境,若简单地借鉴外国相关制度,很可能会"水土不服"。但即便如此,一些技术或方法上的借鉴应不受影响,例如,文化景观法

---

[1] 在此问题上,日本的《古都历史风貌保存特别措施法》与《明日香村历史风貌及生活环境完善特别措施法》的责任机关均为"国土交通大臣",这与《景观法》中的责任机关相一致,但其均为特别单行立法。

[2] 张松:《日本历史环境保护的理论与实践——法律、政策与公众参与》,《华中建筑》2001年第4期。

律制度的系统化、统一化和可操作性，针对行政不法行为的多种救济手段与完整的法律责任制度等，都是未来中国文化景观制度的创新所要面对的具体问题，化解这些问题时也都程度不等地可以从国外的相关经验中获得一定的启示。

第十章

日本的"庙会法"及其对中国的启示

2011年2月25日颁布、同年6月1日开始实施的《非物质文化遗产法》作为"中国特色社会主义法律体系"[①]的一个重要组成部分,为今后的非物质文化遗产保护及合理利用提供了明确的法律依据。但是,受制于目前的立法水平,《非物质文化遗产法》主要是一些原则性的规定,具体的诸如究竟什么是非物质文化遗产的"合理利用"[②]、怎样才能"合理利用"、如何才能保障"合理利用"而不出偏差等问题,还有待相关细则或配套的法律、法规做进一步完善。

在非物质文化遗产的保护和利用方面较为先进的日本,除了其1950年《文化遗产保护法》(昭和25年法律第214号)之外,还有诸如1974年《传统工艺品产业振兴法》(昭和49年5月25日法律第57号)、1992年《关于利用地域传统艺能等资源、实施各种活动以振兴观光产业及特定地域工商业之法律》(平成4年6月26日法律第88号)(简称"庙会法")、2001年《文化艺术振兴基本法》(平成13年12月7日法律第148号)以及2006年《观光立国推进基本法》(平成18年12月20日法律第

[①] 全国人大常委会委员长吴邦国在2011年3月10日第十一届全国人民代表大会第四次会议上作了题为《形成中国特色社会主义法律体系的重大意义和基本经验》的工作报告,明确指出:"……党的十五大提出到2010年形成中国特色社会主义法律体系的立法工作目标如期完成。"

[②] 《非物质文化遗产法》第37条规定:"国家鼓励和支持发挥非物质文化遗产资源的特殊优势,在有效保护的基础上,合理利用非物质文化遗产代表性项目,开发具有地方、民族特色和市场潜力的文化产品和文化服务。……县级以上地方人民政府应当对合理利用非物质文化遗产代表性项目的单位予以扶持。单位合理利用非物质文化遗产代表性项目的,依法享受国家规定的税收优惠。"

117号）① 等多部法律及相关的配套法规。这些法律、法规及其实施细则，对于如何具体地保存、保护非物质文化遗产，如何合理有效地利用以及怎样才能保障合理利用非物质文化遗产等，做出了较为完善的制度性安排，形成了完备的文化法律政策体系，其严谨性和可操作性值得我们深入研究。

中国目前正致力于将文化遗产转化为"资源"，以推动经济、社会的全面发展和提高文化软实力的实践，因此，包括节日、庙会和各种民间艺术在内的民俗文化遗产，无疑具有举足轻重的重要性。本章拟对日本的"庙会法"及其相关问题展开论述，在全面进行分析性介绍的基础之上，探讨日本在地域社会或基层社区"活用"民俗文化遗产，通过合理利用民俗文化资源，达到振兴农村、山村、渔村及偏僻城镇之目的的经验，希望能为中国在"合理利用"和开发民俗文化遗产资源等方面，提供一些有益的参鉴。

第一节 日本"庙会法"诞生的时代背景

所谓"庙会法"，其日文全称为『地域伝統芸能等を活用した行事の実施による観光及び特定地域商工業の振興に関する法律』，日本官方简称其为『お祭り法』，全译应为《关于利用地域传统艺能等资源、实施各种活动以振兴观光产业及特定地域工商业之法律》。在现代日语中，"祭り"一词的内容，主要包括祭祀神佛的仪式（祭礼）、节祭期间的民俗艺能表演、由地域社团组织的各种世俗性活动等；从该法涉及的主要内容看，所谓"地域传统艺能"大体上相当于汉语的地方传统艺术或民俗艺术。陈志勤将其正式译为"庙会法"，② 侯越则将其翻译成"传统节日法"，③ 本书作者通过对该法的深入研究，认为其内涵和它所鼓励的活用

---

① 该法的前身为1963年《观光基本法》（昭和38年法律第107号），因2006年12月20日颁布、次年1月1日实施的《观光立国推进基本法》的生效而废止。

② 陈志勤：《传统文化资源利用中的政府策略和民俗传承——以绍兴地区对信仰祭祀民俗的利用为事例》，载周星主编《国家与民俗》，中国社会科学出版社2011年版，第305页注①。

③ ［日］桥本裕之：《在保护与观光的夹缝中——民俗艺能的现状》，侯越译，载王晓葵、何彬编《现代日本民俗学的理论与方法》，学苑出版社2010年版，第348—357页。

传统民俗文化资源的活动方式，与中国传统意义上的"庙会"非常接近，同时，也由于日本另有关于"节日"的专门性法律存在，因此，比较赞同并采用陈志勤的译法。

一　经济高速成长与农村"过疏化"

早在20世纪50年代，日本就已经意识到战后复兴和国家全面的现代化发展将有可能导致文化遗产的流失，因此，及时地制定了《文化遗产保护法》。20世纪60—70年代的经济高速增长引发了日本各地农村、山村、渔村的人口"过疏化"① 现象，青壮年劳动力的大量流失和日益增多的举家迁出现象，严重地削弱和破坏了农村、山村、渔村的经济及社会生产的基础，甚至使村民的正常生活也难以维系；作为民俗文化传承母体的乡村地域社会逐渐趋于解体，导致传统的民俗艺能活动出现了后继乏人、难以为继的危机。② 和农村、山村、渔村的"过疏化"相对应，各大中城市则出现了"过密化"问题，城市化进程的急剧发展导致人口迅速并高度聚集在城市，发生了交通堵塞、房地价高涨、人际关系疏离以及大范围的环境公害等严重的"城市病"。在这样的形势和背景下，很多城市居民开始怀念曾经的乡土生活，农村、山村、渔村等地域社会的传统民俗艺能也因此引起了广泛的社会关注。1975年在修订《文化遗产保护法》时，特别增加了有关"民俗文化遗产"的条款，③ 这可以看作对此种社会变迁的积极回应。

二　"过疏五法"

由于城市经济的发展和农村的凋敝形成了鲜明对比，这促使日本政府不断地尝试通过制定各种法律、法规来扭转城乡经济社会发展出现的失衡状况。开始时，其主要精力放在了对应"过密化"所带来的各种城

---

① "过疏化"一词最早出现在1966年3月由日本经济审议会提交的报告《日本经济的区域变化》中，它主要是指在日本经济高速增长时期，国家各种资源快速从落后地域流向发达地域，尤其是劳动力流失使得农村、山村、渔村因人口减少、老龄化等问题而难以维持正常的生活。参见内藤正中编『過疎問題と地方自治体』多賀出版株式会社（1991年1月）第3頁。

② [日]高桑守史：《人口过疏与民俗变异》，刘文译，载王汝澜等编译《域外民俗学鉴要》，宁夏人民出版社2005年版，第109—118页。

③ 周超：《日本法律对"民俗文化遗产"的保护》，《民俗研究》2008年第2期。

市社会问题，但很快地也注意到了农村、山村、渔村"过疏化"的严重负面影响，于是，日本政府陆续制定了1953年《离岛振兴法》（昭和28年7月22日法律第72号）、1965年《山村振兴法》（昭和40年5月11日法律第64号）、1985年《半岛振兴法》（昭和60年6月14日法律第63号）、1993年《关于促进特定山村地区农林业等活性化的基础设施建设之法律》（平成5年6月16日法律第72号）、2000年《促进过疏地区自立特别措施法》（平成12年3月31日法律第15号），即所谓"过疏五法"。

上述法律明确了国家及各级地方政府在振兴地域经济中所应承担的义务和责任，从而在相当程度上阻滞或延缓了农村、山村、渔村的衰退趋势。这些法律在强调努力振兴地域经济的同时，还特别规定"必须努力采取适当措施，保存和活用"地域社会所传承的各种民俗文化，并由此推动地域社会的振兴和复兴（《离岛振兴法》第16条、《山村振兴法》第21条、《半岛振兴法》第15条、《促进过疏地区自立特别措施法》第23条）。在《山村振兴法》第21条中，非常明确和具体地将山村文化表述为"山村所传承的戏剧、音乐、工艺技术以及其他文化等"。由此可知，通过保存和活用地域传统艺能等民俗文化资源，将其应用于振兴地域经济和社会发展的实践之中，乃是日本相关法律贯彻始终的理念之一。1999年颁布并实施的《粮食、农业、农村基本法》（平成11年法律第106号）[①]，还进一步确认"文化的传承"为农村及农业诸多功能中的一项（第3条）。

"过疏五法"以振兴地域经济为宗旨，其中虽包含了活用地域传统文化资源这一理念，但主要是将其作为振兴地域经济的途径来考虑的，相比较而言，"庙会法"则是一部促进利用地域传统艺术、振兴旅游产业和地方工商业的更为专门性的法律。"庙会法"出台的时代背景，正值日本泡沫经济破产之时，农村及偏僻城镇的地域经济遭到沉重打击，衰退趋势进一步加剧，尤其是进入20世纪90年代以后，农村、山村、渔村的"过疏化"和整个日本社会的"少子老龄化"趋势相互影响而更显严峻，甚至

[①] 此前的1961年旧《农业基本法》（昭和36年法律第127号），后因《粮食、农业、农村基本法》的颁布而废止。

出现了大面积的"临界村落"现象。① 在所谓的"临界村落",由于 65 岁以上的老人占到村落人口的一半以上,所以,村落集体活动减少或消失,以往每年均定期举行的传统祭祀和节庆活动等无法继续进行,只能改为隔年或不定期举行;村落的丧葬仪式也不断简化或不得不委托专业丧葬公司代办;甚至农、林、渔业生产也出现停顿,灌溉设施无人管理,村民劳作意欲减退甚或停业等。在这种严峻的状况下,如何利用地域民俗和传统艺术等文化资源,通过实施各种活动来唤醒乡村社会的活力和振兴地域经济,就越加成为日益紧迫的课题。

三 国民的生活方式变迁

经济的高速增长促使日本实现了国民均富和全社会普遍的中产阶级化,人均 GDP 跃居世界第二位;与此同时,日本国民所关心的事项,其重点也逐渐地从物质财富转向了精神财富和文化生活。根据日本总理府从 1975 年开始实施的"国民生活舆论调查"所获得的数据,关注精神财富和文化生活的人数比例逐年递增,从 1975 年的 36.8% 增加到 2006 年的 62.9%,至 2010 年该比例为 60%;相反,特别关注物质财富增长的人数比例却每年递减,从 1975 年的 41.3% 减少至 1992 年的 27.3%,2010 年该比例保持在 31.1% 左右。② 即便是在泡沫经济破产,日本经济进入停滞状态的背景下,一般国民注重精神财富和文化生活的人数比例也并未减少,大多数人更加倾向于追求精神生活的充实。和这一价值取向相吻合,根据日本政府文化厅 2000 年对全国 1509 人进行的抽样问卷调查的结果显示:关心古坟、古神社及佛阁等文化遗产的国民人数比例,约占被调查人数的 69.7%;关心日本神乐等传统民俗艺能和地域性庙会祭礼的国民人数比例,约占被调查人数的 62.4%。也就是说,大约 2/3 的日本国民对于保护和活用地域传统艺能等民俗文化资源,均持非常积极的姿态。

综上所述,经济高速增长导致日本社会结构的变化和人民生活方式的急剧变迁,同时,国民文化意识也不断高涨,"庙会法"正是在此种大的

---

① "临界村落"一词的日语原文为"限界集落",其内涵是指年龄在 65 岁以上的老人占村落人口的 50% 以上,其中独居老人增加,因此,村落社会共同体的功能衰退,无法维持共同社会生活的村落。参见大野晃『限界集落と地域再生』静岡新聞社(2008 年)第 21 頁。

② 参见内閣府「国民生活に関する世論調査(2010 年度)」(http://www8.cao.go.jp/survey/index-ko.html)。

时代背景下应运而生的。日本各地的"庙会"（お祭り），基本上是源自当地人们在生产、生活中对大自然表示敬畏并感谢大自然恩惠的各种祭典、仪式以及与之伴随的传统艺能表演；这些祭典、仪式和艺能表演，后来更逐渐发展成为地域社会的民俗和生活文化的重要组成部分。至今日本全国各地仍以隔天就有的频次、频繁地举办着各种庙会活动。[①] 显然，"庙会法"的出台，为摆脱农村的全面危机提供了在农、林、渔业之外，通过发掘和保护传统民俗艺能等文化资源，推动旅游产业和地方工商业发展的可能性。基于日本学术界和日本政府文化行政管理机构的基本认识，即在农村、山村、渔村、离岛等各种地域社会中传承下来的民俗艺能和祭礼形态的文化，乃是日本文化的基础和不可或缺的组成部分，"庙会法"为在新的时代背景和社会环境下，保护、发展和利用这些民俗文化资源提供了及时、可靠的法律支持。此外，"庙会法"的出台，也完全符合日本国民重视地域民俗文化遗产这一文化意识不断增强的趋势。

第二节 "庙会法"的立法宗旨和基本内容

1992年6月26日，日本国会颁布了《关于利用地域传统艺能等资源、实施各种活动以振兴观光产业及特定地域工商业之法律》，即所谓"庙会法"，并于同年9月25日起施行。"庙会法"的出台，被认为是"将民俗艺能作为观光资源加以利用的社会潮流发展到一定阶段的必然产物"[②]。"庙会法"原有6章33条，迄今已先后经过多达13次修订，现行"庙会法"共计5章15条。1992年9月24日，日本中央政府各行政主管机关根据该法授权，还分别制定了《与传统艺能等相关保险金额之规定》（平成4年政令第137号）以及《与传统艺能等相关援助机构之规则》（平成4年文部省、农林水产省、通商产业省、运输省、自治省令第1号）、《与传统艺能等相关事业之规则》（平成4年通产省令第57号），正

[①] 围绕着各种庙会而形成的"祭祀圈"，可被视为是日本"地域社会"的基础之一。参见周星《文化遗产与"地域社会"》，《河南社会科学》2011年第2期。

[②] ［日］桥本裕之：《在保护与观光的夹缝中——民俗艺能的现状》，侯越译，载王晓葵、何彬编《现代日本民俗学的理论与方法》，学苑出版社2010年版，第348—357页。

是这些与"庙会法"的实施相配套的具体规则,使得该法得以落在实处。

一 "庙会法"的立法目的

"庙会法"第1条规定:为支持采取确实有效之措施,利用具有地域特色的传统艺术等文化资源实施各种活动;通过促进观光多样化,增强吸引国民及外国游客之观光业的魅力,推动国际社会的相互理解;同时也为适应地域性消费生活的变化,实现特定地域工商业的活性化,振兴观光业及特定地区工商业;促使国民经济健康、全面发展;以及为建设基于本地民俗文化的具有丰富个性的地域社会,促使国民生活更加丰富,特制定本法。

由此可知,"庙会法"的立法目的涉及经济、国际文化政治及国民生活等多个方面。首先,是振兴观光产业及特定地区的工商业。观光产业作为"无烟工业",其投入产出比的优势及其在第三产业中的重要性,对于国民经济及地域发展有明显的促进作用;而地区工商业振兴的有效途径之一,便是通过观光商品的开发、生产及销售等,培育相关的产业链。开发具有地域个性的商品,培育吸引消费者的地域产业,均与各地的民俗文化资源密切相关。因此,利用传统艺能等民俗文化资源实施各种活动以聚拢人气,促进地域振兴,促使国民经济健康发展,乃是"庙会法"在经济上的立法目的。其次,观光产业及地域工商业的振兴,有助于吸引更多的国内外游客,通过跨国旅游又可以增强国家间的相互理解及国际社会对于日本文化的认同,有助于保持并强化日本经济及文化在国际社会的影响力,这可以说是"庙会法"在国际文化、政治上的立法目的。最后,通过利用民俗文化资源的途径振兴地域经济,既有助于国民经济的健康发展,也有助于建构富于文化个性的地域社会,从而提升国民生活的品质。应该说,"庙会法"延续了前述"过疏五法"的基本宗旨,把通过有效地利用传统艺能等民俗文化资源以实现地域发展的思路进一步落在了实处。不仅如此,"庙会法"这一精神,也与《文化遗产保护法》规定的"活用"文化遗产的原则相吻合。

二 "庙会法"涉及的几个核心概念

"庙会法"对于可资利用的"地域传统艺能等""实施各种活动"及其相关主体之"特定事业等""利用传统艺能与风俗习惯的相关制品或商

品"以及"特定地区工商业"等核心概念，均给出了明确的定义。

所谓"地域传统艺能等"，主要是指"那些在地域民众的世俗生活中所传承的、能够反映该地域固有的历史、文化传统的民俗艺能与风俗习惯"（第 2 条第 1 项）。从字面上看，该法这一定义解释了"地域传统艺能等"中的"等"，就是地域民众的"风俗习惯"，在这里它主要是指传统的风尚、礼节与习性，包括特定社会文化地域内历代人们共同遵守的行为模式或规范，例如，节日习俗、人生礼仪等。在现代日语中，"地域传统艺能"就是一个地域从古至今流传继承下来的所有"艺术"与"技能"的总和，它是在该地域某社会阶层或一般大众的教养、娱乐、仪式或祭祀等文化实践中所伴生的体系化的传承，例如，诗歌、音乐、舞蹈、绘画、工艺及各种手工技艺，如果再进一步具体而言，则包括和歌、琉歌、神乐、田乐、雅乐、能乐、狮子舞、三味线乐、盆踊、狂言、歌舞伎、义太夫节、浪花节、民谣、落语、雕金、漆器、陶艺、茶道、书道、花道等。

"庙会法"所要求或鼓励实施的"各种活动"，被定义为"以振兴观光产业及特定地域工商业为目的而举行的各种定期性活动，即通过再现或展示地域传统艺能及所使用的服装、器具等，或以传统艺能等为主题，利用这些服饰、器具，有助于振兴国内或国际观光产业及特定地域工商业的各种商业或非商业性的活动"（第 2 条第 2 项）。

"庙会法"规定由相关主体实施的"特定事业等"的内容，主要是指"采取多种措施以确保在实施各种活动时所必需的传统艺能与风俗习惯的演示人才、设施、使用的器物，以及与利用传统艺能和风俗习惯相关的制品或商品、广告宣传、为观光者及顾客提供服务的各种事业"（第 2 条第 3 项）。其中"利用传统艺能与风俗习惯的相关制品或商品"，是指那些利用地域传统艺能和民俗文化的风格特征或其所使用之服饰、器具及其他物品的特征，可以提高地域传统艺能之效果、形象的制品（第 2 条第 5 项）。

"庙会法"所谓的"特定地区工商业"，则主要是指那些"利用地域传统艺能等，举行各种活动的市、町、村（包括特别区）所辖区域的小商品零售业"；同时也包括向这些小商品零售业提供与利用传统艺能和民俗文化相关之制品和商品的其他都、道、府、县所辖区域的批发业；以及生产传统艺能和民俗习惯所使用之服饰、器具等物品，或具有地域传统艺能与民俗文化风格特征之相关制品的其他都、道、府、县所辖区域的制造业等（第 2 条第 4 项）。

三 基本方针和基本计划的制定与施行

根据"庙会法"的要求,首先应由中央政府的"主务大臣",如国土交通大臣、经济产业大臣、农林水产大臣、文部科学大臣及总务大臣,[①]制定"利用地域传统艺能等文化资源,实施各种活动以振兴观光产业及特定地域工商业的基本方针"(第3条第1款)。这个"基本方针"应包括以下内容:实施"庙会法"之各种具体活动事项;落实特定事业诸事项;已被指定或认定为"文化遗产"的地域传统艺能的保存与活用等事项;与振兴农村、山村、渔村政策相关之事项;其他利用地域传统艺能等文化资源、实施各种活动以振兴观光产业及特定地域工商业的重要事项(第2款)。包括上述内容的"基本方针"在当情势发生变化时,主务大臣可适当予以变更(第3款);主务大臣制定或变更"基本方针"时,须与其他相关行政机关进行协议(第4款);制定或变更"基本方针"后,应及时公布、不得延迟(第5款)。

其次,都、道、府、县等各级地方政府应根据"基本方针"确定的内容,结合本辖区具体情况,制定"利用地域传统艺能等文化资源、实施各种活动以振兴观光产业及特定地域工商业的基本计划"(第4条第1款)。完成制定的"基本计划",内容应包括"有关利用地域传统艺能等文化资源,实施各种活动的基本事项"(第2款),并确定本地域可资利用的传统艺能等文化资源,确定为振兴本地域观光产业及工商业而应实施的各种活动;明确在实施各种活动时所利用之传统艺能中涉及"文化遗产"保存的有关事项;与本地域的农村、山村、渔村振兴相关联的事项等。都、道、府、县等各级地方政府在制定或变更"基本计划"时,须与相关的市、町、村进行协议;在制定或变更"基本计划"后,应及时公布并向主务大臣备案。

最后,除制定"基本方针"与"基本计划"之外,"庙会法"还规定应"指定"民间团体承担支援和推进"利用地域传统艺能等文化资源、实施各种活动"的事业。其具体规定为主务大臣根据申请,指定那些能够

[①] 该法制定之初,其主务大臣为运输大臣、通商产业大臣、农林水产大臣、文部大臣以及自治大臣。之后,在2001年日本行政体制改革后,与该法有关的主务大臣则为国土交通大臣、经济产业大臣、农林水产大臣、文部科学大臣以及总务大臣。

恰当且确实合理地利用传统艺能等文化资源,并以支援合理利用地域传统艺能等文化资源为目的而成立的一般社团法人或财团法人为"合理利用传统艺能等文化资源的支援实施机构"(第8条,以下简称"支援实施机构")。获得指定的"支援实施机构"承担以下工作:(1)收集与计划实施的各种活动相关之信息;(2)为确实有效地实施各种活动,向实施主体提供相关信息;(3)对计划实施的各项活动提供必要的建议、指导、资金支持及其他援助;(4)帮助独立行政法人国际观光振兴机构在接待外国游客时提高效率及水平,向其提供相关信息;(5)对利用地域传统艺能等文化资源、为振兴观光产业和特定地域工商业而实施的各种活动进行调查、研究,并展开宣传。

当主务大臣认为"支援实施机构"的工作有改善或提高之必要时,可命令其采取必要措施予以改善或提高,若无视或违反该命令,主务大臣可取消其"支援实施机构"之指定。主务大臣还有权要求"支援实施机构"报告工作,必要时可派遣工作人员进入"支援实施机构"办公场所,检查其工作及财务等。

四 国家援助及财政金融政策的倾斜

作为政府指定的"支援实施机构",日本"财团法人地域传统艺能活用中心"之运营经费的主要来源,一是由批准机关即原运输省和原通商产业省从相关行业协会及民间企业,例如,社团法人日本观光振兴协会、财团法人日本船舶振兴会、自行车产业振兴会、各道路公社及航空公司等处进行集资、收取会费和各种捐赠之类,并经由基本资产的运营所取得的收益;二是国家的补助金。作为自由市场经济的主体,其他"合理利用传统艺能等文化资源"的观光业及特定地域工商业的企业,其经费主要为自有资金,但"庙会法"为其融资提供了必要的制度性保障。例如,"庙会法"第6条对《中小企业信用保险法》(昭和25年法律第264号)中的"普通担保保险""无担保保险"及"小额担保保险"均作了适当调整,以便使这些企业在需要融资时较为容易得到相关金融机构的支持。

五 "庙会法"的实施现状

"庙会法"生效实施后,国土交通省(原运输省)和经济产业省(原通商产业省)等主务大臣根据"庙会法"第8条的规定,于1992年12月

11日通过行政许可，在东京登记设立了"财团法人地域传统艺能活用中心"。该中心成立后，首先在全国范围内对各级地方政府"利用传统艺能等的现状与意识"进行了调查；同时对国内具有一定影响的地域传统艺能及节祭活动也展开了调查，进一步还对有关传统艺能的不同利用模式作了调查和分析。1995年6月，该中心被政府指定为全国唯一的"合理利用传统艺能等文化资源的支援实施机构"，成为"庙会法"规定之"基本方针"的实施主体。根据"财团法人地域传统艺能活用中心"官方网站提供的信息，上述三项调查持续均在6年以上，最长的达10年之久。[①] 通过调查获得了对基本情况的把握，从而为"基本方针""基本计划"的实施提供了重要的信息支持。该中心接受各主务大臣委托，为各行政部门制定利用传统艺能等文化资源以振兴相关产业的政策提供必要的基础性调查与研究，例如，2003年接受国土交通省委托，对"推动特定地域活性化的施政政策"（即"地域传承资源活用方策"）进行调查；从2004年起，受经济产业省委托，对于在第三产业的产业结构调整中"利用传统艺能等文化资源、振兴地域工商业的现状"，"与传统艺能等相关的文化产业的经济波及效果、有关消费群体的结构与扩大等"，进行了长达5年的持续调查。这些工作为行政部门恰当地制定利用传统艺能等文化资源、振兴产业经济的政策提供了帮助。

在上述诸多调查的基础上，该中心接受财团法人日本彩票协会的专项赞助，制作并发行了记录日本各地庙会、节祭及传统艺能公演信息的"日本的庙会：传统艺能"系列DVD，免费提供给全国的公立图书馆等公共设施，以及各级地方政府行政主管部门保存，并向民众公开。该中心每季度出版一本名为《日本的庙会：传统艺能》[②] 的小册子，主要介绍中心的工作成果、日本各地的传统艺能、有关传统艺能的国际交流，以及与利用传统艺能等文化资源相关的会议、讲座及学术研究等信息。此外，中心还广泛地搜集了日本全国及海外有关传统艺能的书籍和影像资料、与观光产业和地域振兴有关的各种资料等。

[①] 参见日本"财团法人地域传统艺能活用中心"官方网站（http://www.dentogeino.or.jp）。

[②] 该小册子的日文名称为『日本の祭り：伝統芸能』，最早在2012年之前，其名称为『賑』，意思是指繁华、热闹、兴旺、红火的景象，该词常被用来描绘庙会和各种集会的盛况。

在财团法人地域传统艺能活用中心主办、筹划或运营之下，日本举办了各种与地域传统艺能相关的全国性大会。例如，始于1993年的"地域传统艺能全国祝祭大会"，至今已连续举办了18届；从2001年起开始举办的"利用地域传统艺能繁荣城镇大会"，至今已连续举办了10届等。此外，每年还举办一次大规模的"国内外传统艺能比赛大会"，大会期间有各种艺能表演和展示活动陆续登场，扩大了传统艺能在当代人们生活中的影响。该中心还在资金方面支持和援助地方举办多项节祭活动，据不完全统计，截至2007年，已先后支持全国22个都、道、府、县举办了67项节祭活动。例如，熊本县的"阿苏火祭"（阿苏町1994年）、"山鹿灯笼祭"（山鹿市1998年、1999年）、"八代妙见祭"（八代市2000年、2002年）；岐阜县的"东美浓高原乡土艺能祭"（惠那市1996年、1997年）、"下吕温泉祭"（下吕町1999年）等。2005年，为支持新潟县中越地震灾区恢复重建，该中心在日本财团的资助下，和"山古志观光开发公社""小千谷斗牛振兴协议会"等地方企业或社团合作，连续两年在山古志村和小千谷市的临时斗牛场，分别举办了16场和13场斗牛大会，这些活动不仅使延续了近千年的地域斗牛大会在因震灾被迫中断后迅速得以复兴，更为灾区民众凝聚精神、鼓舞士气起到了很大的促进作用。2007年，该中心利用财团法人工商协会的捐款，对青森县八户市、富山县南砺市、冲绳县名护市举办的与传统艺能有关的活动，均通过广告宣传的方式予以了赞助。

1994—2009年，该中心组织日本传统艺能赴海外公演、邀请外国传统艺能保存组织来日公演以及利用传统艺能促进日本观光产业发展等各项活动共计51次；举办各种以利用地域特有的传统艺能，促进地域活性化振兴为主题的公开演出、市民讲座和学术研讨活动等共计14场。①

综上所述，日本的"庙会法"具有推动文化政策与经济产业政策相结合的特点，除了经由国家"认定"的社团法人机构来推动开展各种旨在有效利用地域传统艺能和民俗文化资源的活动之外，还对各种经营主体给予适度的政策优惠与财政支持，促使各地庙会活动能够带来确确实实的效益，尤其是把传统艺能作为观光资源来开发的做法，对地域振兴

---

① 参见日本"财团法人地域传统艺能活用中心"官方网站（http://www.dentogeino.or.jp）。

确实发挥了促进作用。根据日本政府文化厅在2000年对适用"过疏五法"之市、町、村实施的"利用传统文化振兴地域之调查",大约有68%的市、町、村已经开始或正在计划利用地域传统文化资源以振兴当地经济;在其利用的传统文化类型中,"祭祀、传统节庆、民俗艺能"居于首位,"历史遗迹、名胜、天然纪念物"和"历史建造物、古城镇"居于第二、第三位,以下则依次为"工艺技能(陶艺、染织)""饮食文化(乡土料理等)""农村、山村、渔村风景(梯田等)""美术工艺品""文化遗产保存技术(生漆的生产、桧树皮采集等)""生活文化(花道、茶道)"等;至于利用传统文化的目的则主要有"振兴地域文化""振兴观光产业""体验和生涯学习""维系社区生活""与城市进行文化交流""振兴传统产业"等。[①] 从上述这些数据可知,日本"庙会法"的顺利实施,既有颇为深厚的社会土壤作为基础,同时,它也进一步形塑或促成了利用传统艺能等民俗文化资源以发展观光产业和地域特色经济的社会潮流。

第三节 日本"庙会法"对中国的启示

虽然中国各地庙会的情况非常复杂,具有和日本颇为不同的历史背景和现状,但由于同为东亚文明圈的多神信仰文化,日本通过立法鼓励和支持利用神社、寺庙的定期庙会节祭等举办各种活动,以振兴地域经济和增强社会活力的做法,多少也对中国有一定的参考性启示。

一 庙会与中国社会

中国各地的庙会历史悠久、为数众多且类型极其丰富。庙会在各地民众的社会生活中发挥着多种多样的功能。除了祭祀神佛之类的宗教信仰活动构成了乡民精神世界的重要组成部分之外,庙会期间由民众自发举办的各种民俗艺术表演,既有"娱神"的意义,更有"娱人"即乡民自娱自乐的意义;与此同时,庙会还具有社区节庆、乡民社交、信息交流、教化

---

① 参见文化厅「国民の文化に関する意識調査(2000年度)」(http://www.mext.go.jp/hakusho/html/hpad200001/hpad200001_2_075.html)。

和集贸市场交易（庙市）等多种重要的社会功能。① 长期以来，由于受"左"倾意识形态的影响，尤其是受"文化大革命"时期的"破四旧"等影响，人们对"庙会"一词总是有点心有余悸。改革开放以来，全国各地的庙会逐渐复兴，这说明庙会的各种社会及文化功能，依然为当前的民众所需要。伴随着庙会的复兴，全国各地不约而同地出现了所谓"文化搭台、经济唱戏"的做法，② 即利用庙会期间乡民聚会的局面，举办"物资交流会""贸易洽谈会""旅游文化节"等，这在改革开放初期搞活地方经济，尤其是在搞活农村流通领域改革等方面确实发挥了很大的作用。目前，很多地方政府的相关部门往往会利用庙会期间人山人海的状况，借机组织一些宣传，诸如计划生育、保健卫生、普法和科技下乡等活动，这可以说已经成为一种常态。

但上述对庙会的利用，大都回避了庙会的宗教信仰活动的属性，而主要强调了庙会的其他功能。如果我们全面地理解庙会及其相关的民俗文化现象，则以庙会作为展演舞台的当地多种传统艺能、群体性仪式表演活动及与庙会有关的各种"风俗习惯"，其实也就相当于中国《非物质文化遗产法》所要保护和合理利用的"非物质文化遗产"。在中国建设非物质文化遗产国家名录的过程中，其间虽然曾经有过一些踌躇，但"庙会"及围绕着庙会的各种神圣或世俗的活动，包括与祀神仪式密不可分的各种民间艺术表演，③ 也分别通过民间信仰的"非物质文化遗产化"的路径，或以"民俗艺术"之类的名义而被承认为非物质文化遗产，进而也成为国家法律保护的对象与值得努力去开发和"合理利用"的地方人文资源。

二 庙会与非物质文化遗产的传承及合理利用

中国各地的庙会在某种意义上也是地方文化的传承机制之一；扎根于地方社会的各种庙会及相关的风俗习惯和民俗艺术等，对于当地的经济、社会与文化的可持续发展有着重要意义。如何有效地"合理利用"庙会

---

① 关于庙会的多种功能，请参考陈宝良《中国的社与会》，浙江人民出版社1996年版，第412—421页；赵丽彦《石婆庙庙会调查及庙会对当地社区功能的分析》，《节日研究》2010年第1辑。

② 参见刘晓春《一个人的民间视野》，湖北人民出版社2006年版，第113—124页。

③ 关于民俗宗教和乡民艺术的关系，可参阅张士闪《乡民艺术的文化解读》，山东人民出版社2005年版，第15页。

及相关的人文资源,发挥地方优势和特色,促进地方经济、文化和社会的全面发展,现已成为具有时代性意义的新课题。① 就此而论,日本通过立法鼓励各种利用庙会等地域传统艺能和民俗文化资源、举办多种活动以促进地方旅游产业和促使地域社会经济活性化的努力,确实对我们不无启发。中国在不久前颁布并实施的《非物质文化遗产法》,对于"合理利用"庙会及相关的民俗艺术等文化资源、促进地方经济发展的各种尝试,提供了法律上的保障和支持。自此,人们不必再为庙会具有的宗教信仰属性而担惊受怕;围绕着庙会,除了当地社区的多种民俗演艺和物资交流活动之外,除了基层政府各部门的业务宣传活动之外,还应该有以中小企业和民间社团为主体所从事的对于地方人文资源进行开发和利用的各种活动。

目前,中国正值经济高速增长时期,农村空洞化已经或正在发生,城市社会出现了大面积的"城市病"和怀旧情绪,农村则有留守儿童问题、文化传承断裂问题、农业后继乏力问题等,积极地利用地方传统艺能和庙会等民俗文化资源开展各种活动,将有助于缓解上述诸多问题,并增强乡村社会的活力,也有利于城乡协调的可持续发展。

中国《非物质文化遗产法》第37条的规定,已经基本解决了"合理利用"传统艺能和民俗文化资源时"无法可依"的困扰,但在如何具体地推动"合理利用"民俗艺能等非物质文化遗产方面尚缺乏明确的规定。相比而言,日本在文化领域的立法和执法,尤其是其很多具体化的举措值得我们借鉴。在涉及传统艺能及风俗习惯的法律保护与合理利用方面,日本除了"庙会法"及与之相关的政令、省令,还有多部法律及其严密的配套实施细则,形成了较为完整并具有可操作性的体系,从而避免了责任的相互推诿,也避免了法律因落不到实处而被空洞化的危险。由于庙会的功能是多方面的,因此,对于庙会及相关民俗文化资源的开发和"合理利用"也应该是综合性的。

中国政府文化行政主管部门目前已在着手制定的《非物质文化遗产法》实施细则,主要是将"保护"制度具体化,但同时也应该在"合理使用"方面进一步地具体化。对地方传统艺能和民俗文化遗产的"合理

---

① 陈志勤:《传统文化资源利用中的政府策略与民俗传承——以绍兴地区对信仰祭祀民俗的利用为例》,载周星主编《国家与民俗》,中国社会科学出版社2011年版,第303—323页。

利用"，作为一个非常具有综合性的问题，应该由文化行政主管部门会同其他所有涉及文化遗产保护与合理利用的行政主管机关，诸如旅游发展、工商管理、税务和发展计划等部门共同协调，由此出台的《非物质文化遗产法》实施细则，才有可能兼顾好"保护"和"合理利用"的关系，使相关法律落在实处。在这个过程中，各级地方政府和地方立法机关致力于制定各自具有地域特色的"保护条例"，积极推动对本地庙会、传统艺能和民俗文化资源的开发和利用，也理应成为中国非物质文化遗产保护之法治建设的重要环节。

结　语

20世纪末至21世纪初，中国逐渐地从传统文化的复兴热潮发展到兴起了一场大规模的非物质文化遗产保护运动，在这一段时期内，中国知识界和学术界开始关注邻国日本对其无形文化遗产保护的相关法律、法规所发挥的重要作用。也因此，在汉语文献中相继涌现出一些对日本有关文化遗产之法律保护和利用方面的介绍。其中，最具影响力的是文物出版社1997年出版的王军所著的《日本的文化财保护》一书，这是第一部全面介绍日本《文化遗产保护法》的中文著作。作者对日本文化遗产保护法进行了颇为全面的描述，同时还与当时中国现行的《文物保护法》进行了初步的比较研究，指出了日本法律的独特性，特别是指出了其对无形文化遗产、民俗文化遗产和文化遗产的保存技术等范畴的规范实为中国所欠缺。在这个意义上，该书也堪称第一部进行中日文化遗产保护之法制体系比较研究的学术专著。但也毋庸讳言，由于当时中国尚未出现非物质文化遗产的相关概念，《非物质文化遗产法》尚未出台，因此，在客观上，由于时代的局限，其所开展的中日比较研究尚不具有系统性。与此同时，该书在完成时所参照的《文化遗产保护法》为1975年版本，这也导致该书无法论及日本文化遗产保护之法制体系中后来相继发展出来的"登录文化遗产""文化景观保护制度"以及"民俗技术保护制度"等新的变化。

伴随着中国非物质文化遗产保护运动的兴起和深化，主要是中国的民俗学和文化学界的学者们开始较多地介绍日本对文化遗产进行全方位保护的各种举措，以及日本相关法律的部分内容。[①] 总体而言，这些介绍日本

---

① 其中较有影响的有陶雪迎：《日本文化遗产的保护措施及现状》，载陶立璠主（转下页）

相关经验的文献,对于中国知识界和一般公众了解日本文化遗产保护和利用的基本情况,以及对于中国尤其是非物质文化遗产保护和利用方面的参考、借鉴,确实是做出了一定的贡献。但它们大多是从文化政策或民俗学的角度提出问题,相对而言较少是从法律、行政法[①]或相关法制建设的角度介绍情况;即便是谈到了《文化遗产保护法》的相关内容,通常也只是一些片段,难以令读者窥知其文化遗产保护之法制体系的全貌。由于中国迅速地启动了制定《非物质文化遗产法》的立法过程,以及在该法出台之后,各级政府依法推动文化遗产行政的工作实践,进一步促成了中国社会对于日本《文化遗产保护法》以及其他相关法律法规的求知需要,从而引发了一些从法律、法学角度予以介绍的论文。本书的研究在某种意义上,也是在这一延长线上,由衷地希望能够把相关的译介和跨国比较研究进一步深化和系统化。

在一个相对较短的时期内,中国政府极力推动非物质文化遗产名录和传承人名单认定工作的大量实践,以及 2011 年《非物质文化遗产法》的出台,促使中国的文化遗产保护和利用彻底地告别了旧时只重视物质文化遗产(文物)的局面,迈向了文化遗产的全面保护,从而使我们在新的时代背景下,开展中日文化遗产保护及利用之法制体系的全面比较研究成为可能。本书正是试图通过这样的全面、系统而又具体和深入的中日两国

(接上页注①) 编《亚细亚民俗研究》第 2 辑,民族出版社 1999 年版,第 142—146 页;苑利:《日本文化遗产保护运动的历史和今天》,《西北民族研究》2004 年第 2 期;顾军、苑利:《文化遗产报告:世界文化遗产保护运动的理论与实践》,社会科学文献出版社 2005 年版,第 90—111 页;林和生:《日本对非物质文化遗产保护的启示》,《中国社会科学院院报》2006 年 6 月 1 日第 3 版;色音:《日本文化遗产保护制度与文化政策》、刘京宰:《非物质文化遗产与文化产业——以日本濑户地区的陶瓷文化为例》,载陶立璠主编《非物质文化遗产学论集》,学苑出版社 2006 年版;色音、杨素娟:《日本文化遗产保护的实践与经验》,载方李莉主编《从遗产到资源——西部人文资源研究报告》,西北人文资源环境基础数据库课题组,西部人文资源的保护、开发和利用课题组,2006 年 4 月,第 442—472 页;廖明君、周星:《非物质文化遗产保护的日本经验》,《民族艺术》2007 年第 1 期;王晓葵:《日本非物质文化遗产保护法规的演变及相关问题》,《文化遗产》2008 年第 2 期;康保成:《日本的文化遗产保护体制、保护意识及文化遗产学学科化问题》,《文化遗产》2011 年第 2 期等。

① 对文化遗产特别是非物质文化遗产的行政法保护之研究已有高轩:《我国非物质文化遗产行政法保护研究》,法律出版社 2012 年版;魏磊:《行政法视野下非物质文化遗产保护研究》,中国书籍出版社 2013 年版等研究成果。

之间的比较文化行政法学研究,来揭示中国文化遗产保护和利用之法制体系的成就、特点、内容及其不足之处,从而为今后可能的修法完善提供一些建设性的意见。通过本书的深究,中国文化遗产保护和利用的法制体系,在实现了许多重大的制度性创新的同时,也还存在着这样或那样的一些欠缺和不足,例如,《文物保护法》和《非物质文化遗产法》之间的衔接、协调与配合的问题,文化遗产传承人的二元认定局面所导致的混乱问题,非物质文化遗产的保护和利用的法律与其他相关法律、法规的抵触、不相对接的问题,《非物质文化遗产法》的可操作性有待提升的问题,文化遗产保护和利用之在国家更为宏观的文化政策和文化战略中的定位有待进一步明确的问题,《非物质文化遗产法》在具体的依法行政的实践中变形和走过场的问题,等等。相信这许多问题,今后都可以在中国文化遗产保护和利用之法制体系的完善过程中逐步得到解决。

在现代中国建设法治国家和法治社会的关键,比起教育人民如何遵纪守法而言,更为重要的则是在于政府是否依法行政。长期以来,中国政府主要是通过各种行政法规或红头文件来管理国家和推动各方面工作的,但类似《非物质文化遗产法》这样的行政法一经出台,政府的文化遗产行政就必须遵从它所确定的规范来运行。在一定程度上,这也是对政府及其相关文化遗产行政部门的一个重大考验。因此,文化遗产相关立法和依法开展文化遗产行政的实践,构成了现代中国建设法治社会之努力的一个重要的侧面,非常值得我们期待。

中日两国与文化遗产相关的法律基本上属于行政法,但行政法的研究在中国法学领域长期以来处于边缘地位,一直不受重视。尽管如此,在本书著者看来,涉及文化遗产的行政法研究,对于现代中国的法制建设,对于中国文化遗产的保护和利用,进而对于国家文化事业的发展,都将会有重要的建设性。与此同时,对于此类行政法的比较研究,也应该是中国比较法学研究的不无价值的组成部分之一。正是基于这种认识,著者才一直坚持对这一课题进行长期的研究,也由衷地希望经由本书的出版能够为中国法学界提供一点来自边缘性课题的独到贡献。

虽然本书较为集中地比较研究了中日两国的文化遗产保护之法制体系,但因篇幅所限,在"传统建造物群""史迹名胜天然纪念物""埋藏文化遗产"以及"文化遗产保存技术"等保护和利用方面,确实还需要做进一步的深化研究,与此同时,也应持续关注日本在文化遗产保护方面的最新动向,例如,其对"近代产业遗产"的规范,以及通过认定"日本遗产"讲述"日本故事"的最新实践等。本书的不足之处还在于未能对由联合国教科文组织主导的《保护世界遗产公约》和《保护非物质文化遗产公约》带给日本文化遗产保护制度的影响展开深入论述。必须指出的是,日本《文化遗产保护法》的一些理念既对相关国际法有所贡献(例如,保护无形文化遗产的理念),同时也受到相关国际法的某些影响(例如,有关文化景观保护的思路等)。中国的《非物质文化遗产法》既有接受来自相关国际法之影响(例如,人类口头与非物质文化遗产的理念、社区保护的理念等)的情形,也有受到日本文化遗产相关法律制度的启示(例如,关于传承人认定的方式等)。反过来,中国的积极参与也对国际社会的文化遗产保护事业做出了很大的贡献,并且也间接地影响到日本对申报登录世界文化遗产之类事业的重视。例如,日本以前迟迟没有加入1972年《保护世界遗产公约》,因为其对国内通过法律保护好自己的文化遗产充满了自信,但后来加入《保护非物质文化遗产公约》却非常积极,这多少是因为它感受到了中国作为世界遗产大国在软实力竞争方面的压力。今后,进一步深化中日两国文化遗产保护和利用之法制体系的比较研究,同时深化对其分别与相关国际法之关联性的研究,应是一个值得持续努力研究的学术方向。

对于我国文化遗产的保护和利用而言,目前最为重要的与其说是持续不断地推进所谓制度上的创新,不如说是如何踏踏实实、切实有效、持续不断而非"运动式"地实施现有的法律保护制度。由于我国目前还较为缺乏针对行政法律法规以及行政政策实施效果的验证制度,根据现行的《文物保护法》和《传统工艺美术保护条例》的实施情况,我们可以想象已经实施5年的《非物质文化遗产法》很有可能在今后相当长的一个时期内也较难有法律修订的机会。这种情况貌似维护了法律的稳定性,但实际上却反倒很有可能危害到文化遗产法律保护制度的尊严,因为现实中的一些不经意的不作为行为均会对法律的实施造成负面影响,而在对文化遗产的"运动式"保护及因此产生的虚假繁荣中,往往会产生很多问题。

近些年来,中日关系磕磕绊绊,发展并不顺利。但中国潮水般的观光客依然络绎不绝地前往日本旅游,造成这种现象的原因当然较为复杂,但其中日本颇为丰富的旅游资源和文化魅力构成了重要的吸引力。这其中,为日本"建设美丽国家"而做出贡献的日本文化遗产和文化景观的重要性是不言而喻的。日本对其各种类型的文化遗产的保护和利用实践，为其"观光立国"的国家战略做出了巨大贡献。可以说，日本不仅实现了其国家和社会的全面现代化，同时也较好地保护了他们的民族文化遗产和传统。如今，对于这些民族文化遗产的活用，又确确实实地成为日本国家文化发展战略的基础性源泉，也确确实实地成为其文化可持续发展的巨大动力。对此，我们也不妨从中汲取可以参鉴之处，以为我用。

参考文献

安静：《藏区非物质文化遗产的法制保护》，西安交通大学出版社2015年版。

巴莫曲布嫫：《非物质文化遗产：从概念到实践》，《民族艺术》2008年第1期。

包桂荣：《民族自治地方少数民族非物质文化遗产的法律保护研究——以蒙古族为例》，民族出版社2010年版。

蔡武：《依法保护、重在传承——关于贯彻中华人民共和国非物质文化遗产法的几点思考》，《人民日报》2011年3月2日第12版。

陈宝良：《中国的社与会》，浙江人民出版社1996年版。

陈瑾、马湧、李会云、张位中：《文化景观视角的旅游规划体系：要领、原理、应用》，四川大学出版社2012年版。

陈志勤：《传统文化资源利用中的政府策略和民俗传承——以绍兴地区对信仰祭祀民俗的利用为事例》，载周星主编《国家与民俗》，中国社会科学出版社2011年版。

戴代新、戴开宇：《历史文化景观的再现》，同济大学出版社2009年版。

戴孟勇：《论国家对珍贵文物的优先购买权》，《烟台大学学报》（哲社版）2015年第4期。

冯树龙：《日本："人间国宝"认定制度》，《人民日报》（海外版）2002年12月13日第8版。

［日］高桑守史：《人口过疏与民俗变异》，刘文译，载王汝澜等编译《域外民俗学鉴要》，宁夏人民出版社2005年版。

高轩：《我国非物质文化遗产行政法保护研究》，法律出版社2012

年版。

顾军、苑利:《文化遗产报告:世界文化遗产保护运动的理论与实践》,社会科学文献出版社2005年版。

韩海兰:《西藏非遗四级名录体系基本形成》,《西藏商报》2015年12月28日第4版。

胡海胜:《文化景观变迁理论与实证研究》,中国林业出版社2011年版。

胡海胜、唐代剑:《文化景观研究回顾与展望》,《地理与地理信息科学》2006年第5期。

黄树卿:《中国文化遗产法的形成与发展》,载王云霞主编《文化遗产法:概念、体系与视角》,中国人民大学出版社2012年版。

康保成:《日本的文化遗产保护体制、保护意识及文化遗产学学科化问题》,《文化遗产》2001年第2期。

康保成等:《中日韩非物质文化遗产的比较与研究》,中山大学出版社2013年版。

李墨丝:《非物质文化遗产保护国际法制研究》,法律出版社2010年版。

李仁杰、傅学庆、张军海:《非物质文化景观研究:载体、空间化与时空尺度》,《地域研究与开发》2013年第3期。

李树义主编:《非物质文化遗产法律指南》,文化艺术出版社2011年版。

李秀娜:《非物质文化遗产的知识产权保护》,法律出版社2010年版。

李晓东:《文物法学:理论与实践》,紫禁城出版社1996年版。

李晓东:《文物保护法概论》,学苑出版社2003年版。

李晓东:《文物与法律研究》,学苑出版社2006年版。

廖明君、周星:《非物质文化遗产保护的日本经验》,《民族艺术》2007年第1期。

林和生:《日本对非物质文化遗产保护的启示》,《中国社会科学院院报》2006年6月1日第3版。

刘红婴、王健民:《世界遗产概论》,中国旅游出版社2003年版。

刘京宰:《非物质文化遗产与文化产业——以日本濑户地区的陶瓷文

化为例》，载陶立璠主编《非物质文化遗产学论集》，学苑出版社2006年版。

刘晓春：《一个人的民间视野》，湖北人民出版社2006年版。

欧新黔：《第五届中国工艺美术大师评审工作总结报告》，载李砚祖主编《中国工艺美术研究》2007年第1辑，北京工艺美术出版社2007年版。

［日］桥本裕之：《在保护与观光的夹缝中——民俗艺能的现状》，侯越译，载王晓葵、何彬编《现代日本民俗学的理论与方法》，学苑出版社2010年版。

全国人大常委会法制工作委员行政法室编：《中华人民共和国非物质文化遗产法释义及实用指南》，中国民主法制出版社2011年版。

单霁翔：《走进文化景观遗产世界》，天津大学出版社2010年版。

色音：《日本文化遗产保护制度与文化政策》，载陶立璠主编《非物质文化遗产学论集》，学苑出版社2006年版。

色音、杨素娟：《日本文化遗产保护的实践与经验》，载方李莉主编《从遗产到资源——西部人文资源研究报告》，西北人文资源环境基础数据库课题组，西部人文资源的保护、开发和利用课题组，2006年4月。

汤茂林：《文化景观的内涵及其研究进展》，《地理科学进展》2000年第1期。

陶雪迎：《日本文化遗产的保护措施及现状》，载陶立璠主编《亚细亚民俗研究》第2辑，民族出版社1999年版。

万其刚：《彭真立法思想研究》（http://www.npc.gov.cn/npc/xinwen/rdlt/fzjs/2011-04/11/content_1650905.htm）。

魏磊：《行政法视野下非物质文化遗产保护研究》，中国书籍出版社2013年版。

王军：《日本的文化财保护》，文物出版社1997年版。

王晓葵：《日本非物质文化遗产保护法规的演变及相关问题》，《文化遗产》2008年第2期。

王云霞主编：《文化遗产法教程》，商务印书馆2012年版。

王云霞主编：《文化遗产法学框架与使命》，中国环境出版社2013年版。

信春鹰主编：《中华人民共和国非物质文化遗产法释义》，法律出版社 2011 年版。

许耀明：《台湾地区"文化资产保存法"的沿革与规范：以古迹为中心》，载王云霞主编《文化遗产法：概念、体系与视角》，中国人民大学出版社 2012 年版。

[日] 岩本通弥：《以"民俗"为研究对象即为民俗学吗——为什么民俗学疏离了"近代"》，宫岛琴美译，《文化遗产》2008 年第 2 期。

严永和：《我国台湾非物质文化遗产法律保护制度述评》，《中央民族大学学报》（哲社版）2009 年第 5 期。

苑利：《日本文化遗产保护运动的历史与今天》，《西北民族研究》2004 年第 2 期。

苑利：《台湾地区文化遗产的保护领域的理论》，人民网（http：//theory. people. com. cn/GB/49157/49165/3930394. html）。

赵方：《我国非物质文化遗产的法律保护研究》，中国社会科学出版社 2009 年版。

赵虎敬：《新疆非物质文化遗产的法律保护》，人民出版社 2014 年版。

赵丽彦：《石婆庙庙会调查及庙会对当地社区功能的分析》，《节日研究》2010 年第 1 辑。

赵勇：《国家文物优先购买权的法律分析》，《中国拍卖》2009 年第 7 期。

赵延：《西藏建立非遗四级名录体系》，中国新闻网（http：//www. chinanews. com/cul/2015/12-30/7695271. shtml）。

赵智聪：《作为文化景观的风景名胜区认知与保护》，博士学位论文，清华大学，2012 年。

赵智聪：《"削足适履"，抑或"量体裁衣"？——中国风景名胜区与世界遗产文化景观概念辨析》，载中国风景园林学会编《中国风景园林学会会论文集》，中国建筑工业出版社 2009 年版。

[日] 泽田正昭：《日本文物保护事业百年史》，杜晓帆译，《文博》2000 年第 6 期。

张松：《日本历史环境保护的理论与实践——法律、政策与公众参与》，《华中建筑》2001 年第 4 期。

张士闪：《乡民艺术的文化解读》，山东人民出版社 2005 年版。

朱祥贵：《文化遗产保护法研究——生态法范式的视角》，法律出版社2007年版。

朱怡芳：《中国传统工艺美术品种认定研究》，载李砚祖主编《中国工艺美术研究》2007年第1辑，北京工艺美术出版社2007年版。

周超：《日本法律对"民俗文化遗产"的保护》，《民俗研究》2008年第2期。

周超：《日本的文化遗产指定、认定、选定和登录制度》，《学海》2008年第6期。

周超：《日本法律对"文化遗产"的定义、分类与分级》，《宁夏社会科学》2009年第1期。

周超：《中日非物质文化遗产传承人认定制度比较研究》，《民族艺术》2009年第2期。

周超：《社区参与：非物质文化遗产国际法保护的基本理念》，《河南社会科学》2011年第2期。

周超：《中国文化遗产保护法制体系的形成与问题——以〈非物质文化遗产法〉为中心》，《青海社会科学》2012年第4期。

周超：《日本的"庙会法"及其相关问题》，《民俗研究》2012年第4期。

周超：《中日非物质文化遗产保护法比较研究》，《思想战线》2012年第6期。

周超：《日本对非物质文化遗产的法律保护》，《广西民族大学学报》（哲社版）2012年第6期。

周超：《日本"文化景观"法律保护制度研究》，《广西民族大学学报》（哲社版）2016年第1期。

周年兴、俞孔坚、黄震方：《关注遗产保护的新动向：文化景观》，《人文地理》2006年第5期。

周耀林：《可移动文化遗产保护策略》，北京图书馆出版社2006年版。

周星：《从传承的角度理解文化遗产》，《中国非物质文化遗产》2005年第9辑。

周星、周超：《日本文化遗产的分类体系及其保护制度》，《文化遗产》2007年创刊号。

周星、周超：《日本文化遗产保护的举国体制》，《文化遗产》2008 年第 1 期。

周星：《垃圾还是国宝，这是一个问题？——以日本福岛县只见町的民具保存与活用运动为例》，载王文章主编《非物质文化遗产保护与田野工作方法》，文化艺术出版社 2008 年版。

周星：《文化遗产与"地域社会"》，《河南社会科学》2011 年第 2 期。

周星：《乡土生活的逻辑：人类学视野中的民俗研究》，北京大学出版社 2011 年版。

周星：《民间信仰与文化遗产》，《文化遗产》2013 年第 2 期。

周星：《日本的丰桥鬼祭：对一项无形民俗文化遗产的现场观察》，《文化遗产》2015 年第 6 期。

赤坂信「戦前の日本における郷土保護思想の導入の試み」『ランドスケープ研究』第 61 巻 5 号（1998 年）。

茨城 NPO センター・コモンズ『文部科学省／ふるさと文化再興事業』（http://www.npocommons.org/database/gyosei/seifuyosan/2009/monkasho-014.html）。

内田新「文化財保護法概説・各論（16）」『自治研究』第 61 巻第 6 号（1985 年）。

枝川明敬「我が国における文化財保護の史的展開——とくに戦前における考察」『文化情報学：駿河台大学文化情報学部紀要』第 9 巻第 1 号（2006 年）。

大島曉雄『無形民俗文化財の保護——無形文化遺産保護条約にむけて』岩田書店（2007 年）。

大島知子「国指定文化財庭園 に関する基礎資料 および統計」『ランドスケープ研究』第 64 巻 5 号（2001 年）。

大野晃『限界集落と地域再生』静岡新聞社（2008 年）。

岡田哲也・篠原修「『文化的景観』の成立過程と成果・課題に関する考察」『景観・デザイン研究講演集』日本土木学会 Vol. 4（2008 年）。

神吉紀世子「農村における文化的景観の保全と創造」『農村計画学会誌』Vol. 30（3）（2011 年）。

河野俊行「文化財の国際保護と国際取引規制」『国際法外交雑誌』

第 91 巻第 6 号（1992 年）。

小林正「我が国の景観保全・形成法制」レファレンス Vol. 57（1）（2007 年）。

櫻井龍彦・阮雲星・長谷川清・周星・長沼さかや・松岡正子「座談：開発と文化遺産」『中国 21』Vol. 34（2011 年）。

沢田むつ代「正倉院所在の法隆寺献納宝物染織品：錦と綾を中心に」（http：//shosoin. kunaicho. go. jp/ja‐JP/Bulletin/Pdf? bno = 0363039095）。

椎名慎太郎・稗貫俊文『文化・学術法』ぎょうせい（1986 年）。

清水重敦「運営事態から見た古社寺保存金制度の特質：古社寺保存金制度の研究その 1」『日本建築学会計画系論文集』第 681 号（2012 年）。

周超「日中無形文化財保護法の比較研究」『文明 21』第 29 号（2012 年）。

周超「中国の『無形文化遺産法』」『中国 21』Vol. 39（2014 年）。

ジョン・ブリーン「明治初年の神仏判然令と近代神道の創出」『明治聖徳記念学会紀要』復刊第 43 号（平成 18 年）。

鈴木地平「文化的景観保護制度の現状と課題」『ランドスケープ研究』Vol. 73（1）（2009 年）。

「第五回国会众議院文部委員会議録第 29 号」（昭和 24 年 4 月 26 日）。

「第五回国会参議院会議記録第 31 号」『官報・号外』（昭和 24 年 5 月 23 日）。

「第五回国会参議院文部委員会文化小委員会会議記録第 1 号」（昭和 24 年 4 月 19 日）。

「第七回国会衆議院会議記録第 45 号」『官報・号外』（昭和 25 年 5 月 1 日）。

「第七回国会参議院会議記録第 46 号」『官報・号外』（昭和 25 年 4 月 27 日）。

玉井綾「太平洋戦争時前後の文化財保護対策‐京都府下の文化財疎開と戦後対策‐」（http：//kirara. cyber. kyoto‐art. ac. jp/digital_ kirara/ graduation_ works/detail. php? act = dtl&year = 2009&cid = 552&ctl_ id =

68&cate_id=3）。

高田良信『法隆寺の謎を解く』小学館創造選書・小学館（1990年）。

寺澤毅「文化的資産としての景観の保護と継承」（http：//www.sfc. keio. ac. jp/~tomohiro/changing/hirasawa. pdf）。

東京国立文化財研究所『未来につなぐ人類の技：産業遺産』大河出版（1999年）。

「東京大空襲・戦災史」編集委員会『東京大空襲・戦災史』第5巻（1974年）。

十日町市『新十日町市博物館基本計画書（案）』パブリックコメント用公開資料（平成28年）。

十日町市教育委員会文化財課『十日町市教育委員会文化財課年報（14）』滝沢印刷（平成24年）。

富田俊基「明治維新期の財政と国債」『知的資産創造』2005年1月号。

内閣府「国民生活に関する世論調査（2010年度）」（http：//www8. cao. go. jp/survey/index-ko. html）。

内閣官報局編『帝国議会衆議院議事速記録』（八）東京大学出版会（1979年）。

内閣官報局編『帝国議会衆議院議事速記録』（九）東京大学出版会（1979年）。

内閣官報局編『帝国議会貴族院議事速記録』（十）東京大学出版会（1979年）。

内閣官報局編『帝国議会貴族院議事速記録』（十二）東京大学出版会（1979年）。

内藤正中編『過疎問題と地方自治体』多賀出版株式会社（1991年）。

中村賢二郎『文化財保護制度概説』ぎょうせい（1999年）。

中村賢二郎『わかりやすい文化財保護制度の解説』ぎょうせい（2007年）。

西川杏太郎「福沢諭吉と文化財保護」『慶応義塾大学学術リポジトリ』第17巻（2009年）。

西村幸夫「建造物の保存に至る明治前期の文化財保護行政の展開：『歴史的環境』概念の生成史その1」『日本建築学会計画系論文集』第340号（昭和59年6月）。

根木昭『日本の文化政策』勁草書房（2001年）。

根本昭「自然的名勝及び天然記念物の『文化財』としての適否に関する考察」『長岡技術科学大学研究報告』第17号（1995年）。

根本昭『我が国の文化財の構造』あかつき印刷（1999年）。

根木昭『日本の文化政策——「文化政策学」の構築に向けて』勁草書房（2001年）。

根本昭・和田勝彦編著『文化財政策概論：文化遺産保護の新たな展開に向かって』東海大学出版会（2002年）。

秦明夫「我国における文化財保護行政の成立」『埼玉工業大学人聞社会学部紀要』第4号（2003年）。

平尾直樹「物騒でない鉄砲の話 – 江戸時代から現代まで – 」神奈川県立公文書館アーカイブズ講座（2015年9月6日）。

文化財国際協力等推進会議『文化財の国際協力の推進方策について（報告）』（平成16年）。

文化財保護委員会編『文化財保護法の歩み』大蔵省印刷局（1960年）。

文化庁『文化行政の歩み：文化庁創設十周年にあたって』ぎょうせい（1978年）。

文化庁『我が国の文化と文化行政』ぎょうせい（1988年）。

文化庁『地域における文化芸術活動に対する支援事業等について』（平成16年6月）。

文化庁『我が国の文化行政（平成17年度）』文化庁（2005年）。

文化庁『我が国の文化行政（平成18年度）』文化庁（2006年）。

文化庁『文化財保護行政の在り方について』文化庁（平成25年）。

文化庁『重要無形文化財 – その「わざ」を保持する人々 – 』（http://www.bunka.go.jp）。

文化庁『魅力ある風景を未来へ：文化的景観の保護制度』（http://www.bunka.go.jp/bunkazai/pamphlet/pdf/pamphlet_ja_02_ver2.pdf）。

文化庁『国民の文化に関する意識調査（2000 年度）』（http：//www.mext.go.jp/hakusho/html/hpad200001/hpad200001_2_075.html）。

文化庁『文化財防火デー』（http：//www.bunka.go.jp/seisaku/bunkazai/hogofukyu/boka_day.html）。

文化庁文化財部参事官（建造物担当）『国宝・重要文化財（建造物）保存・活用の進展をめざして』文化庁（2013 年）。

文部科学省『平成 21 年度文部科学白書』文部科学省（2009 年）。

文部科学省『行政事業レビュー点検結果の平成 24 年度予算概算要求への反映状況について』（http：//www.mext.go.jp/a_menu/kouritsu/detail/__icsFiles/afieldfile/2011/10/07/1310328_1_1.pdf）。

文部科学省『文化財保護の法的整備』（http：//www.mext.go.jp/b_menu/hakusho/html/others/detail/1317870.htm）。

宮田繁幸「文化財保護制度の変遷と民俗芸能」東京文化財研究所無形文化遺産部第 27 回夏期学術講座『文化財としての民俗芸能』（2002 年）。

宮田繁幸「日本における無形文化財の保護」《中日韩非物质文化遗产保护比较暨第三届中国高校文化遗产学学科建设学术研讨会论文集》，中国・广州 2011 年 8 月。

本中真「国内外の文化的景観に関する最近の動向」『ランドスケープ研究』Vol.73（1）（2009 年）。

山口輝臣『明治国家と宗教』東京大学出版会（1999 年）。

山崎幹泰「古社寺保存金制度の成立と終焉：古社寺保存金制度の研究その 2」『日本建築学会計画系論文集』第 687 号（2013 年）。

山崎幹泰「近代における社寺の『創立再興復旧』制限について」『日本建築学会計画系論文集』第 590 号（2005 年）。

山崎幹泰『明治前期社寺行政における「古社寺建造物」の概念の形成過程に関する研究』早稲田大学大学院理工学研究科博士学位論文（2003 年）。

Jessica Brown, Nora Mitchell, Michael Beresford, *The Protected Landscape Approach: Linking Nature, Culture and Community*, 4th Edition, IUCN The World Conservation Union, 2004.

Lucas, P.H.C., *Protected Landscapes, A Guide for Policy – makers and Planners*, Chapman and Hall, 1992.

附录 1

文化遗产保护法*①

1950年（昭和25年）5月30日法律第214号制定
1951年（昭和26年）12月24日法律第318号修改
1952年（昭和27年）7月31日法律第272号修改
1953年（昭和28年）8月10日法律第194号修改
1953年（昭和28年）8月15日法律第213号修改
1954年（昭和29年）5月29日法律第131号修改
1956年（昭和31年）6月12日法律第148号修改
1956年（昭和31年）6月30日法律第163号修改
1958年（昭和33年）4月25日法律第86号修改
1959年（昭和34年）4月20日法律第148号修改
1961年（昭和36年）6月2日法律第111号修改
1962年（昭和37年）5月16日法律第140号修改
1962年（昭和37年）9月15日法律第161号修改

---

* 该法律译文所依据的日语原文来自日本国立国会图书馆"日本法令索引"（http：//hourei.ndl.go.jp），截至2016年9月为最新版本。根据笔者掌握的资料，目前已有两部该法的中文译本，其一为王军翻译、载于其所著的《日本文化财保护》（文物出版社1997年版，第186—259页）中，其二则为白松强翻译、载于康保成等著《中日韩非物质文化遗产的比较与研究》（中山大学出版社2013年版，第211—263页）上，可能是受译者专业背景的影响，这两个版本都存在法律术语不规范、缺失法律沿革以及附则部分的译文等问题，2006年笔者受邀翻译《文化遗产保护法》时就注意到这些问题。因此，现在这个译本增加了法律的沿革和附则等内容，并在法律概念的翻译上力求规范化和准确化。

① 在日本《文化遗产保护法》近40次修改中，重要修改为粗线体所标注的8次。

1965 年（昭和 40 年）3 月 31 日法律第 36 号修改
1968 年（昭和 43 年）6 月 15 日法律第 99 号修改
1971 年（昭和 46 年）5 月 31 日法律第 88 号修改
1971 年（昭和 46 年）6 月 1 日法律第 96 号修改
1971 年（昭和 47 年）6 月 3 日法律第 52 号修改
1975 年（昭和 50 年）7 月 1 日法律第 49 号修改
1983 年（昭和 58 年）12 月 2 日法律第 78 号修改
1993 年（平成 5 年）11 月 12 日法律第 89 号修改
1994 年（平成 6 年）6 月 29 日法律第 49 号修改
1994 年（平成 6 年）11 月 11 日法律第 97 号修改
1996 年（平成 8 年）6 月 12 日法律第 66 号修改
1999 年（平成 11 年）7 月 16 日法律第 87 号修改
1999 年（平成 11 年）7 月 16 日法律第 102 号修改
1999 年（平成 11 年）12 月 22 日法律第 160 号修改
1999 年（平成 11 年）12 月 22 日法律第 178 号修改
1999 年（平成 11 年）12 月 22 日法律第 179 号修改
2000 年（平成 12 年）5 月 19 日法律第 73 号修改
2002 年（平成 14 年）2 月 8 日法律第 1 号修改
2002 年（平成 14 年）7 月 3 日法律第 82 号修改
2004 年（平成 16 年）5 月 28 日法律第 61 号修改
2004 年（平成 16 年）6 月 9 日法律第 84 号修改
2006 年（平成 18 年）5 月 31 日法律第 46 号修改
2006 年（平成 18 年）6 月 15 日法律第 73 号修改
2007 年（平成 19 年）3 月 30 日法律第 7 号修改
2011 年（平成 23 年）5 月 2 日法律第 37 号修改
2014 年（平成 26 年）6 月 4 日法律第 51 号修改
2014 年（平成 26 年）6 月 13 日法律第 69 号修改

第一章　总则（第一条至第四条）

【立法之目的】

第一条　为了保护文化遗产并促使其得到充分利用，为了提高国民的文化素质，同时也为了对世界文化的进步有所贡献，特制定本法。

【文化遗产之定义】

第二条　本法中的"文化遗产"包括以下各项内容：

（一）在我国历史上或艺术方面具有较高价值的建筑物、绘画、雕刻、工艺品、书法、典籍、古文书以及其他有形文化成果（包括与其形成一个整体而具有价值的土地和其他物件）、考古资料和其他具有较高学术价值的历史资料（以下称为"有形文化遗产"）。

（二）在我国历史上或艺术方面具有较高价值的戏剧、音乐、工艺技术及其他无形的文化成果（以下称为"无形文化遗产"）。

（三）为理解我国国民生活的变迁与发展，与民众衣食住行、生产、信仰、节假日等风俗习惯、民俗技艺以及再现其所不可或缺的服饰、器具、房屋和其他物品（以下称为"民俗文化遗产"）。

（四）在我国历史上或学术方面具有较高价值的贝冢、古墓、都城遗址、城址、旧民居及其他遗迹；在我国艺术或观赏方面具有较高价值的庭园、桥梁、峡谷、海滨、山岳及其他名胜地以及具有较高学术研究价值的动物（包括其栖息地、繁殖地及迁徙地）、植物（包括其生长地）及地质矿物（包括产生特殊自然现象的土地）等（以下称为"纪念物"）。

（五）为理解我国国民生活、生产所不可或缺的地域民众的生活、生产以及由该地域风土所形成的景观地等（以下称为"文化景观"）。

（六）与周围环境风貌共同形成具有历史风格和很高价值的传统建造物群（以下称为"传统建造物群"）。

2. 本法规定［除第二十七至二十九条、第三十七条、第五十五条第一款第（四）项、第一百五十三条第一款第（一）项、第一百六十五条、第一百七十一条以及附则第三条外］的"重要文化遗产"包括"国宝"。

3. 本法规定［除第一百〇九条、第一百条、第一百一十二条、第一百二十二条、第一百三十一条第一款第（四）项、第一百五十三条第一款第（七）第（八）项、第一百六十五条以及第一百七十一条外］的"史迹名胜天然纪念物"包括"特别史迹名胜天然纪念物"。

【政府及地方公共团体之任务】

第三条　政府及地方公共团体不仅要充分认识到文化遗产是我国历史、文化的重要组成部分，同时也要认识到文化遗产是文化发展之基础，为了使文化遗产得到真正之保护，必须为切实执行本法的具体规定而付出努力。

【国民、所有人等的责任】

第四条 为实现本法之立法目的，政府及地方公共团体所实施的各项行政措施，一般国民必须诚实地予以协助。

2. 文化遗产所有人及其他关系人应该自觉地认识到文化遗产是全体国民的贵重财产，为了全体国民的共同利益其不仅应妥善保护文化遗产，同时也应该尽可能地公开展示文化遗产以实现其文化价值的充分利用。

3. 在本法的实施过程中，政府及地方公共团体必须尊重文化遗产关系人的所有权及其他财产权。

第二章 文化遗产保护委员会（第五条至第二十六条）废止[①]

第三章 有形文化遗产（第二十七条至第七十条）

第一节 重要文化遗产（第二十七条至第五十六条）

一 指定（第二十七条至第二十九条）

【指定】

第二十七条 文部科学大臣可将有形文化遗产中的重要者指定为"重要文化遗产"。

2. 从世界文化的角度考虑，文部科学大臣可将重要文化遗产中那些具有很高价值且无与伦比的国民之宝指定为国宝。

【公告、通知及指定证书之交付】

第二十八条 根据前条之规定的指定，文部科学大臣不仅要在官报上公告，还要将指定结果通知国宝或重要文化遗产的所有人。

---

① 本章原为"文化遗产保护委员会"组织法。"文化遗产保护委员会"是在文部省之外设置的专门负责文化遗产保护的国家组织，1968 年因行政机构简化与文部省文化局统合为现在的"文化厅"。

2. 根据前条之规定的指定，自上款规定的公告之日起生效；但对国宝或重要文化遗产所有人而言，指定自收到上款规定的通知之日起生效。

3. 根据前条之规定的指定，文部科学大臣应当向被指定国宝或重要文化遗产的所有人交付指定证书。

4. 指定证书上所应记载之事项以及其他涉及指定证书的必要之事项，均由文部科学省政令规定之。

5. 根据第三款规定收到国宝指定证书的国宝所有人，必须在收到证书之日起三十日内将被指定为国宝的原重要文化遗产指定证书返还给文部科学大臣。

【撤销】

第二十九条 当国宝或重要文化遗产失去其作为国宝或重要文化遗产的价值或者发生其他特殊事由时，文部科学大臣可以撤销国宝或重要文化遗产之指定。

2. 根据前款规定的指定之撤销，除在《官报》上发布公告外，还需将撤销指定通知国宝或重要文化遗产的所有人。

3. 根据第一款规定的指定之撤销，准用前条第二款之规定。

4. 所有人在收到第二款规定的通知后，必须在三十日内将被撤销的指定证书返还给文部科学大臣。

5. 根据第一款规定撤销的国宝之指定、但未撤销重要文化遗产之指定的，文部科学大臣应当立刻向文化遗产所有人交付重要文化遗产指定之证书。

二 管理（第三十条至第三十四条）

【管理方法之指示】

第三十条 在重要文化遗产的管理上，文化厅长官可以指示重要文化遗产所有人实施必要之管理方法。

【所有人的管理义务及管理责任人】

第三十一条 重要文化遗产的所有人必须根据本法、文部科学省政令以及文化厅长官的指示等，对重要文化遗产进行妥善管理。

2. 如有特别事由，重要文化遗产所有人可选任适当人选代替自己承担对重要文化遗产的管理责任（在本节及第十二章中称为"管理责任人"）。

3. 根据前款规定选任管理责任人后，重要文化遗产所有人与被选任的管理责任人必须在二十日内上报文化厅长官提交连署的文部科学省政令所规定的、记载必要事项的书面文件。解任管理责任人时也同样适用之。

4. 前条及本条第一款之规定，准用于管理责任人。

【所有人或管理责任人之变更】

第三十二条 当重要文化遗产所有人发生变更时，新所有人必须在二十日内向文化厅长官提交文部科学省政令所规定的变更所有人申报表，并添附原所有人的指定证书。

2. 重要文化遗产所有人在变更管理责任人时，必须在二十日内向文化厅长官提交与新管理责任人连署的由文部科学省政令所规定的变更管理责任人申报表。该情况不适用前条第三款之规定。

3. 重要文化遗产的所有人或管理责任人的姓名、名称或住所发生变更时，必须在二十日内向文化厅长官提交文部科学省政令所规定的变更所有人或管理任人的名称或住所申请表。如果姓名、名称或住所的变更涉及重要文化遗产所有人的，变更申请材料中必须添附指定证书。

【管理团体的管理】

第三十二条之二 在难以判明重要文化遗产所有人或者认为所有人、管理责任人对重要文化遗产的管理陷入困难或明显管理不当时，为保存该重要文化遗产，文化厅长官可以指定适当的地方公共团体或其他法人对该重要文化遗产实施必要管理（包括对那些由该重要文化遗产所有人所有或者管理人管理的、为保存该重要文化遗产所必需的设施、设备及其他物品等的管理）。

2. 在实施前款规定的指定时，文化厅长官必须事先征得该重要文化遗产所有人（无法判明所有人的除外）、合法占有人以及被指定管理团体的同意。

3. 根据第一款规定的指定，文化厅长官不仅要在《官报》上公告，还要将指定结果通知该重要文化遗产所有人、占有人以及被指定团体。

4. 根据第一款规定的指定，准用第二十八条第二款。

5. 重要文化遗产的所有人或者占用人，若无正当理由不得拒绝、妨碍或规避接受第一款指定的地方公共团体及其他法人（本节以下及第六章称为"管理团体"）对重要文化遗产的管理以及为管理而实施的必要措施。

6. 对于管理团体，准用第三十条及第三十一条第一款之规定。

第三十二条之三 当前条第一款规定的事由已经消灭或又出现其他特殊事由时，文化厅长官可撤销对管理团体的指定。

2. 前款规定的指定撤销，准用前条第三款以及第二十八条第二款之规定。

第三十二条之四 除本法有特别规定外，管理团体实施管理工作所需费用由管理团体承担。

2. 前款之规定并不妨碍管理团体与所有人通过协议的方式约定在所有人受益的范围内由所有人承担部分管理费用。

【灭失、损毁等】

第三十三条 当重要文化遗产全部或一部灭失、损毁、丢失、被盗时，重要文化遗产所有人（包括管理责任人、管理团体等）必须自发现之日起十日内，用文部科学省政令所规定的书面材料上报至文化厅长官。

【所在地之变更】

第三十四条 重要文化遗产的所有人（包括管理责任人、管理团体等）试图变更重要文化遗产所在地时，必须在准备变更之日的前二十日内，准备文部科学省政令所规定的文件材料并添附指定证书上报至文化厅长官；但如果文部科学省政令的规定中不需要上报、上报时未要求添附指定证书或者根据文部科学省政令之规定可在变更所在场所后再上报即可。

三　保护（第三十四条之二至第四十七条）

【修缮】

第三十四条之二 重要文化遗产的修缮由所有人进行，但有管理团体的则由管理团体进行。

【管理团体的修缮】

第三十四条之三 管理团体在修缮重要文化遗产时，必须将修缮日期及修缮方法事先告知重要文化遗产的所有人（除难于判明所有人外）或合法占用人，并听取其意见。

2. 管理团体进行修缮时，准用第三十二条之二第五款、第三十二条之四的规定。

【管理或修缮之补贴】

第三十五条 当重要文化遗产所有人或管理团体无法承担重要文化遗产的巨额管理费、修缮费以及出现其他特殊情况时，政府应当对重要文化遗产所有人或管理团体给予适当的财政补贴以保证其有充足的管理费或修缮费。

2. 在交付前款财政补贴时，文化厅长官可对管理或修缮工作适时地作出必要指示，并可将该指示作为财政补贴之条件。

3. 文化厅长官认为必要时，可以指挥和监督依据第一款之规定获得财政补贴之重要文化遗产的管理或修缮。

【有关管理的命令或建议】

第三十六条 因不能胜任管理工作或因管理失误可能会造成重要文化遗产灭失、损毁或存在失盗之虞的，文化厅长官可以命令或建议该重要文化遗产所有人、管理责任人或管理团体等选任或变更重要文化遗产管理人、改善管理方法、设置必要的防火设施或其他保护设施等。

2. 前款命令或建议中的措施之实施费用，文部科学省可通过政令形式决定由国家承担其全部或一部。

3. 前款规定的由国家承担的全部或一部之费用，准用前条第三款之规定。

【有关修缮的命令或建议】

第三十七条 对于国宝有损毁之迹象，文化厅长官认为有保存之必要时，可命令或建议所有人或管理团体对该国宝进行修缮。

2. 对于除国宝外的重要文化遗产有损毁之迹象，文化厅长官认为有保存之必要时，可建议所有人或管理团体对该重要文化遗产进行修缮。

3. 前二款中的修缮之费用，可由文部科学省以政令形式决定由国家承担全部或一部。

4. 对于前款所规定的由国家承担的全部或一部之费用，准用第三十五条第三款之规定。

【由文化厅长官实施的国宝修缮等措施】

第三十八条 有下列情况之一者，文化厅长官可决定亲自对国宝进行修缮，或者采取措施防止国宝灭失、损毁或被盗等。

（一）所有人、管理责任人或管理团体不服从依据前两条之命令的。

（二）当国宝正在损毁或者存在灭失、损毁或被盗之虞，所有人、管理责任人或管理团体被认为拒不采取措施防止国宝灭失、损毁或被盗的。

2. 根据前款之规定，文化厅长官在准备修缮国宝或采取其他保存措施时，必须事先将载有该国宝之名称、修缮或采取保存措施之内容、修缮日期及其他认为必要事项的政令告知国宝所有人、管理责任人或管理团体，并将通知该国宝的合法占有人。

第三十九条 实施前条第一款规定的修缮或保护措施时，文化厅长官必须在文化厅职员中任命有能力实施修缮或保护措施者为该国宝之修缮的管理责任人。

2. 根据前款规定所选择的责任人，在修缮国宝或采取其他保护措施时，必须携带身份证明，应国宝相关人员之要求出示其身份证明，并必须尊重相关人员的正当意见。

3. 前条第一款规定的修缮或实施其他保护措施，准用第三十二条之二第五款之规定。

第四十条 第三十八第一款规定的修缮或实施其他保护措施所需费用由国家承担。

2. 文化厅长官可根据文部科学省政令之规定向国宝所有人（若为管理团体时，则向管理团体）征收部分费用用于承担第三十八条第一款规定的修缮或实施其他保护措施所需之费用；但该费用的征收仅限于该条第一款第（二）项所规定的国宝所有人、管理责任人、管理团体等对国宝的修缮或实施其他保护措施等负有责任，而且国宝所有人和管理团体有承担该部分费用的能力。

3. 前款规定的费用之征收，准用《行政代执行法》①第五、第六条之规定。

第四十一条 因第三十八条第一款所规定的国宝修缮或实施其他保护措施给相关人造成损害的，由国家对所产生的损害进行补偿。

2. 前款规定的补偿之额度，由文化厅长官决定之。

3. 不服前款规定的补偿之额度的，可通过诉讼方式要求增加补偿，但仅限于自收到前款补偿决定通知之日起六个月内行使。

4. 前款之诉的被告为国家。

【重要文化遗产转让时补助金等的返还】

第四十二条 已接受国家根据第三十五条第一款、第三十六条第二款、第三十七条第三款及第四十条第一款规定的实施修缮或实施防止灭失、损毁及被盗等措施（以下本条中为"修缮等"）交付补助金、保护措

---

① 1948 年（昭和 23 年）5 月 15 日法律第 43 号，1962 年（昭和 37 年）9 月 15 日法律第 161 号最终修改。

施实施费、修缮费的重要文化遗产所有人、继承人、受遗赠人、受赠人（包括再继承的继承人、再遗赠的受遗赠人、再赠与的受赠人，以下本条同，称为"所有人等"），有偿转让重要文化遗产时，可通过文部科学省政令要求所有人等向国家返还国家承担的补助金及修缮费（第四十条第一款规定的相关费用中应扣除该条第二款向所有人征收的部分，以下本条同），但应扣除国家在实施修缮等措施之后所有人等自己又进行修缮而支出之费用（以下本条中称为"返还金"）。

2. 前款中的"补助金及修缮费"，是指该维修补助金及修缮费的总金额除以文化厅长官决定实施修缮等后该文化遗产的耐用年数、再乘以耐用年数减去自实施修缮等后至转让时的所剩年数（不足一年的舍去）的金额。

3. 在利用"补助金及修缮费"实施修缮等行为后，因非所有人等之责任造成重要文化遗产之价值明显降低或所有人等将重要文化遗产让渡给国家的，文化厅长官可决定免除所有人等应返还的全部或部分返还金。

4. 未在文化厅长官指定的期限内返还上述金额的，可按国税滞纳标准征收滞纳金。征收滞纳金的先取特权顺位为先国税、后地税。

5. 当返还金交纳人为继承人、受遗赠人或受赠人时，其返还金的金额总数应扣除下列第一项所规定的继承税额或赠与税额与第二项所规定金额之差、除以第三项所规定的年限、再乘以第四项所规定之年限。

（一）取得该重要文化遗产时已交纳或应交纳的继承税额或赠与税额。

（二）当该重要文化遗产的继承或赠与行为实施前的第一款所规定之补助金或修缮费包含在继承税额或赠与税额的课税价格中的，应该扣除之后计算，所得税额为该重要文化遗产的继承税额或赠与税额。

（三）第二款所规定的由文化厅长官确定的该重要文化遗产全部或部分的耐用年限中减去修缮等后至继承、赠与时的年限后所获年数（不足一年的舍去）。

（四）第二款所规定的有关该重要文化遗产全部或部分之剩余耐用年数。

6. 前款第二项中所列举的第一款中的修缮费、补助金等，准用本条第二款之规定，此时该款中的"转让时"替换为"继承、遗赠或赠与时"。

7. 在计算第一款规定的返还金缴纳人因转让该重要文化遗产之所得税时，针对依据《所得税法》①第三十三条第一款规定的转让所得金额之计算，依据第一款规定的返还金作为该条第三款规定的资产转让所需之费用。

【变更现状等的限制】

第四十三条 变更重要文化遗产现状或实施某种对该重要文化遗产的保存环境有影响之行为的，必须事先取得文化厅长官的许可；但变更现状是重要文化遗产的维持措施、避免自然灾害给其造成破坏而采取的应急之措施且对保存环境的影响轻微的，则不在此限。

2. 前款但书中的"维持措施"之范围，由文部科学省政令规定之。

3. 文化厅长官在下达第一款之许可时，可对该款所规定的变更现状及对保存环境有影响之行为作出必要指示，并以此作为许可的条件。

4. 若接受第一款许可的被许可人不服从前款规定的必要指示，文化厅长官可以命令停止变更现状以及停止实施对保存环境有影响的行为，或者撤销该许可。

5. 因未能获得第一款规定之许可或者因被要求服从第三款所规定的许可条件而遭受一般性损失的，由国家给予补偿。

6. 前款中的国家补偿，准用本法第四十一条第二至第四款之规定。

【修缮之申请】

第四十三条之二 当重要文化遗产需要修缮时，其所有人或管理团体必须在预定修缮开工日之前三十日向文化厅长官提出修缮申请，但前条第一款所规定必须获得许可并由文部科学省政令规定的，则不在此限。

2. 对于前款修缮申请，文化厅长官认为必要时，可就重要文化遗产之修缮提出技术性指导或建议。

【出境禁止】

第四十四条 禁止重要文化遗产出境；但因国际文化交流或其他事由

---

① 1965年（昭和40年）3月31日法律第33号，2015年（昭和27年）9月4日法律第63号最终修改。

等获得文化厅长官特别许可的，则不在此限。

【环境保护】

第四十五条　就重要文化遗产的保护问题，文化厅长官认为必要时，可以命令在一定地域内限制或禁止某种行为，或者命令建设必要的保护设施。

2. 因前款之命令而使相关人受到财产损失的，由国家对所产生的一般性损失给予补偿。

3. 前款的损失补偿，准用本法第四十一条第二至四款之规定。

【向国家出让之申请】

第四十六条　有偿转让重要文化遗产时，出让人必须事先将受让人、预定价格（若预定价格为金钱以外的其他物品的，则按时价标准确定金额，以下同）及其他文部科学省政令所规定的事项，以书面形式向文化厅长官提出对国家出让之申请。

2. 在前款规定的书面申请中，可记载希望让渡给对方的理由。

3. 文化厅长官在认为前款书面申请中让渡给对方之理由充分时，可以在收到该申请后三十日内通知出让人国家不予购买之决定。

4. 在提出第一款让与国家之申请后三十日内，若文化厅长官就该重要文化遗产应由国家购买的决定通知出让人时，即意味着国家以相当于申请书上所载之价格购买该重要文化遗产的买卖合同成立。

5. 第一款中的出让人，在前款所规定的期限（该期限的截止日期为文化厅长官作出不购买决定的通知之日）内，不得转让该重要文化遗产。

【管理团体购买的财政补贴】

第四十六条之二　为保护该重要文化遗产、特别是作为重要文化遗产管理团体的地方公共团体或其他法人有必要购买其所管理的重要文化遗产（仅限于建筑物、土地附着物以及与之被指定为重要文化遗产的土地）时，国家认为必要可以对其购买所需经费给予适当补贴。

2. 前款国家之补贴，准用本法第三十五条第二款、第三款及第四十二条之规定。

【管理或修缮之委托或技术指导】

第四十七条　在文化厅长官规定的条件下，重要文化遗产所有人（若为管理团体的则为该管理团体）可以向文化厅长官提出委托管理（除管理团体外）或修缮重要文化遗产。

2. 文化厅长官认为有必要时，可以向重要文化遗产所有人明示一定条件，建议其（若为管理团体的则为该团体）向文化厅长官提出该重要文化遗产的委托管理（除管理团体外）或修缮。

3. 前两款规定的文化厅长官接受的委托管理或修缮，准用本法第三十九条第一款、第二款之规定。

4. 重要文化遗产所有人、管理责任人及管理团体可根据文部科学省政令之规定，请求文化厅长官对重要文化遗产的管理、修缮等进行技术指导。

四　公开展示（第四十七条之二至第五十三条）

【公开展示】

第四十七条之二　重要文化遗产的公开展示由所有人实施；但若为管理团体的则由管理团体实施。

2. 前款之规定并不妨碍重要文化遗产所有人及管理团体之外的其他人依据本法之规定对该重要文化遗产进行公开展示。

3. 管理团体在公开展示其管理的重要文化遗产时，可以对参观者收取一定参观费。

【由文化厅长官实施的公开展示】

第四十八条　文化厅长官可以建议所有人（若为管理团体的则为该团体）提供其重要文化遗产，由文化厅长官主持在国立博物馆（独立行政法人国立文化遗产机构设立的博物馆，本条以下同）或其他机构内实施为期一年以内的公开展示。

2. 文化厅长官可以命令由国家承担全部或部分费用，或接受补助金进行管理、修缮的重要文化遗产所有人提供其重要文化遗产，由文化厅长官主持在国立博物馆或其他机构内实施为期一年以内的公开展示。

3. 在前款规定的一年以内公开展示期间，文化厅长官认为有必要时可以决定更新公开展示期，但不得连续超过五年。

4. 一旦作出第二款之命令、前款的公开展示期间更新之决定，重要文化遗产所有人（若为管理团体的则为该团体）必须提供该项重要文化遗产以便公开展示。

5. 在前四款规定的情形之外，文化厅长官认为重要文化遗产所有人（若为管理团体的则为该团体）申请希望在国立博物馆或其他机构由文化厅长官主持实施重要文化遗产公开展示的理由合理时，可允许其公开展示。

第四十九条 文化厅长官根据前条之规定公开展示重要文化遗产时，除本法第一百条规定的情形外，必须任命文化厅的工作人员承担公开展示该重要文化遗产期间的管理之责任。

第五十条 根据第四十八条规定的公开展示所需费用由国家承担，其费用标准由文部科学省以政令形式规定之。

2. 根据文部科学省政令规定的费用标准，政府向根据第四十八条之规定提供重要文化遗产出展的所有人或管理团体支付相关出展费。

【所有人的公开展示】

第五十一条 文化厅长官可以建议重要文化遗产所有人或管理团体实施为期三个月以内的重要文化遗产之公开展示。

2. 文化厅长官可以命令由国家承担全部或部分费用，或接受补助金进行重要文化遗产管理、修缮的重要文化遗产所有人实施为期三个月以内的公开展示。

3. 前款所规定情形，准用第四十八条第四款之规定。

4. 文化厅长官可以对重要文化遗产所有人或管理团体根据前三款之规定公开展示以及与公开展示相关的管理事宜等给予必要指示。

5. 重要文化遗产所有人或管理责任人不服从前款之指示的，文化厅长官可以命令停止或中止该公开展示。

6. 根据文部科学省政令的相关规定，第二款及第三款的公开展示所需费用的全部或一部可由国家承担。

7. 除前款规定的情形外，根据文部科学省的政令之规定，重要文化遗产所有人或管理团体公开展示其所有或管理的重要文化遗产所需费用的全部或一部也可由国家承担。

第五十一条之二 除前条规定的公开展示外，为便于重要文化遗产向公众公开展示而根据第三十四条之规定提出变更重要文化遗产所在地之申请的，可准用前条第四款、第五款之规定。

【损失之补偿】

第五十二条 对于因第四十八条、第五十一条第一款、第二款以及第三款规定的出展、公开展示等引起的重要文化遗产灭失、损毁的，国家应对该重要文化遗产所有人的合理损失给予补偿；但如果是因重要文化遗产所有人、管理责任人或管理团体的原因引起的，则不在此限。

2. 前款所规定的情形，准用本法第四十一条第二至第四款之规定。

【所有人等以外的其他人之公开展示】

第五十三条　重要文化遗产所有人、管理团体等以外的其他人在其主办的展览会或其他展览中公开展示重要文化遗产时，必须获得文化厅长官的许可；但如果文化厅长官以外的其他国家机关、地方公共团体等在已经获得文化厅长官承认的博物馆或其他机构（以下称为"承认的公开展示之机构"）主办的展览上进行公开展示的，则不在此限。

2. 在前款但书中，公开展示的主办人（除文化厅长官外）应在公开展示结束之日的次日起二十日内，填写文部科学省政令所规定的书面材料，向文化厅长官作出汇报。

3. 文化厅长官在进行第一款规定之许可时，作为许可条件，可对该重要文化遗产公开展示或与之有关的管理工作给予必要指示。

4. 获得第一款许可而不服从前款之指示的，文化厅长官可以命令停止公开展示或撤销许可。

五　调查（第五十四条至第五十五条）

【为保护而实施的调查】

第五十四条　文化厅长官认为必要时，可以要求重要文化遗产所有人、管理责任人或管理团体汇报重要文化遗产的现状、管理、修缮及保存环境等。

第五十五条　当发生下列情形之一的，根据前条汇报不能确定重要文化遗产之状况而且也无其他方法进行确认时，文化厅长官可以指派调查人员进入重要文化遗产所在地对该重要文化遗产的现状、管理、修缮及保存环境等进行实地调查。

（一）已申请改变重要文化遗产之现状或实施了影响重要文化遗产保存环境之行为的。

（二）重要文化遗产正在被损毁或其现状、所在场所等已发生变更的。

（三）重要文化遗产存在灭失、损毁以及被盗之虞的。

（四）因特别事由有必要对国宝或重要文化遗产的价值重新鉴定的。

2. 根据前款规定的调查人员在进行实地调查时，应携带其身份证明，向相关人员出示，并当充分尊重相关人员的正当意见。

3. 对于因第一款之调查所造成的正常损失，由国家给予适当补偿。

4. 前款之补偿，准用本法第四十一条第二至第四款之规定。

六　其他事项（第五十六条）

【所有人等变更后权利义务的继承】

第五十六条　重要文化遗产所有人变更后，文化厅长官依据本法所作出的命令、建议、指示及其他处分等方式赋予原所有人在该重要文化遗产上的所有权利与义务由新所有人继承。

2. 原所有人移交重要文化遗产给新所有人时，必须同时移交该重要文化遗产的指定证书。

3. 针对管理团体被指定或指定解除等，准用第一款之规定；但在管理团体被指定的情况下，原本属于所有人的权利义务则不在此限。

第二节　登录有形文化遗产（第五十七条至第六十九条）

【有形文化遗产的登录】

第五十七条　鉴于重要文化遗产以外的其他有形文化遗产（除本法第一百八十二条第二款规定的由地方公共团体指定的有形文化遗产外）的文化价值有保护和利用之必要的，文部科学大臣可将其登录在"文化遗产名录"上。

2. 文部科学大臣在实施前款登录时，应事先听取相关地方公共团体的意见。

3. "文化遗产名录"上应登载之事项，由文部科学省政令规定之。

【公告、通知以及登录证的交付】

第五十八条　在实施前条第一款之登录后，应迅速在《官报》上公开并就所登录的有形文化遗产（以下称为"登录有形文化遗产"）之结果通知该有形文化遗产所有人。

2. 前条第一款所规定之登录，自前款《官报》公告之日起生效。但对该登录有形文化遗产所有人而言，则自其收到前款规定的通知之日起生效。

3. 进行前条第一款登录时，文部科学大臣应向该有形文化遗产所有人交付登录证书。

4. 登录证书上所记载内容以及其他与登录证书相关事项等，由文部科学省政令规定之。

【有形文化遗产登录的注销】

第五十九条　根据本法第二十七条第一款之规定，当登录的有形文化遗产被文部科学大臣指定为重要有形文化遗产时，应注销原有形文化遗产之登录。

2. 根据本法第一百八十二条第二款之规定，当登录的有形文化遗产被地方公共团体指定时，文部科学大臣则注销该登录；但当文部科学大臣认为有必要对登录的有形文化遗产采取保护和利用措施，而且所有人同意的，则可以不予注销。

3. 当有形文化遗产所采取的措施之必要性丧失或者发生其他特殊事由时，文部科学大臣可以注销该登录。

4. 根据前三款之规定注销登录的，应迅速在《官报》上公告并将注销登录之结果通知该登录有形文化遗产所有人。

5. 根据第一至第三款规定的注销，准用前条第二款之规定。

6. 所有人在收到第四款之通知后，必须三十日内将登录证书上缴文部科学大臣。

【登录有形文化遗产的管理】

第六十条　根据本法制定的文部科学省省令，登录有形文化遗产所有人必须服从文部科学省对登录有形文化遗产的管理。

2. 在特殊情况下，登录有形文化遗产所有人可以选择适当的管理人（本节以下称为"管理责任人"）代自己对登录有形文化遗产进行管理、承担相应的管理责任。

3. 当地方公共团体在无法判明登录有形文化遗产所有人或者在所有人、管理责任人的管理陷入困境或明显不当的情况下，为保护和利用该登录有形文化遗产，登录有形文化遗产所在地地方公共团体提出申请的，文化厅长官可以在征求相关地方公共团体的意见之基础上，指定适当的地方公共团体或其他法人实施必要管理（包括由登录有形文化遗产所有人所有或管理的为保护和利用该登录有形文化遗产的必要设施、设备以及其他物件等，本节以下称为"管理团体"）。

4. 对登录有形文化遗产的管理，准用本法第三十一条第三款、第三十二条、第三十二条之二第二款至第五款、第三十二条之三、第三十二条之四的规定。

5. 有关登录有形文化遗产的管理责任人以及管理团体，准用第一款之规定。

【登录有形文化遗产的灭失、损毁】

第六十一条 登录有形文化遗产全部或部分灭失、损毁或丢失以及被盗的，所有人（若是管理责任人或管理团体的则为该管理责任人或管理团体）应当依据文部科学省政令所规定的格式，自知道上述事实发生的次日起，十日内向文化厅长官书面报告。

【登录有形文化遗产所在地之变更】

第六十二条 登录有形文化遗产所有人（若为管理责任人或管理团体的则为该管理责任人或管理团体）若要变更登录有形文化遗产所在地，应当在决定变更之日前二十日内，依据文部科学省政令所规定的书面格式、添附登录证书向文化厅长官提交书面报告。但若文部科学省政令有特别规定不需要报告、添附登录证书或者可以在变更所在地之后报告的，则不在此限。

【登录有形文化遗产的修缮】

第六十三条 登录有形文化遗产的修缮一般由所有人实施；但若为管理团体的则由该团体实施。

2. 管理团体对登录有形文化遗产的修缮，准用本法第三十二条之二第五款、第三十二条之四以及第三十四条之三第一款之规定。

【登录有形文化遗产的现状变更之申请】

第六十四条 试图改变登录有形文化遗产现状者，必须根据文部科学省政令之规定在改变现状之日前三十日内，向文化厅长官提出申报；但若现状之改变仅是实施修缮措施、非常灾害的必要应急措施或者为实施依据其他政令的改变现状之命令而采取措施的，则不在此限。

2. 前款但书中的"修缮措施"的修缮范围，由文部科学省政令规定之。

3. 在登录有形文化遗产的保护上，如果文化厅长官认为有必要，可以对第一款所规定的登录有形文化遗产的现状之变更予以指导、提出意见或建议。

【登录有形文化遗产的出境之申请】

第六十五条 试图将登录有形文化遗产运出境外者，根据文部科学省政令之规定，必须在运出境外之日前三十日内，向文化厅长官提出出境申请。

2. 在登录有形文化遗产的保护问题上，如果文化厅长官认为有必要，可以对前款登录有形文化遗产的出境予以指导、提出意见或建议。

【登录有形文化遗产的管理或修缮的技术性指导】

第六十六条　根据文部科学省政令之规定，登录有形文化遗产的所有人、管理责任人或管理团体可以请求文化厅长官就登录有形文化遗产的管理或修缮给予技术性指导。

【登录有形文化遗产的公开展示】

第六十七条　登录有形文化遗产的公开展示由所有人实施；但若为管理团体的则由管理团体实施。

2. 前款之规定并不妨碍登录有形文化遗产所有人、管理团体之外的其他人在取得所有人（若为管理团体的则为该管理团体）同意的情况下，公开展示该登录有形文化遗产。

3. 管理团体公开展示其管理的登录有形文化遗产的，准用本法第四十七条之二第三款之规定。

4. 在登录有形文化遗产的利用问题上，文化厅长官认为有必要，可以对所有人或者管理团体进行登录有形文化遗产的公开展示以及与公开展示相关的管理等，予以必要指导或建议。

【登录有形文化遗产之现状等的报告】

第六十八条　文化厅长官认为必要时，可以要求登录有形文化遗产所有人或管理团体报告其所有或管理的登录有形文化遗产的管理或修缮等状况。

【伴随所有人变更的登录证书之移交】

第六十九条　登录有形文化遗产的所有人发生变更后，旧所有人必须在向新所有人移交该登录有形文化遗产的同时移交该登录有形文化遗产的登录证书。

第三节　重要文化遗产及登录有形文化遗产之外的有形文化遗产（第七十条）

【技术性指导】

第七十条　重要文化遗产及登录有形文化遗产之外的有形文化遗产的所有人，可以请求文化厅长官在有形文化遗产的管理或修缮上给予技术性指导。

第四章　无形文化遗产（第七十一条至第七十七条）

【重要无形文化遗产的指定等】

第七十一条　文部科学大臣可以指定无形文化遗产中的重要者为重要无形文化遗产。

2. 根据前款规定，文部科学大臣指定重要无形文化遗产时，必须同时认定该重要无形文化遗产的保持者或保持团体（若为无形文化遗产保持者构成的团体的，则为代表者，以下同）。

3. 依据第一款的指定，应当在《官报》上公告，并应通知所认定的重要无形文化遗产的保持者或保持团体（保持团体的代表者）。

4. 根据第一款之规定，文部科学大臣在指定了重要无形文化遗产后，如果认为某人或某团体仍可作为该项重要无形文化遗产的保持者或保持团体的，可以追加认定其为保持者或保持团体。

5. 前款所规定的追加认定，准用第三款之规定。

【重要无形文化遗产之指定等的撤销】

第七十二条　当重要无形文化遗产丧失其作为重要无形文化遗产之价值或存在其他特别事由时，文部科学大臣可以撤销该重要无形文化遗产之指定。

2. 当文部科学大臣认为保持者因身心障碍不再适合作为保持者、保持团体因成员变动而不宜再作为适当保持团体或者存在其他特别事由时，可以撤销对保持者或保持团体之认定。

3. 第一款规定的指定撤销或者第二款规定的认定撤销，应在《官报》上公告之，并应将撤销结果通知该重要无形文化遗产的保持者或保持团体的代表者。

4. 保持者死亡或保持团体解散（包括不复存在的情形，本条以下同）的，视为保持者或保持团体的认定被撤销；所有保持者死亡或所有保持团体解散的，则视为该重要无形文化遗产的指定被撤销。对于上述撤销，文部科学大臣应在《官报》上公告之。

【保持者姓名等的变更】

第七十三条　保持者的姓名、住所发生变更或者死亡，或者发生文部科学省政令规定事由的，保持者或其继承人应当依据文部科学省政令所规定的书面格式，在该事由发生之日起二十日内向文化厅长官提交书面报告。保持团体的名称、所在地或其代表者发生变更，或其构成人员发生变动，或者团体解散等，保持团体代表者（保持团体解散时，则为其代表者）也应按前述规定上报。

【重要无形文化遗产的保存】

第七十四条 文化厅长官认为重要无形文化遗产有保存之必要时，可以亲自记录该重要无形文化遗产、培育传承人或采取其他适当保存措施；国家对重要无形文化遗产保持者、保持团体或地方公共团体以及其他与该重要无形文化遗产保存有关的单位和个人实施保存所需之费用给予部分财政补助。

2. 关于前款的补助金之交付，准用本法第三十五条第二款、第三款之规定。

【重要无形文化遗产的公开展示】

第七十五条 文化厅长官可以建议重要无形文化遗产保持者或保持团体公开展示其重要无形文化遗产，也可建议重要无形文化遗产记录的所有人公开其记录。

2. 重要无形文化遗产保持者或保持团体公开展示其重要无形文化遗产时，可以准用本法第五十一条第七款之规定。

3. 重要无形文化遗产记录的所有人公开其记录的，国家对其公开记录所需经费给予部分补偿。

【重要无形文化遗产保存的意见和建议】

第七十六条 文化厅长官可以就重要无形文化遗产之保存的必要性，向重要无形文化遗产保持者、保持团体、地方公共团体或者其他被认为适合保存的关系者等给予意见与建议。

【重要无形文化遗产以外的无形文化遗产的记录等】

第七十七条 文化厅长官可以选择重要无形文化遗产以外的无形文化遗产中特别有必要的，亲自对其进行记录、保存或者公开展示；国家对适合保存的保存者记录、保存及公开展示无形文化遗产的，给予部分财政补贴。

2. 前款规定的部分经费财政补助，准用本法第三十五条第二款以及第三款之规定。

第五章 民俗文化遗产（第七十八条至第九十一条）

【重要有形民俗文化遗产及重要无形民俗文化遗产的指定】

第七十八条 文部科学大臣可以指定有形民俗文化遗产中特别重要者为重要有形民俗文化遗产；可以指定无形民俗文化遗产中特别重要者为重要无形民俗文化遗产。

2. 前款重要有形民俗文化遗产的指定，准用本法第二十八条第一款至第四款之规定。

3. 根据第一款规定的重要无形民俗文化遗产之指定，应在《官报》上公告之。

【重要有形民俗文化遗产及重要无形民俗文化遗产的指定之撤销】

第七十九条 重要有形民俗文化遗产或重要无形民俗文化遗产在失去其作为重要有形民俗文化遗产或重要无形民俗文化遗产之价值或者存在其他特别事由时，文部科学大臣可以撤销对该重要有形民俗文化遗产或重要无形民俗文化遗产的指定。

2. 前款规定的重要有形民俗文化遗产的指定之撤销，准用本法第二十九条第二款至第四款之规定。

3. 根据第一款规定的重要无形民俗文化遗产的指定之撤销，应在《官报》上公告之。

【重要有形民俗文化遗产的管理】

第八十条 重要有形民俗文化遗产的管理，准用本法第三十条至第三十四条之规定。

【重要有形民俗文化遗产的保护】

第八十一条 试图变更重要有形民俗文化遗产现状、实施对其保存环境造成影响之行为的，必须在上述行为实施之日的前二十日以内，根据文部科学省政令所规定的格式要求，向文化厅长官提出书面申请。但文部科学省政令另有规定的除外。

2. 当文化厅长官认为必要时，可以对前款中的重要有形民俗文化遗产现状之改变、实施对重要有形民俗文化遗产保存环境造成影响的行为之申请，给予必要之指示。

第八十二条　试图将重要有形民俗文化遗产运出国境的，必须获得文化厅长官的许可。

第八十三条　有关重要有形民俗文化遗产的保护，准用本法第三十四条之二至第三十六条、第三十七条第二款至第四款、第四十二条、第四十六条以及第四十七条之规定。

【重要有形民俗文化遗产的公开展示】

第八十四条　重要有形民俗文化遗产的所有人或管理团体（本法第八十条中准用第三十二条之二条第一款接受指定的地方公共团体及其他法人，本章以下及第十二章相同）以外的其他人在其主办的展览会或以其他方式向公众公开展示该重要有形民俗文化遗产时，必须在其公开展示之日前三十日内，根据文部科学省政令所规定的格式向文化厅长官提出书面申请。但文化厅长官之外的其他国家机关或地方公共团体以及事先取得文化厅长官许可无须事前申请的博物馆及其他机构（以下称为"事先免除公开展示申请的机构"）主办的展览会或以其他方式公开展示的，在其公开展示结束之日起二十日内向文化厅长官报告即可。

2. 前款主文中的申请，准用本法第五十一条第四款以及第五款之规定。

第八十五条　重要有形民俗文化遗产的公开展示，准用本法第四十七条之二至第五十二条之规定。

【重要有形民俗文化遗产调查、所有人变更后的权利义务继承】

第八十六条　为保存重要有形民俗文化遗产而实施的调查，准用本法第五十四条之规定；重要有形民俗文化遗产的所有人变更、管理团体的指定以及指定撤销，准用本法第五十六条之规定。

【重要无形民俗文化遗产的保存】

第八十七条　文化厅长官认为重要无形民俗文化遗产有保存之必要的，可亲自记录该重要无形民俗文化遗产或实施其他适当的保存之措施，国家对地方公共团体或其他适当保存者保存重要无形民俗文化遗产所需之费用给予部分财政补贴。

2. 前款财政补贴，准用本法第三十五条第二款以及第三款之规定。

【重要无形民俗文化遗产之记录的公开】

第八十八条　文化厅长官可以建议重要无形民俗文化遗产记录的所有

人公开其记录。

2. 重要无形民俗文化遗产记录的所有人公开其记录的，准用本法第七十五条第三款之规定。

【有关重要无形民俗文化遗产保存的意见、建议】

第八十九条　在保存重要无形民俗文化遗产问题上，文化厅长官可以对地方公共团体或其他被认为适合保存重要无形民俗文化遗产的个人提供必要意见或建议。

【登录有形民俗文化遗产】

第九十条　文部科学大臣对于重要有形民俗文化遗产以外的有形民俗文化遗产（本法第一百八十二规定由地方公共团体指定的除外）中具有文化价值并有必要保存与利用的，可以在文化遗产名录上予以登录。

2. 前款之登录，准用本法第五十七条第二款、第三款之规定。

3. 根据前两款规定的登录的有形民俗文化遗产（以下称为"登录有形民俗文化遗产"），准用本法第三章第二节（除第五十七条外）之规定。在准用中，第六十四条第一款与第六十五条第一款中的"三十日内"替换为"二十日内"；第六十四条第一款但书中的"实施修缮措施、非常灾害的必要应急措施或者为实施依据其他政令的改变现状之命令而采取措施的"替换为"文部科学省政令所规定的情况"。

【重要无形民俗文化遗产以外的无形民俗文化遗产之记录的作成等】

第九十一条　重要无形民俗文化遗产以外的无形民俗文化遗产的记录等，准用本法第七十七条之规定。

第六章　埋藏文化遗产（第九十二条至第一百〇八条）

【为调查的发掘申请、指示及命令】

第九十二条　调查或发掘埋藏地下的文化遗产（以下称为"埋藏文化遗产"）的调查者或发掘者，必须根据文部科学省政令之规定，在决定发掘之日的前三十日内向文化厅长官提出书面申请；但文部科学省政令另有规定的，则不在此限。

2. 文化厅长官认为在埋藏文化遗产的保护上有特别必要时，可以就与前款申请相关的必要发掘事项及申请报告等作出指示，或者命令禁止、停止或中止发掘。

【因土木工程等埋藏文化遗产的发掘之申请及指示】

第九十三条　因土木工程等其他调查埋藏文化遗产之其他目的，想要发掘以贝冢、古坟等被周知的文化遗产埋藏地（以下称为"周知的文化遗产埋藏地"）的，准用前条第一款之规定；但该款中的"三十日内"应替换为"六十日内"。

2. 文化厅长官认为埋藏文化遗产有特别保护之必要时，可以就前款中准用前条第一款的相关发掘之申请、在该发掘实施前为记录埋藏文化遗产而进行的发掘之调查以及其他事项，给予必要指示。

【国家机关等实施发掘的特例】

第九十四条　国家机关、地方公共团体或者国家、地方公共团体根据政令规定设立的法人等（本条以下及第九十七条，称为"国家机关等"），根据前条第一款之规定，在周知的文化遗产埋藏地发掘埋藏文化遗产时，不得适用该条之规定，但当国家机关等决定上述发掘时，必须事先将发掘实施方案等通告文化厅长官。

2. 文化厅长官在收到前款通告后，如果认为有特别保护之必要，可以就国家机关等制定的发掘实施方案等提出磋商之要求。

3. 国家机关等在接到前款磋商之要求后，必须就其发掘实施方案等与文化厅长官进行磋商。

4. 除第二款规定的情形外，文化厅长官在收到第一款之通告后，可以对该发掘实施方案等中的埋藏文化遗产保护给予必要的建议。

5. 当前各款中的国家机关等为各省、厅长官（《国有财产法》[①] 第四条第二款规定的各省、厅长官，以下同）时，各款中的通告、磋商或建议通过文部科学大臣进行。

【文化遗产埋藏地的周知】

第九十五条　国家及地方公共团体必须为全社会了解文化遗产埋藏地而努力收集整理资料并采取必要的宣传措施。

2. 对于地方公共团体实施的前款各项措施，国家可以给予指导、建

---

① 1948 年（昭和 23 年）6 月 30 日法律第 73 号，2012 年（平成 24 年）6 月 27 日法律第 42 号最终修改。

议及其他被认为必要之援助。

【遗址发现的报告、命令等】

第九十六条 除第九十二条第一款调查中发现的情形之外，土地所有人或占用人因出土遗物等发现贝冢、古坟、居住遗址或其他遗址时，不改变遗址现状、不得延迟，必须根据文部科学省政令所规定的格式书面向文化厅长官报告。但如果是为防止灾害发生而采取应急措施的，可以在一定限度内对遗址现状进行必要变更。

2. 文化厅长官接到前款报告后，如果认为所报告的遗址重要且为保护有实施调查必要的，可以命令该土地的所有人或占用人禁止在限定的期限内及划定的区域内，实施任何改变现状之行为，但所限定的期限不得超过三个月。

3. 文化厅长官在作出前款命令前，必须事先听取相关地方公共团体的意见。

4. 第二款之命令必须在第一款的报告之日起一个月内作出。

5. 如果第二款中的调查未能在规定的期限内完成且有继续调查之必要的，文化厅长官可以命令延长调查期限，但只能延长一次且整个调查期限累计不得超过六个月。

6. 第二款及前款的期间计算，包含从第一款报告之日起到第二款命令发布之日的期间。

7. 文化厅长官未收到第一款之报告的，也可采取第二款及第五款所规定的措施。

8. 除第二款规定的措施外，文化厅长官收到第一款规定的报告时，可以就遗址之保护作出必要指示。除前款规定采取第二款中的措施外，即便是未收到第一款规定的报告，文化厅长官也可以就遗址之保护作出必要指示。

9. 对于因第二款之命令所遭受的一般性损失，国家应该给予补偿。

10. 关于前款的国家补偿，准用本法第四十一条第二款至第四款之规定。

【国家机关等发现遗址的特别规定】

第九十七条 当国家机关等发现前条第一款所规定之遗址时，则不适用该条之规定；除第九十二条第一款以及第九十九第一款所规定的因调查发现的遗址外，不得改变其现状、不得迟延立刻报告文化厅长官。但为防止灾害发生而采取应急措施的，则可以在一定限度内对遗址现状进行必要的变更。

2. 文化厅长官在接到前款报告后，认为所发现的遗址特别重要且为保护有调查之必要的，可以要求国家机关等就该遗址的调查、保存等事项与文化厅进行磋商。

3. 收到前款磋商要求的国家机关等必须与文化厅长官进行磋商。

4. 文化厅长官在接到第一款之报告后，除前两款规定的情形外，可以就该遗址保护做出必要之建议。

5. 前各款规定的情形，准用本法第九十四条第五款之规定。

【由文化厅长官实施的发掘】

第九十八条　文化厅长官认为埋藏文化遗产具有特别高的历史和学术价值、对其调查在技术上存在难度且有必要由国家实施调查的，可以对其实施土地发掘调查。

2. 实施前款土地发掘时，文化厅长官必须事先就实施发掘的目的、发掘方法以及发掘开始日期等书面通知文化遗产埋藏地的所有人以及合法占有人。

3. 第一款的调查实施，准用第三十九条（包括该条第三款中准用第三十二条之二第五款规定）及第四十一条之规定。

【由地方公共团体实施的发掘】

第九十九条　除文化厅长官根据前条第一款规定实施的发掘外，地方公共团体认为有调查埋藏文化遗产之必要的，可以对可能埋藏文化遗产的土地进行发掘调查。

2. 当前款发掘的埋藏文化遗产所在地属国家所有并被国家机关所占有时，地方公共团体教育委员会必须事先与相关各省、各厅长官及其他国家机关就发掘目的、方法、日期及其他必要事项进行协商。

3. 关于第一款之发掘，地方公共团体可以要求相关事业单位提供协助。

4. 对于由地方公共团体实施的发掘，文化厅长官可以提供必要的指导与建议。

5. 对于由地方公共团体实施的发掘，国家可以给予部分财政补贴。

【返还或通知等】

第一百条　对于根据第九十八条第一款规定发掘的埋藏文化遗产，在判明所有人时，文化厅长官应该将其返还给该所有人；在无法判明的情况下，可不受《遗失物法》① 第四条第一款规定的约束，直接通知警察署长即可。

2. 如果根据前条第一款之规定，都、道、府、县或《地方自治法》② 第二百五十二条之十九第一款的指定都市（以下称为"指定都市"）或第二百五十二条之二十二第一款所规定的中心城市（以下称为"指定城市等"）的教育委员会通过发掘发现埋藏文化遗产时，准用前款之规定。

3. 警察署长在收到第一款（包括前款准用）中的通知时，必须根据《遗失物法》第七条第一款之规定，立刻公告之。

【提交】

第一百〇一条 根据《遗失物法》第四条第一款规定，如果所提交的埋藏物属于文化遗产时，警察署长必须立刻将埋藏物提交给被发现地所在都、道、府、县的教育委员会（若为指定都市等则是该指定都市等的教育委员会，以下同），但若能判明所有人的，则不受此限。

【鉴定】

第一百〇二条 都、道、府、县教育委员会必须对前条中规定的、所提交的埋藏物是否为文化遗产进行鉴定。

2. 经过鉴定，都、道、府、县教育委员会认为埋藏物为文化遗产的，必须将这一结果通知警察署长。如果都、道、府、县教育委员会认为埋藏物不是文化遗产的，则必须将该物件返还给警察署长。

【移交】

第一百〇三条 当第一百〇一条第一款、第二款以及前条第二款所规定的文化遗产所有人请求警察署长返还其文化遗产时，文化厅长官、都、道、府、县教育委员会或指定都市教育委员会等必须将该文化遗产移交给警察署长。

【所有权的国家归属与褒赏金】

第一百〇四条 第一百〇一条第一款规定文化遗产、第一百〇二条第

---

① 2006年（平成18年）6月15日法律第73号制定，2015年（平成27年）9月9日法律第65号最终修改。

② 1947年（昭和22年）4月17日法律第67号制定，2015年（平成27年）9月4日法律第63号最终修改。

二款规定的文化遗产（仅限于国家机关或独立行政法人国立文化遗产机构因调查而发现的埋藏文化遗产）中，无法判明所有人的，其所有权归国家所有；但文化厅长官应该将埋藏文化遗产的发现情况通告土地所有人，并向其支付埋藏文化遗产价格二分之一的金钱作为褒赏金。

2. 关于前款中的褒赏金，准用第四十一条第二款至第四款之规定。

【所有权的都、道、府、县归属与褒赏金】

第一百〇五条 第一百条第二款规定的文化遗产、第一百〇二条第二款规定的文化遗产（除前条第一款规定的文化遗产外）中，无法判明所有人的，其所有权归发现地都、道、府、县所有；但都、道、府、县教育委员会应将该文化遗产的发现通告发现人或发现地的土地所有人，并向其支付与其价格相当的金钱作为褒赏金。

2. 前款规定的发现人与土地所有人不是同一人时，所支付的褒赏金一人一半。

3. 第一款中的褒赏金金额，由都、道、府、县教育委员会决定。

4. 根据前款决定的褒赏金金额，准用第四十一条第三款之规定。

5. 因前款准用第四十一条第三款之规定而提起的诉讼，都、道、府、县为被告。

【让与等】

第一百〇六条 除根据第一百〇四条第一款规定属国家所有或从保存或价格上有必要由国家所有的文化遗产外，政府可以在相当于发现该文化遗产所支付褒赏金的价格内，将该文化遗产让与文化遗产发现地的土地所有人。

2. 前款所规定的让与价格为扣除第一百〇四条规定的褒赏金金额后的余额。

3. 除根据第一百〇四条第一款规定属国家所有或从保存或价格上有必要由国家所有的文化遗产外，独立行政法人国立文化遗产机构或发现地的地方公共团体，可以通过申请以低于市场价格获得政府的让与。

第一百〇七条 除根据第一百〇五条第一款规定属都、道、府、县所有或从保存或价格上有必要由都、道、府、县保有的文化遗产外，都、道、府、县教育委员会可以在相当于发现该文化遗产所支付褒赏金的价格内，将该文化遗产让与文化遗产发现地的土地所有人。

2. 在前款所规定的让与价格为扣除第一百〇五条规定的褒赏金金额

后的余额。

【遗失物法的适用】

第一百〇八条　除本法有特殊规定外，关于埋藏文化遗产适用《遗失物法》之规定。

第七章　史迹名胜天然纪念物（第一百〇九条至第一百三十三条）

【指定】

第一百〇九条　文部科学大臣可以指定纪念物中的重要者为史迹、名胜地及天然纪念物（以下总称为"史迹名胜天然纪念物"）。

2. 文部科学大臣可以在被指定的史迹名胜天然纪念物中指定特别重要者为特别史迹、特别名胜及特别天然纪念物（以下总称为"特别史迹名胜天然纪念物"）。

3. 前两款之指定应在《官报》上公告之，并将指定之结果通知史迹名胜天然纪念物和特别史迹名胜天然纪念物的所有人或合法占有人。

4. 因前款通知人数众多而不宜个别通知的，文部科学大臣可将该通知内容在该特别史迹名胜天然纪念物或史迹名胜天然纪念物所在地的市（含特别区）町村办公场所的公告栏中公告，公告两周后则视为通知送达。

5. 第一款、第二款之指定自第三款所规定的公告之日起生效。但对该特别史迹名胜天然纪念物及史迹名胜天然纪念物所有人或合法占有人，则自第三款所规定的通知送达之日起生效。

6. 在指定名胜或天然纪念物前，如果所指定的名胜或天然纪念物具有很高环境保护之价值的，文部科学大臣必须与环境大臣进行磋商。

【临时指定】

第一百一十条　在前条第一款的指定之前，都、道、府、县教育委员会（如果所指定的纪念物在指定都市区域内的，则为该指定都市教育委员会，除第一百三十三条外，以下本章同）认为存在紧急事由的，可以对史迹名胜天然纪念物进行临时指定。

2. 都、道、府、县教育委员会在进行前款临时指定后，必须直接向文部科学大臣报告。

3. 根据第一款的临时指定，准用前条第三款至第五款之规定。

【所有权等的尊重与其他公共利益的协调】

第一百一十一条 文部科学大臣或都、道、府、县教育委员会在根据第一百〇九条第一、第二款或前条第一款的规定指定或临时指定时，不仅要特别注意尊重关系人的所有权、矿业权及其他财产权，同时也必须特别注意其与国土开发及其他公共事业之间关系的协调。

2. 当文部科学大臣或文化厅长官认为有必要保护和整备与名胜或天然纪念物相关的自然之环境的，可以向环境大臣陈述自己的意见。文化厅长官在陈述上述意见时，应通过文部科学大臣为之。

3. 从自然环境保护出发，对有较高价值的名胜或天然纪念物，环境大臣认为有保护和利用之必要时，可向文部科学大臣或通过文部科学大臣向文化厅长官陈述意见。

【指定或临时指定的撤销】

第一百一十二条 当特别史迹名胜天然纪念物或史迹名胜天然纪念物失去其价值或出现其他特别事由时，文部科学大臣或都、道、府、县教育委员会可以撤销其指定或临时指定。

2. 当根据第一百一十条第一款规定的临时指定被根据第一百〇九条第一款规定的指定取代或者临时指定自被指定后两年内未被正式指定时，该临时指定之效力即刻丧失。

3. 当文部科学大臣认为第一百一十条第一款的临时指定不当时，可以撤销该临时指定。

4. 第一款或前款的指定及临时指定之撤销，准用第一百〇九条第三款至第五款之规定。

【由管理团体实施的管理或修复】

第一百一十三条 在史迹名胜天然纪念物的所有人或根据第一百一十九条第二款规定选任的管理人管理陷入困难或者明显管理不当甚至无法判明所有人等情况下，为保存该史迹名胜天然纪念物，文化厅长官可以指定适当的地方公共团体或其他法人对其进行必要的管理或修复（包括为保存该史迹名胜天然纪念物的必要设施、设备以及其他物件中属于该史迹名胜天然纪念物所有人所有或管理的设施、设备以及其他物件的管理或修复）。

2. 对于前款中的指定，文化厅长官必须事先征得被指定地方公共团体或其他法人的同意。

3. 第一款之指定，除应在《官报》上公告外，还应通知该史迹名胜天然纪念物所有人、合法占有人以及被指定的地方公共团体或其他法人。

4. 第一款之指定，准用第一百〇九条第四款、第五款之规定。

第一百一十四条 当前条第一款规定的事由已经消灭或出现其他新事由时，文化厅长官可以撤销对管理团体的指定。

2. 前款规定的指定撤销，准用前条第三款、第一百〇九条第四款、第五款之规定。

第一百一十五条 根据第一百一十三条第一款规定，接受管理团体指定的地方公共团体或其他法人（在以下本章及第十二章中称为"管理团体"）必须依据文部科学省政令所规定的标准，设置管理所需的必要标识、说明板、界标、围栏以及其他设施。

2. 被指定为史迹名胜天然纪念物的地域内土地所在、地名及面积等发生变化时，管理团体必须根据文部科学省政令之规定，向文化厅长官报告。

3. 管理团体在修复史迹名胜天然纪念物时，必须事前就修复方法、修复日期等听取该史迹名胜天然纪念物所有人（除所有人不明外）或合法占有人的意见。

4. 史迹名胜天然纪念物的所有人或占有人无正当理由，不得拒绝、妨碍或回避管理团体实施的管理或修复以及与之相关的其他必要之措施。

第一百一十六条 除本法有特别规定外，管理团体实施管理或修复所需费用由管理团体承担。

2. 前款之规定并不妨碍所有人与管理团体通过协商，由所有人在管理团体实施管理或修复措施而受益的范围内承担部分管理或修复之费用。

3. 管理团体可以对参观其所管理的史迹名胜天然纪念物之民众，征收参观费。

第一百一十七条 对于因管理团体实施管理或修复措施而遭受经济损失的关系人，管理团体必须给予适当补偿。

2. 前款的补偿之额度由管理团体（管理团体为地方公共团体时则为该地方公共团体的教育委员会）决定之。

3. 根据前款之规定的补偿额度，准用第四十一条第三款之规定。

4. 因前款准用第四十一条第三款之规定而提起的诉讼，管理团体为被告。

第一百一十八条　有关管理团体实施管理，准用第三十条、第三十一条第一款及第三十三条之规定；有关管理团体实施的管理与修复，准用第三十五条、第四十七条之规定；关于管理团体的指定或者指定的撤销，准用第五十六条第三款之规定。

【由所有人实施的管理或修复】

第一百一十九条　除管理团体外，史迹名胜天然纪念物的所有人也可以对史迹名胜天然纪念物进行管理或修复。

2. 前款规定的管理史迹名胜天然纪念物的所有人，在特别情况下，可以选任合适人选代替自己承担对该史迹名胜天然纪念物的管理责任（本章及第十二章以下称为"管理责任人"）。关于管理责任人的选任，准用第三十一条第三款之规定。

第一百二十条　有关所有人实施之管理，准用第三十条、第三十一条第一款、第三十二条、第三十三条、第一百一十五条第一款及第二款（除该条第二款有管理责任人外）之规定；有关所有人实施的管理与修复，准用第三十五条及第四十七条之规定；伴随所有人变更而产生的权利义务之继承，准用第五十六条第一款之规定；所有人选任的管理责任人实施之管理，准用第三十条、第三十一条第一款、第三十二条第三款、第三十三条、第四十七条第四款及第一百一十五条第二款之规定。

【有关管理的命令或建议】

第一百二十一条　因管理不当有使史迹名胜天然纪念物灭失、损毁、消亡或被盗之虞的，文化厅长官可命令或建议管理团体、所有人或管理责任人改善其管理方法、设置保护设施或采取其他适当管理之措施等。

2. 前款命令或建议，准用第三十六条第二款及第三款之规定。

【有关修复的命令或建议】

第一百二十二条　对于存在损毁或消亡现象的特别史迹名胜天然纪念物，文化厅长官认为有保护之必要的，可命令或建议该特别史迹名胜天然纪念物的管理团体或所有人对其进行修复。

2. 对于存在损毁或消亡现象的特别史迹名胜天然纪念物外的史迹名胜天然纪念物，文化厅长官认为有保护之必要的，可以建议该管理团体或所有人实施必要修复措施。

3. 前二款的管理或修复，准用第三十七条第三款及第四款之规定。

【由文化厅长官实施的修复等】

第一百二十三条 发生下列情形之一的，文化厅长官可亲自对特别史迹名胜天然纪念物进行修复，实施防止其灭失、损毁、消亡及被盗之措施。

（一）管理团体、所有人或管理责任者不服从前两条之命令的。

（二）特别史迹名胜天然纪念物正在发生损毁、消亡或者有灭失、损毁、消亡或被盗之虞，管理团体、所有人或管理责任人采取的修复或防止灭失、损毁、消亡及被盗等措施不当的。

2. 前款中的相关措施，准用第三十八条第二款、第三十九条至第四十一条之规定。

【史迹名胜天然纪念物让渡时补助金的返还】

第一百二十四条 根据第一百一十八条及第一百二十条中准用第三十五条第一款之规定，国家对采取修复或防止史迹名胜天然纪念物灭失、损毁、消亡或失盗之措施的管理团体给予资金补助；根据第一百二十一条第二款中准用第三十六条第二款、根据第一百二十二条第三款中准用第三十七条第三款或根据前条第二款中准用第四十条第一款之规定，国家承担了与史迹名胜天然纪念物相关费用的，准用第四十二条之规定。

【限制改变现状以及恢复原状等命令】

第一百二十五条 改变史迹名胜天然纪念物的现状或为保护史迹名胜天然纪念物实施对其有影响之行为时，必须获得文化厅长官的许可。但若现状的改变是为维护史迹名胜天然纪念物或为预防非常灾害而实施的对其保存影响轻微之措施的，则不在此限。

2. 前款但书规定的维护措施之范围，由文部科学省政令规定之。

3. 给予第一款之许可的，准用第四十三条第三款之规定；接受第一款之许可者，准用第四十三条第四款之规定。

4. 根据第一款规定，在处理相关利益关系时，准用第一百一十一条第一款之规定。

5. 对于未获第一款之许可或因第三款中准用第四十三条第三款规定实施许可之条件而遭受经济损失的，国家应予适当经济补偿。

6. 有关前款的经济补偿，准用第四十一条第二款至第四款之规定。

7. 对于未获第一款之许可或者不服从第三款中准用第四十三条第三款所规定的许可之条件的，文化厅长官可命令其恢复原状，并可以就该恢复给予必要指示。

【相关行政机构的通知】

第一百二十六条 根据前条第一款规定，对于实施必须获得许可之行为，在其他政令所规定的许可或必须接受其他政令之处分的情况下，拥有相关职权的行政机关或其受托人，应该依据政令之规定，将其相关之决定通告文化厅长官（由第一百八十四条第一款规定，当前条第一款中的许可由都、道、府、县教育委员会或市教育委员会做出时，则为该都、道、府、县教育委员会或市教育委员会）。

【修复之申请等】

第一百二十七条 根据文部科学省政令之规定，管理团体或所有人修复史迹名胜天然纪念物时，必须在修复开始前三十日向文化厅长官提出修复申请。但根据第一百二十五条第一款规定必须获得许可或文部科学省政令规定的其他情形的，则不在此限。

2. 文化厅长官认为史迹名胜天然纪念物有保护之必要时，可以对前款申请的史迹名胜天然纪念物之修复，给予技术性指导或修复意见。

【环境保全】

第一百二十八条 为保护史迹名胜天然纪念物，文化厅长官可以命令划定一定范围，并在该范围内限制或禁止一定行为，或者设置其他必要保护性设施。

2. 因前款行政命令遭受经济损失的，国家给予适当经济补偿。

3. 违反第一款限制或禁止之规定的，准用第一百二十五条第七款之规定；前款经济补偿，准用第四十一条第二款至第四款之规定。

【由管理团体购买的财政补贴】

第一百二十九条 作为管理团体的地方公共团体或其他法人认为为保护所管理的史迹名胜天然纪念物而有必要购买与该史迹名胜天然纪念物相关的土地、建造物或其他地上定着物的，国家可以对其购买所需费用给予部分财政补贴。

2. 关于前款财政补贴，准用第三十五条第二款、第三款以及第四十二条之规定。

【为保护而实施的调查】

第一百三十条 文化厅长官认为必要时，可以要求管理团体、所有人或管理责任人，报告史迹名胜天然纪念物的现状、史迹名胜天然纪念物的管理、修复或者环境保全的状况等。

第一百三十一条　存在下列情形之一，且文化厅长官根据前条报告不能确认史迹名胜天然纪念物的现状、也无其他确认方法的，可以指派调查员进入该史迹名胜天然纪念物所在地或其邻接地，对其现状、管理、修复或者环境保全等进行实地调查，并可以就相关土地的开发、障碍物的清除或为实现调查而采取必要之措施，但所采取的措施不得明显危害相关土地所有人、占有人及其他关系人的利益。

（一）申请改变史迹名胜天然纪念物之现状或实施影响其保护环境之行为的。

（二）史迹名胜天然纪念物有损毁或消亡迹象的。

（三）史迹名胜天然纪念物有灭失、损毁、消亡或被盗之虞的。

（四）因特别事由，有必要重新调查特别史迹名胜天然纪念物或史迹名胜天然纪念物之价值的。

2. 因前款调查或实施的措施遭受经济损失的，国家给予适当经济补偿。

3. 第一款之调查，准用第五十五条第二款之规定；前款之补偿，准用第四十一条第二款至第四款之规定。

【登录纪念物】

第一百三十二条　文部科学大臣对史迹名胜天然纪念物（包含都、道、府、县教育委员会根据第一百一十条之规定临时指定的）以外的纪念物（除地方公共团体根据第一百八十二条第二款规定指定的纪念物外）中具有文化遗产价值并有必要加以保存与利用的，可以登录在文化遗产名录上。

2. 前款登录，准用第五十七条第二款及第三款、第一百〇九条第三至第五款、第一百一十一条第一款之规定。

第一百三十三条　根据前条规定登录的纪念物（以下称为"登录纪念物"），准用第五十九条第一款至第五款、第六十四条、第六十八条、第一百一十一条第二款第三款以及第一百一十三条至第一百二十条之规定。在这种情况下，将第五十九条第一款中的"根据第二十七条第一款被指定为重要文化遗产"替换为"根据第一百〇九条第一款指定的史迹名胜天然纪念物（包括根据第一百一十条第一款规定由都、道、府、县教育委员会临时指定的史迹名胜天然纪念物）"、该条第四款中的"通知所有人"替换为"通知所有人及合法占有人，但若被通知方人数明显过多不宜逐一通知的，文部科学大臣可以在该登录纪念物所在地的市、町、村办公地公告栏公告，公告两周后视为通知送达"；该条第五款中的"关于撤销，准用前条第二款之规定"替换为"根据前款之规定，撤销自在《官报》上公告之日起生效。但根据前款之规定，自通知送达或视为送达该登录纪念物所有人或合法占有人起生效"；第一百一十三条第一款中的"被认为明显不当时"替换为"因明显不当相关地方团体提出申请时，应该听取相关地方公共团体的意见"；第一百一十八条及第一百二十条中的"第三十条、第三十一条第一款"替换为"第三十一条第一款"，"准用"可替换为"准用，在这种情况下，第三十一条第一款中'服从文部科学省政令及文化厅长官指示'替换为'服从文部科学省政令'"；第一百一十八条中的"准用第三十五条、第四十七条之规定；关于管理团体的指定或者指定的撤销，准用第五十六条第三款之规定"替换为"第四十七条第四款"；第一百二十条中的"准用第三十五条、第四十七条之规定；所有人变更后权利义务继承，准用第五十六条第一款之规定"替换为"第四十七条第四款"。

第八章 重要文化景观（第一百三十四条至第一百四十一条）

【重要文化景观的选定】

第一百三十四条 根据都、道、府、县或市、町、村的申请，文部科学大臣在参照文部科学省省令规定的标准之基础上，可以选定都、道、府、县或市、町、村根据《景观法》①第八条第一款第（一）项、第六十一条第一款规定的景观规划区或景观区中，那些采取必要保护措施且特别重要的文化景观为重要文化景观。

2. 前款之选定，准用第一百〇九条第三款至第五款之规定。在准用时，第三款中的"合法占有人"替换为"合法占有人及根据第一百三十

---

① 2004年（平成16年）6月18日法律第100号通过，2015年（平成27年）6月26日法律第50号最终修改。

四条第一款之规定提出申请的都、道、府、县及市、町、村"。

【重要文化景观选定的撤销】

第一百三十五条 当重要文化景观失去其价值或出现其他特殊事由时，文部科学大臣可以撤销其选定。

2. 前款撤销，准用前条第二款之规定。

【灭失或损毁】

第一百三十六条 重要文化景观全部或部分灭失或损毁的，所有人或合法占有人（以下称为"所有人等"）必须在知道上述事实之日起十日内，以文部科学省政令所规定的记载事项，书面向文化厅长官报告。但文部科学省政令规定的、明显不会对重要文化景观保存产生重大影响的，则不在此限。

【有关管理之建议或命令】

第一百三十七条 因管理不当，文化厅长官认为重要文化景观有灭失、损毁之虞的，可以对该重要文化景观所有人等，就管理方法的改善或采取其他管理措施等提出建议。

2. 收到前款建议的所有人等，无正当理由不实施相关建议或与建议相关的、被认为必要之措施的，文化厅长官可以命令其实施之。

3. 文化厅长官在做出第一款建议或第二款命令时，必须事前听取根据第一百三十四条第一款规定提出重要文化景观选定之申请的都、道、府、县或市、町、村的意见。

4. 第一款建议及第二款命令的相关费用之承担，准用第三十六条第二款、第三款之规定。

【让渡重要文化景观时补助金的退还】

第一百三十八条 根据前条第四款中准用第三十六条第二款之规定，国家承担了为防止重要文化景观灭失、损毁而实施必要措施所需之费用，准用第四十二条之规定。

【现状变更之申请】

第一百三十九条 试图改变重要文化景观现状或实施影响重要文化景观保存之行为的行为人，根据文部科学省政令之规定，必须在实施前述行为的前三十日向文化厅长官申请。但如果重要文化景观的现状之改变、维持措施等是为防止自然灾害发生而采取的必要应急措施，或是根据政令被命令变更且对重要文化景观的保存影响轻微的，则不在此限。

2. 前款但书所规定的维持措施的范围，由文部科学省政令规定之。

3. 在重要文化景观的保护上，文化厅长官认为必要时可以就与第一款之申请相关的现状改变或影响其保存之行为，给予指导、建议或意见。

【现状之报告等】

第一百四十条 文化厅长官认为必要时，可以要求重要文化景观所有人等，报告其重要文化景观的现状、管理或修复等状况。

【与其公益的协调】

第一百四十一条 文部科学大臣根据第一百三十四条第一款之规定，选定重要文化景观时，必须尊重相关主体的所有权、采矿权以及其他财产权，还应注意与国土开发及其他公益间的协调，以及与农林水产业及其他领域产业间的利益协调。

2. 有鉴于重要文化景观的特性，文化厅长官在根据第一百三十七条第一款、第二款以及第一百三十九条第三款之规定提出建议或发布命令时，必须考虑与国土开发及其他公益间的协调，同时也必须从协调农林水产业及其他领域产业的发展出发，根据相关政令之规定，事先与各相关省厅长官进行协商。

3. 都、道、府、县或市、町、村为保存重要文化景观、特别是那些为保存重要文化景观所必需之物件的管理、维修，景观的维护与修复等所需经费，国家应给予部分财政补贴。

第九章 传统建造物群保存地区（第一百四十二条至第一百四十六条）

【传统建造物群保存地区的定义】

第一百四十二条 本章"传统建造物群保存地区"是指，市、町、村根据第一百四十三条规定，决定有保存必要的传统建造物群以及与之形成一体的、具有保存价值的区域。

【传统建造物群保存地区的决定及其保护】

第一百四十三条 根据《城市规划法》[①]第五条或第五条之二的规

[①] 1968年（昭和43年）6月15日法律第100号通过，2015年（平成27年）6月26日法律第50号最终修改。

定，市、町、村可以在被指定的城市规划区域或准城市规划区域内，确定传统建造物群保存地区。在这种情况下，为保存该区域，市、町、村根据政令所规定的标准，可以通过制定条例规制变更地区现状的行为或实施其他必要保存之措施。

2. 市、町、村可根据自己制定的条例，在前款规定的城市规划区域及准城市规划区域外，确定传统建造物群保存地区。该确定，准用前款后段之规定。

3. 都、道、府、县知事根据《城市规划法》第十九条第三款之规定，同意第一款的传统建造物群保存地区之规划的，必须事先听取都、道、府、县教育委员会的意见。

4. 市、町、村在确定或撤销传统建造物群保存地区、制定或废除传统建造物群保存地区之条例时，必须向文化厅长官报告。

5. 文化厅长官及都、道、府、县教育委员会可以对市、町、村保存传统建造物群保存地区等，给予必要指导或建议。

【重要传统建造物群保存地区的选定】

第一百四十四条　根据市、町、村的申请，文部科学大臣可以在传统建造物保存地区的区域内，选定具有特别价值的为"重要传统建造物群保存地区"。

2. 前款的选定结果，要在《官报》公告并通知提出申请的市、町、村。

【选定的撤销】

第一百四十五条　在重要传统建造物群保存地区失去其特别价值或存在其他特别事由时，文部科学大臣可撤销该选定。

2. 前款选定的撤销，准用前条第二款之规定。

【有关管理等的财政补助】

第一百四十六条　为保护重要传统建造物群保存地区，国家对于都、道、府、县或市、町、村管理、维护、修复该地区内的建造物以及与传统建造物群等形成一体环境的其他必要之物件等所需经费，可以给予部分财政补贴。

第十章 文化遗产的保存技术之保护（第一百四十七条至第一百五十二条）

【保存技术的选定等】

第一百四十七条 文部科学大臣可以选定保存文化遗产所不可或缺且有必要采取保护措施的传统保存技术或技能为"选定保存技术"。

2. 根据前款之规定，文部科学大臣在选定所要保护的保存技术的同时，必须认定选定保存技术的保持者或保存团体（包括以保存选定保护技术为目的的组织、含财团的代表者或管理人所确定的主体，以下同）。

3. 第一款选定保存技术的前款之认定，可以并列认定保持者与保存团体。

4. 根据第一款的选定以及根据第二款的认定，准用第七十一条第三款至第五款之规定。

【选定等的撤销】

第一百四十八条 当文部科学大臣认为所选定的保存技术没有必要再予以保存或存在其他特别事由时，可撤销该选定。

2. 当选定的保存技术的保持者因身心障碍不再适合作为保持者或保持团体不再适合作为保持团体以及存在其他特别事由时，文部科学大臣可以撤销保持者或保持团体的认定。

3. 前二款之撤销，准用第七十二条第三款之规定。

4. 根据前条第二款之规定，只认定了保持者而所认定的保持者全部死亡、只认定了保持团体而所认定的保持团体解散（包括终止、以下同），或者既认定了保持者又认定了保持团体但所有被认定的保持者死亡且保持团体也解散的，文部科学大臣可以撤销对该选定保存技术的选定。对于这种选定的撤销，文部科学大臣必须在《官报》上公告之。

【保持者姓名的变更等】

第一百四十九条 当保持者的姓名、保持团体的名称等发生变更的，准用第七十三条之规定。准用时，该条后段中的"代表人"替换为"代表人或管理人"。

【选定保存技术的保存】

第一百五十条 文化厅长官认为选定保存技术有保存之必要时，可以亲自记录选定的保存技术、培育传承人或采取适当的被认为必要的其他保存措施。

【选定保存技术之记录的公开】

第一百五十一条 选定保存技术之记录的所有人公开其记录的，准用第八十八条之规定。

【选定保存技术之保存的援助】

第一百五十二条 对于选定保存技术的保持者、保持团体、地方公共团体或其他被认为适当的保存者，国家可以给予必要指导、意见或其他被认为必要的援助。

第十一章 向文化审议会咨询（第一百五十三条）

第一百五十三条 文部科学大臣必须事先就下列事项咨询文化审议会。

（一）国宝或重要文化遗产的指定以及指定撤销；

（二）登录有形文化遗产的登录及登录注销（除第五十九条第一款、第二款所规定的登录之注销外）；

（三）重要无形文化遗产的指定及指定撤销；

（四）重要无形文化遗产保持者及保持团体的认定及认定撤销；

（五）重要有形民俗文化遗产或重要无形民俗文化遗产的指定及其指定撤销；

（六）登录有形民俗文化遗产的登录及登录注销（除第九十条第三款准用第五十九条第一款、第二款所规定的登录注销外）；

（七）特别史迹名胜天然纪念物、史迹名胜天然纪念物的指定及指定的解除；

（八）史迹名胜天然纪念物之暂时指定的解除；

（九）登录纪念物的登录及登录的注销（除第一百三十三条准用第五十九条第一款、第二款所规定的登录注销外）；

（十）重要文化景观的选定及选定撤销；

（十一）重要传统建造物群保存地区的选定以选定撤销；

（十二）选定保存技术的选定及选定撤销；

（十三）选定保存技术的保持者或保持团体的认定及认定撤销。

2. 文化厅长官必须事先就以下所列事项咨询文化审议会。

（一）重要文化遗产的管理或国宝修缮之命令；

（二）文化厅长官实施的国宝修缮或为防止国宝灭失、损毁或被盗而实施的相关措施；

（三）重要文化遗产的现状改变之许可或实施影响重要文化遗产保存之行为的许可；

（四）为保全重要文化遗产之环境，而限制、禁止或建设必要设施之命令；

（五）国家收购重要文化遗产；

（六）在重要无形文化遗产之外的无形文化遗产中，由文化厅长官选择记录或给予记录财政补助的；

（七）重要有形民俗文化遗产的管理之命令；

（八）收购重要有形民俗文化遗产；

（九）在重要无形民俗文化遗产之外的无形民俗文化遗产中，由文化厅记录或给予记录财政补助的；

（十）命令停止改变史迹现状之行为或延长禁止命令期间的；

（十一）为调查埋藏文化遗产，由文化厅长官施行发掘的；

（十二）有关史迹名胜天然纪念物的管理或特别史迹名胜天然纪念物的修复之命令；

（十三）由文化厅长官修复特别史迹名胜天然纪念物或实施为防止其灭失、损毁、消亡及被盗之措施的；

（十四）许可改变史迹名胜天然纪念物之现状或实施影响其保存之行为的；

（十五）为保全史迹名胜纪念物之环境，限制、禁止或建设必要设施之命令；

（十六）未获得改变史迹名胜天然纪念物的现状或实施影响其保存环境的行为之许可，或者因不符上述许可之条件或为保存史迹名胜天然纪念物的环境，违反限制或禁止性规定时恢复现状之命令；

（十七）有关重要文化景观管理之命令；

（十八）第一百八十四条第一款之政令（仅限于该款第二号所列举与事务相关的事项）的制定或修改与废止的立案。

第十二章　补则（第一百五十四条至第一百九十二条）

第一节　听证、意见听取及异议申请（第一百五十四条至第一百六十一条）

【听证之特例】

第一百五十四条　文化厅长官（根据第一百八十四条第一款之规定，当都、道、府、县或市教育委员会行使属于文化厅长官之权限时则为该都、道、府、县或市教育委员会。在本款及下条中相同）在实施以下各项行政行为时，无论是否适用《行政程序法》① 第十三条第一款所规定意见听取程序，都必须举行听证。

（一）根据第四十五条第一款或第一百二十八条第一款之规定的，针对特定对象的限制、禁止或命令；

（二）根据第五十一条第五款（包括第五十一条之二、第八十四条第二款以及第八十五条中的准用）之规定的公开展出中止之命令；

（三）根据第九十二条第二款之规定的禁止或中止发掘之命令；

（四）根据第九十六条第二款之规定的停止或禁止调查之命令或者根据该条第五款的延长期间之命令；

（五）根据第一百二十五条第七款（包括第一百二十八第三款中的准用）之规定的恢复原状之命令。

2. 文化厅长官在举行前款之听证以及第四十三条第四款（包括第一百二十五第三款中的准用）或第五十三条第四款规定许可撤销之听证时，必须提前十日根据《行政程序法》第十五条第一款之规定通知听证参与人，并公告听证内容、听证日期以及听证地点。

3. 前款听证的审理，必须公开进行。

【意见听取】

第一百五十五条　文化厅长官在采取以下措施时，必须公开听取相关

---

① 1993 年（平成 5 年）11 月 12 日法律第 88 号通过，2014 年（平成 26 年）6 月 13 日法律第 70 号最终修改。

关系人及其代理人的意见。

（一）根据第三十八条第一款或第一百二十三条第一款之规定，采取修缮或修复措施时；

（二）根据第五十五条第一款或第一百三十一条第一款之规定，进行实地调查或为实地调查实施其他必要之措施时；

（三）根据第九十八条第一款之规定，进行发掘时。

2. 文化厅长官在听取前款意见时，必须提前十日就实施各项措施的理由、所采取措施的内容以及听取意见的日期以及场所等，通知各相关关系人，且公告所实施措施之内容以及听取意见的日期及场所。

3. 在听取相关关系人及其代理人的第一款之意见时，相关关系人及其代理人可以陈述并说明自己的意见，而且也可以提供相关证据材料。

4. 相关关系人及其代理人无正当理由，不回应第一款所规定的意见之听取的，文化厅长官可以在未听取相关各方意见的情况下，实施第一款所规定的各项措施。

【异议申请中的意见听取】

第一百五十六条 下列各项审查请求或异议申请的裁决或决定（除裁决或决定驳回外），必须在受理审查请求或异议申请之日起三十日以内，公开听取审查请求人、异议申请人以及代理人的意见后才能作出。

（一）根据第四十三条第一款或第一百二十五条第一款规定的现状改变或实施影响保存环境之行为的许可或不许可；

（二）根据第一百一十三条第一款（包括第三十三条中的准用）规定的管理团体之指定。

2. 前款意见听取的实施者，必须提前十日，就该意见听取的日期以及听取场所，通知审查请求人、异议申请人以及相关参与人，且公告被审查或异议的事项内容以及听取意见的日期及场所等。

【参加】

第一百五十七条 除审查请求人、异议申请人、参加人及代理人外的其他利害关系人，要在前条第一款的意见听取中陈述自己意见者，必须按照文部科学省政令所规定的格式，向文化厅长官提出书面申请并获得许可后方可参加。

【证据的提示等】

第一百五十八条 第一百五十六条第一款规定的听取意见的过程中，

文化厅长官必须向审查请求人、异议申请人、参加人、前条的意见听取的参加人以及各自的代理人提示相关证据，并给予其充分陈述意见的机会。

【裁决或决定前的协商等】

第一百五十九条 协调与矿业及采石业者之间关系的审查请求、异议申请的裁决或决定（除裁决或决定驳回外），必须在事先同公害等调整委员会磋商后才能做出。

2. 相关行政机关长官可以对相关审查请求或异议申请的事项，陈述自己的意见。

【程序】

第一百六十条 除第一百五十六条至前条以及《行政不服审查法》①的规定外，有关审查请求以及异议申请之程序，由文部科学省政令规定之。

【不服申请与诉讼间的关系】

第一百六十一条 第一百五十六条第一款各项行政行为的取消之诉，必须在该行政行为经过审查请求、异议申请的裁决或决定后，方可提起。

第二节 有关国家的特例（第一百六十二条至第一百八十一条）

【有关国家的特例】

第一百六十二条 对国家或国家机关适用本法时，若本节有特别规定的则依该规定。

【有关重要文化遗产的国家之特例】

第一百六十三条 当重要文化遗产、重要有形民俗文化遗产、史迹名胜天然纪念物或重要文化景观等为《国有财产法》②所规定的国有财产时，由文部科学大臣管理之。但根据《国有财产法》第三条第二款之规定，以上物件为文部科学大臣之外的其他人管理的行政财产③、也有特别

---

① 1962 年（昭和 37 年）9 月 15 日法律第 160 号通过，2006 年（平成 18 年）6 月 8 日法律第 58 号最终修改。

② 1946 年（昭和 23 年）6 月 30 日法律第 73 号通过，2010 年（平成 24 年）6 月 27 日法律第 42 号最终修改。

③ 法律上，日本的国有财产分为行政财产和普通财产，行政财产主要有公用财产、公共共用财产、皇室用财产以及森林经营用财产四种，除这四种之外的国有财产为普通财产。

必要应由文部科学大臣之外的其他人管理时，文部科学大臣、相关省厅长官及财务大臣应该通过协商决定这些物件由相关省厅长官管理还是由文部科学大臣管理。

第一百六十四条 根据前条规定，由于重要文化遗产、重要有形民俗文化、史迹名胜天然纪念物以及重要文化景观由文部科学大臣管理，其所属或所管发生变动时，会计上的变更可以无偿进行，不受《国有财产法》第十五条的规定影响。

第一百六十五条 当指定国家所有的有形文化遗产、有形民俗文化遗产为国宝或为重要文化遗产或重要有形民俗文化时，根据第二十八条第一款、第三款（包括第七十八条第二款中的准用）之规定，应该通知及交付指定证书的对象为管理该有形文化遗产、有形民俗文化遗产的各省各厅之长官。其中收到国宝指定证书的各省各厅之长官，必须立刻将被指定为国宝的重要文化遗产的指定证书上交文部科学大臣。

2. 在国家所有的国宝、重要文化遗产或重要有形民俗文化遗产之指定被撤销后，根据第二十九条第二款（包括第七十九条第二款中的准用）、第五款之规定，应该通知及交付指定证书的对象为管理该国宝、重要文化遗产或重要有形民俗文化遗产的各省各厅之长官。此时各省各厅之长官必须立刻将指定证书上交文部科学大臣。

3. 根据第一百〇九条第三款（包括第一百一十第三款、第一百一十二条第四款中的准用）之规定，将国家所有或占有的指定、临时指定为特别史迹名胜天然纪念物或史迹名胜天然纪念物时，其所有人或占有人应该为通知对象；当撤销指定或临时指定时，则以管理该特别史迹名胜天然纪念物或史迹名胜天然纪念物的各省各厅长官为通知对象。

4. 在国家所有或占有的重要文化景观被选定或选定被撤销后，根据第一百三十四条第二款（包括第一百三十五条第二款中的准用）中准用第一百〇九条第三款之规定，其所有人或占有人的通知之对象为管理该重要文化景观的各省各厅之长官。

第一百六十六条 管理重要文化遗产、重要有形民俗文化、史迹名胜天然纪念物以及重要文化景观的各省各厅之长官，必须根据本法以及根据本法制定的文部科学省政令以及文化厅长官的建议，对重要文化遗产、重要有形民俗文化、史迹名胜天然纪念物以及重要文化景观进行管理。

第一百六十七条 下列各项通知，相关各省各厅之长官必须通过文部科学大臣通知文化厅长官。

（一）取得重要文化遗产、重要有形民俗文化遗产或史迹名胜天然纪念物时；

（二）接受重要文化遗产、重要有形民俗文化遗产或史迹名胜天然纪念的管理或转移所属时；

（三）所管理的重要文化遗产、重要有形民俗文化遗产、史迹名胜天然纪念物以及重要文化景观全部或部分灭失、损毁或者消亡、遗失及被盗时；

（四）变更所管理的重要文化遗产或重要有形民俗文化遗产的管理场所时；

（五）修缮或修复所管理的重要文化遗产、史迹名胜天然纪念物时（除根据下一条第一款第一项之规定，必须获得文化厅长官同意或者文部科学省政令规定的其他情形外）；

（六）变更所管理的重要有形民俗文化遗产、重要文化景观之现状或者实施对其保存有影响之行为时；

（七）所管理的史迹名胜天然纪念物的指定地域土地之登记（所在地、登记号码、土地用途以及土地面积）发生变更时。

2. 前款第（一）项、第（二）项中的通知，准用第三十二条第一款（包括第八十条以及第一百二十条中的准用）之规定；前款第（三）项中的通知，准用第三十三条（包括第八十条以及第一百二十条中的准用）以及第一百三十六条之规定；前款第（四）项中的通知，准用第三十四条（包括第八十条中的准用）之规定；前款第（五）项中的通知，准用第四十三条之二第一款、第一百二十七条第一款之规定；前款第（六）项中的通知，准用第八十一条第一款、第一百三十九条第一款之规定；前款第（七）项中的通知，准用第一百一十五条第二款之规定。

3. 有关第一款第（五）项、第（六）项的通知相关的事项，文化厅长官可以给予必要之建议。

第一百六十八条 相关各省各厅之长官必须事前就以下事项，通过文部科学大臣获得文化厅长官之同意。

（一）变更重要文化遗产、史迹名胜天然纪念物之现状或者实施对其保存有影响之行为时；

（二）出口所管理的重要文化遗产、重要有形民俗文化遗产时；

（三）出租、交换、出售、让与或以其他方式处分所管理的重要文化遗产、重要有形民俗文化遗产、史迹名胜天然纪念物时。

2. 各省各厅长官之外的国家机关变更重要文化遗产、史迹名胜天然纪念物之现状或实施对其有影响之行为时，必须事先征得文化厅长官之同意。

3. 第一款第（一）项以及前款之同意，准用第四十三条第一款但书以及第二款、第一百二十五条第一款但书以及第二款之规定。

4. 文化厅长官在同意第一款第（一）项、第（二）项所规定的相关措施时，作为同意实施相关措施之条件可以给予必要之建议。

5. 相关各省各厅之长官以及其他国家机关，必须充分尊重前款文化厅长官的建议。

第一百六十九条 文化厅长官认为必要时，可以就以下所列事项通过文部科学大臣对各省各厅之长官给予必要建议。

（一）所管理的重要文化遗产、重要有形民俗文化遗产、史迹名胜天然纪念物的管理方法；

（二）所管理的重要文化遗产、重要有形民俗文化遗产、史迹名胜天然纪念物以及重要文化景观的修缮、修复或者采取防止其灭失、损毁、消亡以及被盗之措施；

（三）重要文化遗产以及史迹名胜天然纪念物的环境必要保全之设施；

（四）展出或公开所管理的重要文化遗产、重要有形民俗文化遗产。

2. 前款之建议，准用前条第五款之规定。

3. 根据第一款之规定，基于文化厅长官之建议而实施的第（二）、第（三）项之行为所需费用的承担，由文部科学大臣与各省各厅之长官协商。

第一百七十条 有下列情形之一的，文化厅长官可以亲自修缮或修复国宝、特别史迹名胜天然纪念物，或者采取防止其灭失、损毁、消亡以及被盗之措施。当该文化遗产由文部科学大臣以外的其他各省各厅之长官管理时，文化厅长官必须事先就修缮、修复的内容、时间以及其他必要之事项等，通过文部科学大臣与管理该文化遗产的相关各省各厅长官协商；当该文化遗产由文部科学大臣管理时，除文部科学大臣规定的情形外，必须获得文化厅长官的承认。

（一）相关各省各厅之长官不听从文化厅长官根据前条第一款第（二）项之规定的修缮、修复之建议的；

（二）对于国宝、特别史迹名胜天然纪念物的损毁、消亡或者存在灭失、损毁、消亡或被盗之虞，而相关各省各厅之长官实施的修缮、修复等措施被认为不当的。

第一百七十一条 在指定或选定国家所有的文化遗产为国宝、重要文化遗产、重要有形民俗文化遗产、特别史迹名胜天然纪念物、史迹名胜天然物或重要文化景观时，文部科学大臣认为有必要确认前述文化遗产之现状的，可以要求相关各省各厅之长官报告相关情况；除重要有形民俗文化遗产及重要文化景观外，文部科学大臣可以指派调查人员进行实地调查。

第一百七十二条 文化厅长官认为国家所有的重要文化遗产、重要有形民俗文化遗产有保存之必要时，可以指定适当的地方公共团体或其他法人对该文化遗产的保存进行必要管理（包括属于国家所有或管理的保存文化遗产的必要设施、设备及其他物件）。

2. 根据前款之指定，文化厅长官必须事先通过文部科学大臣征得管理该文化遗产的各省各厅之长官的同意，同时也必须征得被指定地方公共团体或其他法人的同意。

3. 第一款之指定，准用第三十二条之二第三款、第四款之规定。

4. 因第一款之管理而产生的收益，归该地方公共团体或其他法人所有。

5. 地方公共团体或其他法人根据第一款之规定，管理重要文化遗产或重要有形民俗文化遗产时，准用第三十条、第三十一条第一款、第三十二条之四第一款、第三十三条、第三十四条、第三十五条、第三十六条、第四十七条之二第三款、第五十四条之规定；管理史迹名胜天然纪念物时，准用第三十条、第三十一条第一款、第三十三条、第三十五条、第一百一十五条第一款及第二款、第一百一十六条第一款及第三款、第一百二十一条、第一百三十条之规定。

第一百七十三条 前条第一款所规定的指定撤销，准用第三十二条之三的规定。

第一百七十四条 当文化厅长官认为重要文化遗产、重要有形民俗文化遗产或史迹名胜天然纪念物有特别必要之保护时，可以促使接受第一百七十二条第一款规定之指定的地方公共团体或其他法人修缮或修复该文化遗产。

2. 根据前款规定实施的修缮或修复，准用第一百七十二条第二款之规定。

3. 地方公共团体或其他法人根据第一项规定进行修缮或修复时，若为重要文化遗产或重要有形民俗文化遗产，准用第三十二条之四第一项及三十五条之规定；若为史迹名胜天然纪念物，则准用第三十五条、第一百一十六条第一款以及第一百一十七条之规定。

第一百七十五条　根据第一百七十二条第一款之规定接受指定的地方公共团体可以在管理的必要限度内，可以无偿地使用其所管理的、属国家所有的重要文化遗产、重要有形民俗文化遗产、史迹名胜天然纪念物以及与之相关的土地及建造物。

2. 前款中的土地及建造物之使用，准用《国有财产法》第二十二条第二款、第三款之规定。

第一百七十六条　根据第九十八条第一款之规定进行发掘时，如果所发掘区域的土地属国家所有或由国家机关占有，文化厅长官必须事先将发掘的目的、方法、发掘时间及其他事项，通过文部科学大臣与相关各省各厅之长官进行协调。但当该各省各厅的长官为文部科学大臣时，应视为接受其承认。

第一百七十七条　根据第一百〇四条第一款之规定，归属于国家的文化遗产由文化厅长管理之。但是如果为了其保存或有效地利用，有必要由其他国家机关进行管理时，则必须将该文化遗产移交给该机关管理。

【有关登录有形文化遗产等的国家之特例】

第一百七十八条　根据第五十七条第一款、第九十一条第一款之规定，登录国家所有的有形文化遗产、有形民俗文化遗产后，第五十八条第一款、第三款（包括第九十条第三款中的准用）所规定的登录证书或通知的交付对象为管理该登录有形文化遗产、有形民俗文化遗产的相关各省各厅之长官。

2. 根据第五十九条第一款至第三款（包括第九十条第三款中的准用）之规定，撤销属国家所有的登录有形文化遗产、有形民俗文化遗产之登录后，第五十九条第四款（包括第九十条第三款中的准用）所规定的撤销决定之通知对象为管理该登录有形文化遗产、登录有形民俗文化遗产的相关各省各厅之长官。在这种情况下，相关各省各厅之长官必须立刻将登录证书上交给文部科学大臣。

3. 根据第一百三十二条第一款、第一百三十三条第一款，或者第一百三十三条中准用第五十九条第一款至第三款之规定，由国家所有或占有的纪念物登录之撤销，根据第一百三十二条第二款中准用第一百〇九条第三款或者第一百三十三条中准用第五十九条第四款的规定向所有人或占有人通知的，应通知管理该登录纪念物的相关各省各厅之长官。

第一百七十九条 相关各省各厅之长官必须就以下各项事项通过文部科学大臣通知文化厅长官。

（一）有形文化遗产、有形民俗文化遗产及纪念物取得登录时；

（二）登录有形文化遗产、登录有形民俗文化遗产及登录纪念物的所管或所属发生变更时；

（三）属自己所管理的登录有形文化遗产、登录有形民俗文化遗产及登录纪念物等全部或部分灭失、损毁或者消亡、遗失、被盗时；

（四）属自己所管理的登录有形文化遗产、登录有形民俗文化遗产的所在地发生变更时；

（五）登录有形文化遗产、登录有形民俗文化遗产及登录纪念物的现状变更时；

（六）属自己所管理的登录有形文化遗产、登录有形民俗文化遗产出境时；

（七）所管理的登录纪念物的所在土地之登记（所在地、登记号码、土地用途以及土地面积）变更时。

2. 各省各厅之长官以外的国家机关试图变更登录有形文化遗产、登录有形民俗文化遗产及登录纪念物之现状时，必须通知文化厅长官。

3. 第一款第（一）项、第（二）项之通知，准用本法三十二条第一款之规定；第一款第（三）项之通知，准用本法三十三条、第六十一条（包括第九十条第三款中的准用）之规定；第一款第（四）项之通知，准用六十二条（包括第九十条第三款中的准用）之规定；第一款第（五）项及前款之通知，准用六十四条第一款（包括第九十条第三款及第一百三十三条中的准用）之规定；第一款第（六）项之通知，准用六十五条第一款（包括第九十条第三款中的准用）之规定；第一款第（七）项之通知，准用一百一十五条第二款之规定。

4. 第一款第（五）项及第二款的变更现状，准用六十四条第一款但书及第二款之规定；

5. 文化厅长官认为登录有形文化遗产、登录有形民俗文化遗产及登录纪念物有保护之必要的，可以就第一款第（五）项、第二款所规定的现状变更，通过文部科学大臣向相关各省各厅之长官以及各省各厅之长官以外的其他国家机关陈述意见。

第一百八十条　文部科学大臣认为必要时，可以要求各省各厅之长官报告其管理的、属国家所有的登录有形文化遗产、登录有形民俗文化遗产及登录纪念物的基本现状。

第一百八十一条　有关国家所属的登录有形文化遗产、登录有形民俗文化遗产及登录纪念物，不适用第六十条第三款至第五款、第六十三条第二款及第六十七条第三款（包括第九十条第三款中的准用）之规定。

2. 有关国家所有的登录纪念物，不适用第一百三十三条中准用第一百一十三条至第一百一十八条之规定。

第三节　地方公共团体及教育委员会（第一百八十二条至第一百九十二条）

【地方公共团体的事务】

第一百八十二条　地方公共团体可以对文化遗产的管理、修缮、修复、公开及其他保存和利用所需经费给予补贴。

2. 地方公共团体可以通过制定地方条例，指定所辖地区重要文化遗产、重要无形文化遗产、重要有形民俗文化遗产、重要无形民俗文化遗产及史迹名胜天然纪念物之外的重要的文化遗产，并采取必要的保存与利用之措施。

3. 在制定、改废前款之条例，指定或撤销前款文化遗产之指定时，教育委员会必须根据文部科学省政令之规定，向文化厅长官报告。

【地方债务的发行】

第一百八十三条　为了保证区域文化遗产的保存与利用事业有充足资金，适当地允许地方公共团体可以在法令规定的范围内、结合保存和利用文化遗产的资金情况以及地方财政状况发行地方债。

【都、道、府、县或市的教育委员会处理的事务】

第一百八十四条　可以通过政令规定，都、道、府、县或市的教育委员会行使文化厅长官以下所列各项权限的全部或一部。

（一）根据第三十五条第三款（包括第三十六条第三款以及第八十三条、第一百二十一条第二款、第一百七十二条第五款中的准用，第三十七条第四款以及第一百二十二条第三款的准用，第四十六条之二第二款、第七十四条第二款、第七十七条第二款以及第九十一条中的准用，第八十三条、第八十七条第二款、第一百一十八条、第一百二十条、第一百二十九条第二款、第一百七十二条第二款、第一百七十四条第三款中的准用）之规定的指挥与监督；

（二）根据第四十三条或第一百二十五条之规定的文化遗产现状变更或者实施影响其保存之行为的许可、撤销许可以及命令停止相关行为（除现状重大变更、实施重大影响之行为的许可、撤销许可外）的权限；

（三）根据第五十一条第五款（包括第八十五条中准用第五十一条之二、第八十四条第二款、第八十五条中的准用）之规定的公开停止之命令；

（四）根据第五十三条第一款、第三款、第四款之规定的公开展示许可、许可撤销、停止公开之命令；

（五）根据第五十四条（包括第八十六条、第一百七十二条第五款中的准用）、第五十五条、第一百三十条（包括第一百七十二条第五款中的准用）、第一百三十一条之规定的调查或为调查的必要措施之实施；

（六）根据第九十二条第一款（包括第九十三条第一款中的准用）之规定的申请受理，第九十二条第二款之规定的指示或命令，第九十三条第二款之规定的指示，第九十四条第一款之规定的通知受理、第二款之规定的通知、第三款之规定的协议、第四款之规定的建议，第九十六条第一款之规定的申请受理、第二款或第七款之规定的命令、第三款之规定的意见听取、第五款或第七款之规定的期限延长、第八款之规定的指示，第九十七条第一款之规定的通知受理、第二款之规定的通知、第三款之规定的协议以及第四款之规定的建议。

2. 对于都道府或市的教育委员会根据前款之规定实施前款第（五）项所列举的第五十五条、第一百三十一条所规定的实地调查或为调查而采取的必要措施等，不得根据《行政不服审查法》提起不服申请。

3. 都、道、府、县或市的教育委员会根据第一款之规定，处理该款第（六）项所列举的第九十四条第一款至第四款、第九十七条第一款至第四款所规定的事务时，不适用第九十四条第五款、第九十七条第五款之规定。

4. 都、道、府、县或市的教育委员会根据第一款之规定，处理以下各项事务（仅限于《地方自治法》① 第二条第八款规定的自治性事务）给他人造成经济损失的，可无视各项后所列条款之规定，都、道、府、县或市应给予适当补偿。

（一）第一款第（二）项列举的第四十三条、第一百二十五条规定的现状变更或实施影响其保存之行为的许可、第四十三条第五款及第一百二十五条第五款；

（二）根据第一款第（五）项所列举的第五十五条、第一百三十一条之规定的调查或为调查而采取的必要之措施、第五十五条第三款及第一百三十一条第二款；

（三）根据第一款第（六）项所列举的第九十六条第二款之规定的命令该条第九款。

5. 前款的补偿之额度，由该都、道、府、县或市的教育委员会决定之。

6. 根据前款之规定的补偿额度，准用第四十一条第三款之规定。

7. 在依据前款准用第四十一条第三款规定而提起的行政诉讼中，都、道、府、县或市为被告。

8. 都、道、府、县或市的教育委员会根据第一款规定实施的、与《地方自治法》第二条第九款第（一）项的法定受托事务相关的处分及行使其他公权力之行为的审查之请求，以文化厅长官为对象。

【出展的重要文化遗产等的管理】

第一百八十五条 根据政令规定，文化厅长官可以将第四十八条（包括第八十五条中的准用）所规定的全部或部分出展的重要文化遗产或重要有形民俗文化遗产的管理事务，交由都、道、府、县或指定市等的教育委员会行使。

2. 根据前款之规定，都、道、府、县或指定市等的教育委员会在实施前款管理事务时，都、道、府、县或指定市等的教育委员会必须在其职员中确定管理该重要文化遗产或重要有形民俗文化遗产的责任人。

---

① 1947年（昭和22年）4月17日法律第67号通过，2015年（平成27年）9月4日法律第63号最终修改。

【修缮等的委托实施】

第一百八十六条 文化厅长官认为必要时，可以将第三十八条第一款、第一百七十条的国宝修缮或者实施防止国宝灭失、损毁、被盗等措施，第九十八条第一款的实施发掘、第一百二十三条第一款或第一百七十条的特别史迹名胜天然纪念物的修复或者实施防止其灭失、损毁、消亡、被盗等措施的全部或一部，委托都、道、府、县教育委员会实施。

2. 基于前款规定的委托，都、道、府、县教育委员会在实施第三十八条第一款所规定的修缮的全部或一部分、第九十八条第一款所规定的发掘的全部或一部以及第一百二十三条第一款所规定的修复的全部或一部，准用第三十九条之规定。

【重要文化遗产等管理的委托或技术性指导】

第一百八十七条 都、道、府、县或指定市的教育委员会可以应所有人（若为管理团体时则为该管理团体）或管理责任人的请求，接受委托管理（管理团体有些例外情形）、维修或修复重要文化遗产、重要有形民俗文化遗产、史迹名胜天然纪念物或者给予技术性指导。

2. 都、道、府、县或指定市的教育委员会根据前款之规定，接受管理、修缮、修复之委托的，准用第三十九条第一款、第二款之规定。

【文书等的递交】

第一百八十八条 根据本法之规定，所有向文部科学大臣或文化厅长官提交的与文化遗产相关的书面申请以及其他书面文件及物件等，必须经由都、道、府、县教育委员会（当该文化遗产在指定都市的则为该指定都市教育委员会，以下同）递交。

2. 都、道、府、县教育委员会收到前款规定的文书及物件后，必须附上自己的意见，一并送交文部科学大臣或文化厅长官。

3. 根据本法之规定，文部科学大臣或文化厅长官发出的所有与文化遗产相关的命令、建议、指示及其他通知等，必须经由都、道、府、县教育委员会下达。但情况特别紧急的，则不受此限。

【向文部科学大臣或文化厅长官呈报意见】

第一百八十九条 都、道、府、县及市、町、村的教育委员会，可以向文部科学大臣或文化厅长官呈报有关其辖区内文化遗产的保存和利用等意见。

【地方文化遗产保护审议会】

第一百九十条 都、道、府、县及市、町、村的教育委员会可以通过制定相关条例，设置地方文化遗产保护审议会。

2. 地方文化遗产保护审议会向都、道、府、县及市、町、村的教育委员会提供咨询、调查并审议与文化遗产保存和利用相关的重要事项，并就相关事项向都、道、府、县及市、町、村的教育委员会提供相关建议。

3. 有关地方文化遗产保护审议会的组织机构以及运用等必要事项，由条例规定之。

【文化遗产保护指导委员】

第一百九十一条 可以在都、道、府、县的教育委员会中设置文化遗产保护指导委员。

2. 有关文化遗产，文化遗产保护指导委员可以随时巡视，并对文化遗产所有人以及其他关系人就文化遗产之保护给予指导并提供意见。同时，也可普及和提高地域住民对文化遗产的保护意识。

3. 文化遗产保护指导委员为聘任制。

【事务的区分】

第一百九十二条 根据第一百一十条第一款和第二款、第一百一十二条第一款以及第一百一十条第三款、第一百一十二条第四款中准用第一百〇九条第三款和第四款之规定，都、道、府、县实施的临时指定、临时指定的撤销以及相关通知等事务为《地方自治法》第二条第九款第（一）项所规定的法定受托事务。

第十三章 罚则（第一百九十三条至第二百〇三条）

第一百九十三条 违反第四十四条之规定，未经文化厅长官许可将重要文化遗产运出境外的，处五年以下有期徒刑或监禁，或处一百万日元以下罚金。

第一百九十四条 违反第八十二条之规定，未经文化厅长官许可将重要有形民俗文化遗产运出境外的，处三年以下有期徒刑或监禁，或处五十万日元以下罚金。

第一百九十五条 损坏、毁弃或藏匿重要文化遗产的，处以五年以下有期徒刑或监禁，或处三十万日元以下罚金，或者二者并罚。

2. 前款损坏、毁弃或藏匿人为该重要文化遗产所有人的，处二年以下有期徒刑或监禁，或处二十万日元以下罚金。

第一百九十六条 变更史迹名胜天然纪念物现状或实施的行为影响其保存环境，造成该史迹名胜天然纪念物灭失、损毁或消亡的，处五年以下有期徒刑或监禁，或处三十万日元以下罚金。

2. 造成前款史迹名胜天然纪念物灭失、损毁或消亡的为该史迹名胜天然纪念物所有人的，处二年以下有期徒刑或监禁，或处二十万日元以下罚金。

第一百九十七条 有下列行为之一的，处二十万日元以下罚金。

（一）违反第四十三条或第一百二十五条之规定，未经许可或未满足许可之条件改变重要文化遗产、史迹名胜天然纪念之现状，或者实施影响其保存之行为，或者不服从停止改变其现状或停止实施影响保存行为之命令的；

（二）违反第九十六条第二项之规定，不服从停止或禁止改变文化遗产现状之命令的。

第一百九十八条 有下列行为之一的，处十万日元以下罚金。

（一）违反第三十九条第三款（包括第一百八十六条第二款）中准用第三十二条之二第五款之规定，拒绝或者妨碍国宝修缮、拒绝或者妨碍实施防止其灭失、损毁及被盗之措施的；

（二）违反第九十八条第三款（包括第一百八十六条第二款）中准用、第三十九条第三款中准用、第三十二条之二第五款之规定，拒绝或妨碍实施发掘的；

（三）违反第一百二十三条第二款（包括第一百八十六条第二款）中准用、第三十九条第三款中准用、第三十二条之二第五款之规定，拒绝或妨碍修复特别史迹天然纪念物、拒绝或妨碍实施防止其灭失、损毁、消亡及被盗之措施的。

第一百九十九条 法人代表人、法人或法人代表人的代理人、使用人（职员）以及其他从业人员，就其相关业务或财产的管理，实施了违反第一百九十三条至前条所规定之行为的，除处罚相关行为人外，对法人或法人代表人处以各条规定的相应罚金。

第二百条 负有第三十九条第一款（包括第四十七条第三款、第八十六条、第一百二十三条第二款、第一百八十六条第二款、第一百八十七条第二款中的准用)、第四十九条（包括第八十五条中的准用）、第一百八十五条第二款所规定的管理、修缮或修复重要文化遗产、重要有形民俗文化遗产及史迹名胜天然纪念物之责任的，如果因怠慢或重大过失造成所管理、修缮、修复的重要文化遗产、重要有形民俗文化遗产及史迹名胜天然纪念物灭失、损毁、消亡或被盗的，处三十万日元以下罚款。

第二百〇一条 有下列行为之一的，处三十万日元以下罚款。

（一）无正当理由不服从文化厅长官根据第三十六条第一款（包括第八十三条、第一百七十二条第五款中的准用）或第三十七条第一款之规定发布的重要文化遗产、重要有形民俗文化遗产的管理或者国宝的修缮等命令的；

（二）无正当理由不服从文化厅长官根据第一百二十一条第一款（包括第一百七十二条第五款中的准用）、第一百二十二条第一款之规定发布的史迹名胜天然纪念物的管理或特别史迹名胜天然纪念的修复之命令的；

（三）无正当理由不服从文化厅长官根据第一百三十七条第二款之规定发布的重要文化景观的管理或实施相关措施的建议之命令的。

第二百〇二条 有下列行为之一的，处十万日元以下罚款。

（一）无正当理由违反第四十五条第一款规定的限制、禁止或者建设必要设施之命令的；

（二）违反第四十六条（包括第八十三条中的准用）之规定，未向文化厅长官提出其出让给国家之申请，或者虽提起了申请但在该条第五款（包括第八十三条中的准用）所规定的期限内，又将该重要文化遗产转让给国家以外其他人，或者提起前述出让给国家之申请但有虚假之内容的；

（三）违反第四十八条第四款（包括第五十一条第三款以及第八十五条中的准用）之规定拒不出展或公开展示，或者违反第五十条第五款（包括第五十一条之二、第八十四条第二款、第八十五条中的准用）之规定，不服从停止或中止公开展示之命令的；

（四）违反第五十三条第一款、第三款以及第四款之规定，未获得许可或者未满足获得许可之条件公开展示重要文化遗产，或者不服从停止公开展示之命令的；

（五）违反第五十四条（包括第八十六条以及第一百七十二条第五款中的准用）、第五十五条、第六十八条（包括第九十条第三款以及第一百三十三条中的准用）、第一百三十条（包括第一百七十二条第五款中的准用)、第一百三十一条或第一百四十条之规定,不报告或虚假报告,或者拒绝、妨碍、回避公务员进行实地调查或为调查实施必要之措施的;

(六)违反第九十二条第二款之规定,不服从禁止、停止或中止发掘之命令的;

(七)无正当理由违反第一百二十八条第一款所规定的限制或禁止,或者建设相关设施之命令的。

第二百〇三条 有下列行为之一的,处五万日元以下罚款。

(一)违反第二十八条第五款、第二十九条第四款(包括第七十九条第二款中的准用)、第五十六条第二款(包括第八十六条中的准用)、第五十九条第六款以及第六十九条(包括第九十条第三款中的准用)之规定,未向文部科学大臣或新所有人上交或移交重要文化遗产、重要有形民俗文化遗产指定证书或者登录有形文化遗产、登录有形民俗文化遗产之登录证书的;

(二)违反第三十一条第三款(包括第六十四条第四款、第九十条第三款、第八十条、第一百一十九条第二款、第一百三十三条中的准用)、第三十二条(包括第六十条第四款、第九十条第三款、第八十条以及第一百二十条、第一百三十三条中的准用)、第三十三条(包括第八十条、第一百一十八条以及第一百二十条、第一百三十三条和第一百七十二条第五款中的准用)、第三十四条(第八十条以及第一百七十二条第五款中的准用)、第四十三条之二第一款、第六十一条或第六十二条(包括第九十条第三款中的准用)、第六十四条第一款(包括第九十条第三款及第一百三十三条中的准用)、第六十五条(包括第九十条第三款中的准用)、第七十三条、第八十一条第一款、第八十四条第一款主文、第九十二条第一款、第九十六条第一款、第一百一十五条第二款(包括第一百二十条、第一百三十三条、第一百七十二条第五款中的准用)、第一百七十二条第二项、第一百三十六条、第一百三十九条第一款之规定,未申请或提出虚假申请的;

(三)违反第三十二条之二第五款(包括第三十四条之三第二款、第八十三条、第六十条第四款、第六十三条第二款、第九十条第三款、第八十条、第一百一十五条第四款、第一百三十三条中的准用)之规定,拒绝、妨碍或回避管理、修缮、修复以及拒绝、妨碍或回避为管理、修缮、复原而采取必要措施的。

附则　抄

【施行日期】

第一条　本法施行日期自公布之日起三个月之内由政令决定之。

【相关法律的废止】

第二条　废止以下法律、敕令及政令。

《国宝保存法》[1929 年（昭和 4 年）3 月 28 日法律第 17 号]；

《重要美术品保存法》[1933 年（昭和 8 年）4 月 1 日法律第 43 号]；

《史迹名胜天然纪念物保存法》[1919 年（大正 8 年）4 月 10 日法律第 44 号]；

《国宝保存法施行令》[1929 年（昭和 4 年）6 月 29 日敕令第 210 号]；

《史迹名胜天然纪念物保存法施行令》[1919 年（大正 8 年）12 月 29 日敕令第 499 号]；

《国宝保存会官制》[1929 年（昭和 4 年）6 月 29 日敕令第 211 号]；

《重要美术品等调查审议会令》[1949 年（昭和 24 年）7 月 5 日政令第 251 号]；

《史迹名胜天然纪念物调查会令》[1949 年（昭和 24 年）7 月 5 日政令第 252 号]。

【伴随法令废止的其他规定】

第三条　根据本法施行前的《国宝保存法》第一条之规定的"国宝之指定"（除根据该法第十一条第一款之规定指定撤销外）视为根据本法第二十七条第一款之规定的"重要文化遗产之指定"；根据《国宝保存法》第三条、第四条之"许可"视为根据本法第四十三条、第四十四条之规定的"许可"。

2. 关于本法施行前的国宝之灭失、损毁以及根据《国宝保存法》第七条第一款的命令、第十五条前段的补助金交付等，该法第七条至第十条、第十五条后段之规定的效力依然有效。这种情况下，第九条第二款中的"主管大臣"替换为"文化遗产保护委员会"。

3. 除《国宝保存法》第六条、第二十三条外，有关本法施行前的违法行为的处罚依然有效。

4. 在本法施行时，根据《国宝保存法》第一条所规定的国宝之所有人，必须根据委员会规则所规定的记载事项，在本法施行后三个月内书面向委员会报告。

5. 根据前款之规定提交报告的，根据本法第二十八条之规定，委员会必须向该所有人交付重要文化遗产指定证书。

6. 违反第四款规定，未报告或虚假报告的，处五千日元以下罚款。

7. 本法施行时，管理《国宝保存法》第一条所规定的国家国宝的各省各厅之长官，必须根据委员会规则所规定的记载事项，在本法施行后三个月内书面通知委员会，但委员会规则另有规定的，则不在此限。

8. 根据前款之规定通知后，委员会必须根据第二十条之规定向各省各厅之长官交付重要文化遗产指定证书。

第四条 本法施行时，之前根据《重要美术品保存法》第二条第一款被认定的物件，其效力在一定期间内依然存在。此间有关《重要美术品保存法》适用的相关事务由文化厅长官负责，该法中的"国宝"替换为"根据《文化遗产保护法》所规定的重要文化遗产"，"主务大臣"替换为"文化厅长官"，"根据《国宝保存法》第一条之规定指定的国宝及前条"替换为"前条"。

2. 在一定期间内，根据《重要美术品保存法》第二条第一款所规定的与认定撤销相关之事项，由文化遗产审议会调查审议，并就相关必要事项向文化厅长官提供咨询意见和建议。

3. 有关《重要美术品保存法》的施行，在一定期间内，准用本法第一百八十八条之规定。

第五条 本法施行前《史迹名胜天然纪念物保存法》第一条第一款之指定（除指定撤销外）可视为本法第一百〇九条第一款之指定、第一条第二款之临时指定（除临时指定撤销外）为本法第一百一十条第一款之临时指定、第三条之许可为本法第一百二十五条第一款之许可。

2. 对于本法施行前根据《史迹名胜天然纪念物保存法》第四条第一款之规定发出的命令及处分，该法第四条及《史迹名胜天然纪念物保存法施行令》第四条之规定继续有效。此时，该施行令第四条中的"文部大臣"替换为"文化遗产保护委员会"。

3. 有关本法施行前的相关行为之处罚，《史迹名胜天然纪念物保存法》中的相关规定依然有效。

【从前的国立博物馆】

第六条 除法律（包括基于法律的命令）有特别规定外，从前的国立博物馆及其职员（除美术研究所及所属职员外）视为基于本法的国立博物馆及其职员；从前国立博物馆下设的美术研究所及所属职员则成为基于本法的研究所及其职员，其前后存在持续同一性。

2. 基于本法成立的东京国立文化遗产研究所承担从前国立博物馆下设的美术研究所所主持的调查研究工作，其在名称上可以使用"美术研究所"。

【国家的无息借贷等】

第七条 本法第三十五条第一款所规定的给予经费补助的重要文化遗产，属于《利用日本电信电话株式会社之股份的销售收入促进社会资本之整顿的特别措施法》[1987年（昭和62年）9月4日法律第86号]第二条第一款第（二）项所规定的补助之对象的，国家在预算的范围内，对其所需的部分经费给予一定期间的无息借贷。

2. 前款无息借贷款的偿还期间在五年（包括两年以内的存放期间）以内由政令决定之。

3. 除前款由政令决定的事项外，第一款中的无息借贷款的偿还方法、提前偿还以及其他与还款相关之必要事项等由政令规定之。

4. 根据第一款之规定，国家就重要文化遗产之管理借贷款给重要文化遗产所有人或管理团体时，其补助金额相当于该借贷款之金额；该补助金交付时间为该借贷款偿还时、所交付补偿金之金额为该借贷款的偿还之金额。

5. 根据第一款之规定获得无息借贷款后，重要文化遗产所有人或管理团体在根据第二款、第三款所确定的偿还期间内，提前偿还上述借贷款（除政令另有规定外）涉及前款之适用时，该提前偿还视为该借贷款偿还。

6. 根据第一款之规定，国家实施无息借贷行为时，本法第三十五条第二款中的"交付"改为"借贷"，"补助的"改为"借贷的"，"管理或维修"改为"管理"；第三十五条第三款中的"交付"改为"借贷"，"管理或维修"改为"管理"，并适用这些规定。

附则 1951年（昭和26年）12月24日法律第318号 抄

1. 本法自公布之日起施行。但第二十条、第二十二条、第二十三条及第一百二十四条第二款的改正规定以及附则第三款之规定，自1952年

（昭和27年）4月1日起施行。

2. 对本法施行前行为的罚则之适用，修改前的《文化遗产保护法》第三十四条之规定仍然有效。

附则　1952年（昭和27年）7月31日法律第272号　抄

【施行日期】

1. 本法自1953年（昭和28年）8月1日起施行。但附则第三款之规定，自公布之日施行。

【有关东京国立博物馆分馆职员的规定】

2. 本法施行时，除另有委任外，原东京国立博物馆分馆的职员，按同一工作之条件成为奈良国立博物馆的职员。

附则　1953年（昭和28年）8月10日法律第194号　抄

1. 本法自公布之日起施行。

附则　1953年（昭和28年）8月15日法律第213号　抄

1. 本法自1953年（昭和28年）9月1日起施行。

2. 本法施行前根据从前之法令所作出的许可、认可以及其他行政处置、申请、报告及其手续等，可视为根据改正后相应之规定所作出的行政行为或手续。

附则　1954年（昭和29年）5月29日法律第131号　抄

1. 本法自1954年（昭和29年）7月1日起施行。

2. 对于本法施行前临时指定的史迹名胜天然纪念物，除根据改正后的《文化遗产保护法》（以下称《新法》）第六十九条第一款之规定进行指定外，自本法施行之日起三年之内未根据该条该款之规定进行指定的，其效力自动失效。该规定不受《新法》第七十一条第二款之规定的限制。

3. 对于在本法施行前六个月内、根据改正前的《文化遗产保护法》第四十三条第一款或第八十条第一款、第四十五条第一款或第八十一条第一款之规定的现状变更之许可或不许可、限制或禁止及命令等处分不服的，可以在本法施行之日起三十日内向委员会提出异议申请。此时可以准用第八十五条之二第二款、第三款及第八十五条之三至第八十五条之九的规定。

4. 对在本法施行前行为的罚则之适用，根据从前之规定。

5. 废止 1983 年（昭和 28 年）政令第 289 号《有关史迹名胜天然纪念物的管理团体之指定等政令》。

6. 根据旧《有关史迹名胜天然纪念物的管理团体之指定等政令》第一条第一款之规定，接受指定的地方公共团体、其他团体以及根据该法令附则第二款之规定接受指定的地方公共团体及其他团体，则被视为根据新法第七十一条之二第一款、第九十五条第一款之规定接受指定的地方公共团体及其他法人。

7. 前款所指定的团体为非法人的，在本法施行后一年内，可根据新法第七十一条之二第一款、第九十五条第一款及第九十五条之三第一款之规定进行管理或修缮。该非法人可准用《新法》第七十一条之二第一款、第九十五条第一款及第九十五条之三第一款中有关接受指定的法人之规定。

附则　1956 年（昭和 31 年）6 月 12 日法律第 148 号　抄

1. 本法自《〈地方自治法〉部分改正之法律》[1956 年（昭和 31 年）6 月 12 日法律第 147 号] 施行之日起施行。

附则　1956 年（昭和 31 年）6 月 30 日法律第 163 号　抄

【施行日期】

1. 本法自 1956 年（昭和 31 年）10 月 1 日起施行。

附则　1958 年（昭和 33 年）4 月 25 日法律第 86 号　抄

1. 本法自公布之日起施行，除《有关特别职位职员的工资之法律》第四条、第九条及第十四条第一款的修改之规定、《文化遗产保护法》第十三条之后增加的修改之规定、《自治厅设置法》第十六条之后增加的修改之规定以及附则第二款规定外，自 1958 年（昭和 33 年）4 月 1 日起适用。

附则　1959 年（昭和 34 年）4 月 20 日法律第 148 号　抄

【施行日期】

1. 本法自《国税征收法》[1959 年（昭和 34 年）4 月 20 日法律第

147号〕施行之日起施行。

【公共课税的先取特权之顺位的修改】

7. 根据第二章规定的改正后各法令（仅限与征收金的先取特权之顺位相关部分）之规定，在本法施行后，适用于《国税征收法》第二条第（十二）项所规定的通过强制换价手续开始的分配手续，本法施行前已开始的该分配手续，在征收金的先取特权之顺位上依照旧法之规定。

附则　1961年（昭和36年）6月2日法律第111号　抄

【施行日期】

1. 本法自公布之日起施行，自1961年（昭和36年）4月1日起适用。

【《行政机关职员定编法》废止】

2. 《行政机关职员定编法》〔1949年（昭和24年）5月31日法律第126号〕废止。

【对全职职员的暂定措施】

3. 1961年（昭和36年）4月1日现在，两个月内所雇佣的全职职员，可以在一定期间内将其置于《国家行政组织法》第十九条第一款、第二款以及第二十一条第二款所确定人员编制之外。

附则　1962年（昭和37年）5月16日法律第140号　抄

1. 本法自1962年（昭和37年）10月1日起施行。

2. 除本法附则中有特别规定外，本法改正后的规定适用于本法施行前所发生的事项，但并不影响改正前已实施行为的法律效力。

3. 本法实施时仍在进行的诉讼，不受改正后新法不得提起诉讼之规定的限制，仍以旧法之规定。

4. 本法实施时正在进行的管辖权之诉，不受改正后新法的专属管辖规定的限制，仍以旧法之规定。

5. 本法施行时有关根据旧法之规定所作出的、有关起诉期间的决定或裁决，以旧法之规定，但此规定仅限于新法所规定的起诉期间比旧法短的情形。

6. 本法施行前与当事人诉讼相关的决定或裁决，新法有规定起诉期间的，其起诉期间从新法施行之日起计算。

7. 本法施行前提起、正在进行的撤销决定或裁决之诉，依照旧法之规定进行，不受新法所确定的该法律关系当事人一方为被告的限制。但如果原告申请，允许法院可以作出变更该诉讼的诉讼当事人之决定。

8. 前款之但书，准用《行政诉讼法》第十八条后段以及第二十一条第二款至第五款之规定。

附则 1962年（昭和37年）9月15日法律第161号 抄

1. 本法自1962年（昭和37年）10月1日起施行。

2. 除本法附则有特别规定外，改正后的新法之规定也适用于本法施行前的行政行为、与申请相关的行政机关的不作为以及本法施行前发生的其他事项等。但根据本法改正前规定已经发生效力的则不受影响。

3. 本法施行前提出的诉讼、审查请求、异议申请及其他不服申请（以下称为"诉愿等"），在本法施行后仍按旧法之规定处理。对于本法施行前提起的诉愿等的裁决、决定以及其他处分（以下称为"裁决等"）或者本法施行前提起的诉愿等本法施行后作出的裁决等不服的诉愿等，也按旧法规定处理之。

4. 本法施行后，有关前项诉愿等可根据《行政不服审查法》提起的不服之申请，在适用《行政不服审查法》以外之法律的，则视为根据《行政不服审查法》提起的不服申请。

5. 根据附则第三款之规定，针对本法施行后提出的审查申请、异议申请及其他不服之申请的裁决等，不可作为根据《行政不服审查法》之规定的不服申请来对待。

6. 根据本法之规定，对于本法施行前的行政行为可依据改正前的规定提出诉愿且未确定起诉期间的，其可依据《行政不服审查法》提起不服申请的期间从本法施行之日起计算。

8. 对于本法施行前实施的处罚，适用旧法之规定。

9. 除前八款规定的事项外，有关本法施行的过渡性措置由政令规定之。

10. 若某一法律上的相关规定因本法及《有关〈行政诉讼法〉施行与相关法律的协调之法律》［1962年（昭和37年）5月16日法律第140号］的施行需要改正时，首先根据本法之规定进行改正，其次根据《有关〈行政诉讼法〉施行与相关法律的协调之法律》的规定进行改正。

附则　1965年（昭和40年）3月31日法律第36号　抄

【施行日期】

第一条　本法自1965年（昭和40年）4月1日起施行。

【伴随其他法令部分改正的原则】

第五条　除另有规定处，根据第二章之规定，改正后的法令规定适用于1965年（昭和40年）度以后的所得税及法人税；1964年（昭和39年）度以前的所得税及法人税仍按以前之规定处理。

附则　1968年（昭和43年）6月15日法律第99号　抄

【施行日期】

1. 本法自公布之日起施行。

【过渡性规定】

2. 本法施行后，如果没有其他委任状，那么原文部省文化局、文化遗产保护委员会事务局、文部省附属机关（仅限于相当本法所规定的附属于文化厅的机关）及文化遗产保护委员会的附属机关（除文化遗产审议会外）的职员在同一工作条件下成为文化厅职员。

3. 在本法施行后，文化遗产保护委员会、文部大臣根据改正前的《文化遗产保护法》《著作权法》《有关著作权居间业务之法律》《有关加入〈世界版权公约〉的著作权法的特例之法律》《枪炮刀剑等持有取缔法》及《国立剧场法》的规定作出的许可、认可、指定、通知及其他行政行为，视为文部大臣、文化厅长官根据修改后的法律之规定所作出的许可、认可、指定、通知及其他行政行为。

4. 在本法施行后，根据改正前的《文化遗产保护法》《著作权法》《有关著作权居间业务之法律》《有关加入〈世界版权公约〉的著作权法的特例之法律》《枪炮刀剑等持有取缔法》及《国立剧场法》的规定，向文化遗产保护委员会、文部大臣提出的申请、报告及其他请求，视为根据修改后的法律之规定向文部大臣、文化厅长官提出的申请、报告及其他请求。

5. 本法施行后，原有《文化遗产保护委员会规则》作为文部省的政令，依然有效。

附则　1971年（昭和46年）5月31日法律第88号　抄

【施行日期】

第一条　本法自1971年（昭和46年）7月1日起施行。

附则　1971年（昭和46年）6月1日法律第96号　抄

【施行日期】

1. 本法自公布之日起施行。

附则　1971年（昭和47年）6月3日法律第52号　抄

【施行日期】

第一条　在本法公布之日起三十日的范围内，由政令决定施行日期。

【有关土地调整委员会以及中央公害审查委员会的行政行为的对应措施】

第十六条　本法施行前，土地调整委员会或中央公害审查委员会根据改正前的法律规定实施的相关行政行为，除政令另有规定外，视为公害等调整委员会根据改正后的相关法律实施的行政行为。

附则　1975年（昭和50年）7月1日法律第49号　抄

【施行日期】

1. 本法自公布之日起三个月之后施行。

【发现遗迹时的停止命令等特例】

2. 自本法施行之日起五年内，改正后的《文化遗产保护法》（以下称为"新法"）第五十七条之五第二款但书中的"三个月"改为"六个月"、第五款但书中的"六个月"改为"九个月"。在该情况下，有关自本法施行之日起五年内实施了该条第二款所规定之措施的，即便是五年后，也依然以五年前的规定来处理。

【过程性措施】

3. 本法施行后，在根据改正前的《文化遗产保护法》（以下称为"旧法"）第五十六条之三第一款之规定所指定的重要无形文化遗产中，文部大臣认为有必要将根据旧法第五十六条之三第二款认定的"保持者"改换为根据新法第五十六条之三第二款认定的"保持团体"的，其必须在本法施行后一年内，根据旧法第五十六条之三第二款之规定撤销保持者认定的同时，根据新法第五十六条之三第二项之规定认定为保持团体。对于这种情况，准用新法第五十六条之三第三款及第五十六条之四第三款之规定。

4. 本法施行后，根据旧法第五十六条之十第一款之规定指定的"重要民俗资料"视为根据新法第五十六条之十第一款规定指定的"重要有形民俗文化遗产"；同时根据旧法第五十六条之十第二款中准用旧法第二十八条第三款规定所交付的"重要民俗资料指定证书"视为根据新法第五十六条之十第二款中准用新法第二十八条第三款规定所交付的"重要有形民俗文化遗产指定证书"。

5. 在本法施行前，与旧法第五十七条之二第一款规定的发掘相关之申请，根据旧法第五十七条之二的规定来处理，不受新法第五十七条之二、第五十七条之三规定的限制。

6. 在本法施行前，有关对制定了新法第五十七条之三第一款所规定事业计划的国家机关等（除就该事业计划之实施根据旧法第五十七条之二第一款之规定已经提出申请外）适用新法第五十七条之三的规定，该条第一款中的"在制定该发掘计划时，事先……"改为"本法施行后不得延迟"。

7. 对于本法施行前，根据旧法第八十四条第一款规定已报告的遗迹，不受新法第五十七条之五（当不属于旧法第八十七条所规定的各省各厅之长官的、新法第五十七条之三第一款所规定的国家机关等，则不受新法第五十七条之六）规定的影响，旧法第八十四条之规定依然有效。

8. 有关本法施行前旧法第八十七条所规定的各省各厅之长官根据旧法第九十条第一款第（八）项之规定所认可的、与已通知相关之遗迹，旧法第九十条第一款第（八）项通知相关的旧法第九十条第三款之规定依然有效，不受新法第五十七条之六规定的影响。

9. 有关本法施行前行为的罚则之适用，依据旧法之规定。

10. 除前七款中的规定外，与本法施行相关的必要措施，由政令规定之。

附则 1983年（昭和58年）12月2日法律第78号 抄

1. 本法（除第一条外）自1983年（昭和59年）7月1日起施行。

2. 在本法施行前，根据法律之规定所设置的机关与本法施行后《国家行政组织法》以及基于本法改正后相关法律所规定的政令（以下称为"相关政令"）设置的机关之间，可通过政令规范必要过渡性措施以及伴随其他法律的施行，制定、修改或废止相关政令。

附则　1993年（平成5年）11月12日法律第89号　抄

【施行日期】

1. 本法自《行政手续法》［1993年（平成5年）11月12日法律第88号］施行之日起施行。

【有关咨询等不利处分的对应措施】

2. 根据《行政手续法》第十三条之规定，对于向依据本法施行前之法令而设立的审议会及其他合议制机关等提起听证、申辩及其他说明程序等而受到不利益之处分的，依照从前的规定处理，不受本法改正后的相关法律规定的影响。

【有关罚则的对应措施】

第十三条　有关本法施行前行为的罚则，依照从前之规定。

【有关协调听证之规定的过渡性措施】

第十四条　本法施行前，根据法律规定实施的听证、意见听取、听证会（除与不利处罚相关行为外）以及与之相关的程序等，视为根据改正后相关对应法律之规定实施的行为。

第十五条　除附则第二条至前条规定的事项外，有关本法施行的其他必要措施由政令规定之。

附则　1994年（平成6年）6月29日法律第49号　抄

【施行日期】

1. 本法第一章及次款之规定，自《地方自治法部分改正之法律》［1994年（平成6年）6月29日法律第48号］中《地方自治法》第二编第十二章的改正规定施行之日起施行；本法第二章之规定自《地方自治法部分改正之法律》中《地方自治法》第三编第三章的改正规定施行之日起施行。

附则 1994年（平成6年）11月11日法律第97号 抄

【施行日期】

第一条 本法自公布之日起施行。

【伴随《文化遗产保护法》部分改正的对应措施】

第四条 有关第四条规定施行前，根据改正前《文化遗产保护法》第四十六条第一款（包括第五十六条之十四中的准用）之规定的"出让申请"以及改正前该条第一款但书（包括第五十六条之十四中的准用）之规定的"承认申请"等，依照从前的规定处理，不受根据第四条之规定改正后《文化遗产保护法》之规定的影响。

【有关罚则的对应措施】

第二十条 对于本法（附则第一条各项所列举之规定）施行前完成的行为以及依据附则第二条、第四条、第七条第二款、第八条、第十一条、第十二条第二款、第十三条及第十五条第四款规定遵照从前第一条、第四条、第八条、第九条、第十三条、第二十七条、第二十八条及第三十条之规定施行之后的行为之处罚，仍然遵照从前之规定。

【委任立法】

第二十一条 除附则第二条至前条所规定的内容外，有关本法施行所应该采取的其他必要对应措施（包括罚则的过渡措施），由政令规定之。

附则 1996年（平成8年）6月12日法律第66号 抄

【施行日期】

1. 在本法公布后九个月内，由政令决定开始施行日。

【有关重要文化遗产公开展出申请的过渡性规定】

2. 本法施行时，改正前的《文化遗产保护法》（以下称为"旧法"）第五十三条第一款所规定的获得许可，或提出申请后，改正后的《文化遗产保护法》（以下称为"新法"）第五十三条第一款但书所规定的、由公开承认设施的设置者在其公开设施所举办的展览会上的公开，视为根据该条第二款之规定的许可或公开。

3. 在本法实施之前，根据旧法第五十三条第一款但书之规定提出了公开申请的，文化厅长官以外的国家机关或地方公共团体，在主办新法第五十三条第一款但书所规定的公开承认设施举办展览会或其他展览等，视为根据该条第二款之规定的公开展出之申请。

4. 文化厅长官以外的国家机关或地方公共团体实施新法第五十六条之十五第一款但书所规定的、在事先公开申请免除之设施主办的展览会或其他展览或者事先公开申请免除设施的设置者在该事先公开申请免除设施上实施公开的，根据本法施行前旧法第五十六条之十五第一款之规定提出的公开之申请，视为根据新法第五十六条之十五第一款但书之规定所提出的公开之申请。

【有关罚则的过渡性规定】

5. 对于本法施行前行为的处罚，适用旧法之规定。

【研究】

6. 在本法施行十年后，政府必须总结本法的适用状况、应保护的文化遗产之保护状况，研究有形文化遗产登录的相关制度等，并在此基础上制定适合发展的所需措施。

附则　1999年（平成11年）7月16日法律第87号　抄

【施行日期】

第一条　本法自2000年（平成12年）4月1日起施行。但以下各项之规定由该各项规定的日期开始施行。

（一）第一条中有关《地方自治法》第二百五十条以下五条、节名以及两款及款名的改正之规定（仅限于与该法第二百五十条之九第一款相关、即获得参众两院同意的部分）、第四十条中《自然公园法》附则第九条、第十条的改正之规定（仅限与附则第十条相关部分）、第二百四十四条之规定（除《农业改良促进法》第十四条之三的改正规定相关部分外）、第四百二十七条之规定（除与《市、町、村合并特例法》第六条、第八条以及第十七条的改正规定相关部分外）以及附则第七条、第十条、第十二条、第五十九条但书、第六十条第四款及第五款、第七十三条、第七十七条、第一百五十七条第四款至第六款、第一百六十条、第一百六十三条、第一百六十四条以及第二百〇二条之规定的公布日。

【《文化遗产保护法》部分改正的对应措施】

第五十八条　施行日之前发现的文化遗产、在本法施行时未判明所有人的，其所有权的归属以及相关褒赏金等，根据第一百三十五条规定，改正前的《文化遗产保护法》（以下称为"旧《文化遗产保护法》"）第五十九条第一款所规定的文化遗产以及根据旧《文化遗产保护法》第六十一条第二款所规定的文化遗产中，属国家机关在调查埋藏文化遗产发掘时发现的文化遗产的，根据第一百三十五条之规定，适用改正后的《文化遗产保护法》（以下称为"新《文化遗产保护法》"）第六十三条之规定，对于其他文化遗产则适用新《文化遗产保护法》第六十三条之二之规定。

第五十九条 在由旧《文化遗产保护法》第六十三条第一款规定的、归属国家的文化遗产中，在本法施行时由地方公共团体保管（除与《物品管理法》第八条第三款或第六条所规定的物品管理官管理相关外）的文化遗产之所有权，自本法施行之日起归属于保管该文化遗产的地方公共团体所有。但截至本法施行日之前，文部省政令规定该地方公共团体已经另行提出申请的，则不受此限。

【国家等的事务】

第一百五十九条 除本法改正前各项法律所规定的事项外，地方公共团体机关根据法律或法令，管理或实施国家、其他地方公共团体之事务（附则第一百六十一条中称为"国家等的事务"），视为本法施行后，地方公共团体根据法律或法令，作为该地方公共团体之事务来处理。

【有关处分、申请的过渡性措施】

第一百六十条 本法（附则第一条各项所列举的规定，在本条以及附则第一百六十三条中相同）施行前，根据改正前各项法律之规定的许可等具体行政行为（以下称为"具体的行政行为"）或者根据改正前的各项法律规定的许可申请等行为（以下称为"申请等行为"），在本法施行之日，与该行为相关的行政事务处理者不同的，除附则第二条至前条之规定或改正后的相关法律（包括根据该法律的相关行政命令）所规定对应措施外，就本法施行后各项法律的适用问题，视为根据改正后各项法律规定所作出的具体行政行为或申请等。

2. 本法施行前，根据改正前的各相关法律规定，必须向国家机关或地方公共团体机关报告、申请或提出等其他手续之事项，在本法实施日之前未提出的，除本法及政令有特别规定外，视为根据改正后的相关法律规定的必须向国家机关或地方公共团体机关的报告、申请或提出等其他手续，适用本法改正后的相关法律规定。

【有关不服申请的过渡性措施】

第一百六十一条 对于本法施行日前的、与国家等事务相关的行政处分行为，依据《行政不服审查法》已向行政处分机关（以下本条称为"处分厅"）的上级行政机关（以下简称为"上级行政厅"）提起不服申请的，在本法实施日之后适用《行政不服审查法》之规定继续向该处分厅的上级行政机关提起不服申请。在此情况下，该处分厅的上级行政厅则被视为施行日之前的该处分厅的上级行政厅。

2. 当前款被视为行政厅的上级行政厅为地方公共团体之机关时，该机关根据《行政不服审查法》处理的行政事务则为新《地方自治法》第二条第九款第（一）项规定的第一项法定受托事务。

【有关手续费的过渡性措施】

第一百六十二条 在施行前，根据改正前的各项法律（包含政令）应交纳的手续费，除本法以及基于本法的政令另有规定外，仍然依据从前之规定。

【有关罚则的过渡性性规定】

第一百六十三条 对本法施行前行为的处罚，适用施行前之法律。

【其他政令委托的过渡性措施】

第一百六十四条 除附则的规定外，伴随本法施行的其他必要的过渡性措施（包括罚则的过渡性措施），由政令规定之。

2. 有关适用附则第十八条、第五十一条以及第一百八十四条之规定的必要事项，由政令规定之。

【研究】

第二百五十条 有关新《地方自治法》第二条第九款第（一）项所规定的"第一项法定受托事务"，在尽可能不设定新事务的同时，从推动地方分权的观点出发，适当、确实地从新思考新《地方自治法》附表（一）中所列举的事务以及基于新《地方自治法》之政令所表明的事务。

第二百五十一条 为促进地方公共团体自主、自立执行地方行政事务，政府应该根据国家与地方公共团体间公共事务的分担情况，充分考虑并研究经济情势的变化、采取相应的必要措施，以确保地方拥有充足财源。

第二百五十二条 伴随医疗保险制度、年金制度等的改革，政府应立足于确保被保险人等的利益与便利、提高事务处理效率等，研讨社会保险事务的处理体制、从业人员的存在形态等，如认为必要应采取必要改进之措施。

附则　1999年（平成11年）7月16日法律第102号　抄

【施行日期】

第一条　本法自《内阁法部分修改之法律》［1999年（平成11年）法律第88号］施行之日起施行。但以下各项之规定，自各项所定之日起施行。

（二）附则第十条第一款及第五款、第十四条第三款、第二十三条、第二十八条以及第三十条，自公布之日起施行。

【职员身份的继承】

第三条　除另有任命外，本法施行时前总理府、法务省、外务省、大藏省、文部省、厚生省、农林水产省、通商产业省、运输省、邮政省、劳动省、建设省以及自治省（以下统称为"前府省"）的职员（除《国家行政组织法》第八条所规定的审议会等的会长或委员长及委员、中央防灾会议委员、日本工业标准调查会会长及委员以及由政令规定与之类似职位外），在同等工作条件下，作为本法施行后的内阁府、总务省、法务省、外务省、财务省、文部科学省、厚生劳动省、农林水产省、经济产业省、国土交通省、环境省（以下统称为"新府省"）以及由政令设置的部局或机关的职员。

【其他过渡性措施】

第三十条　除第二条至前条的规定外，伴随本法施行的必要过渡性措施，由其他法律规定之。

附则　1999年（平成11年）12月22日法律第160号　抄

【施行日期】

第一条　本法（除第二条、第三条外）自2001年（平成13年）1月6日起施行。

附则　1999年（平成11年）12月22日法律第178号　抄

【施行日期】

第一条　本法自2001年（平成13年）1月6日起施行，但附则第九条，由政令在本法施行之日起不超过六个月的范围内决定施行日。

附则　1999年（平成11年）12月22日法律第179号　抄

【施行日期】

第一条　本法自2001年（平成13年）1月6日起施行，但附则第八条之规定，由政令在本法施行之日起不超过六个月的范围内决定施行日。

附则　2000年（平成12年）5月19日法律第73号　抄

【施行日期】

第一条　本法在其公布之日起不超过一年的范围内由政令决定施行日。

附则　2002年（平成14年）2月8日法律第1号　抄

【施行日期】

第一条　本法自公布之日起施行。

附则　2002年（平成14年）7月3日法律第82号　抄

本法自日本加入的《禁止、防止文化遗产非法进出口及所有权转移国家公约》生效之日起施行。

附则　2004年（平成16年）5月28日法律第61号　抄

【施行日期】

第一条　本法自2005年（平成17年）4月1日起施行。

附则　2004年（平成16年）6月9日法律第84号　抄

【施行日期】

第一条　本法在其公布之日起不超过一年的范围内，由政令决定施行日。

【研讨】

第五十条　本法施行五年后，政府应该就新法施行状况进行调研，如认为必要可根据调研结果，采取必要改进措施。

附则 2006年（平成18年）5月31日法律第46号 抄

【施行日期】

第一条 本法在其公布之日起不超过一年六个月的范围内由政令决定施行日，但以下各项之规定自该项所规定之日起施行。

（三）第一条中的《都市规划法》第五条之二第一款及第二款、第六条、第八条第二款及第三款、第十三条第三款、第十五条第一款、第十九条第三款及第五款的修改，该条第六款的删除规定以及该法第二十一条、第二十二条第一款、第八十七条之二的改正之规定，第二条中的《建筑基准法》第六条第一款的改正规定，第三条、第六条、第七条中《都市再生特别措置法》第五十一条第四款的改正规定以及附则第三条、第四条第一款、第五条、第八条及第十三条之规定等，自其公布之日起六个月内由政令规定施行日。

附则 2006年（平成18年）6月15日法律第73号 抄

【施行日期】

第一条 本法在其公布之日起一年六个月内，由政令决定施行日。

附则 2007年（平成19年）3月30日法律第7号 抄

【施行日期】

第一条 本法自2007年（平成19年）4月1日起施行。

【《文化遗产保护法》部分改正的过渡性措施】

第十一条 根据前条之规定，有关改正后《文化遗产保护法》第一百〇四条第一款之规定的适用，施行日之前研究所实施发掘埋藏文化遗产（该法第九十二条第一款规定的埋藏文化遗产）调查发现的，该法第一百〇二条第二款所规定的文化遗产，视为机构发现的文化遗产。

附则 2011年（平成23年）5月2日法律第37号 抄

【施行日期】

第一条 本法自公布之日起施行。

【有关罚则的过渡性措施】

第二十三条 对于本法（附则第一条所列各项规定，在该规定）施行前行为的罚则，适用从前之法律。

【法令委任】

第二十四条　除附则第二条至前条以及附则第三十六条中规定的过渡性措施外，有关本法实施的过渡性措施，由政令规定之。

附则　2014年（平成26年）6月4日法律第51号　抄

【施行日期】

第一条　本法自2015年（平成27年）4月1日起施行。

【有关罚则的过渡性措施】

第八条　对于本法施行前实施行为的罚则，适用从前之法律。

【法令委任】

第九条　除附则第二条至前条规定的过渡性措施外，有关本法施行的过渡性措施（包括罚则的过渡性措施），由政令规定之。

附则　2014年（平成26年）6月13日法律第69号　抄

【施行日期】

第一条　本法自《行政不服审查法》［2014年（平成26年）6月13日法律第68号］的施行日起施行。

附录 2

关于利用地域传统艺能等资源、实施各种活动以振兴观光产业及特定地域工商业之法律（简称"庙会法"）[1]

1992年（平成4年）6月26日法律第88号制定
1993年（平成5年）11月12日法律第89号修改
1999年（平成11年）12月22日法律第160号修改
1999年（平成11年）12月22日法律第222号修改
2001年（平成13年）12月7日法律第146号修改
2002年（平成14年）5月15日法律第43号修改
2002年（平成14年）11月22日法律第109号修改
2002年（平成14年）12月18日法律第181号修改
2005年（平成17年）6月10日法律第54号修改
2006年（平成18年）6月2日法律第50号修改
2007年（平成19年）6月1日法律第70号修改
2011年（平成23年）6月24日法律第74号修改
2011年（平成23年）8月30日法律第105号修改
2015年（平成27年）5月27日法律第29号修改

---

[1] 笔者最初使用的该法法律条文来自日本"第一法规网络版"（https://www.d1-law.com/cgi-bin/d1w2_portal/d1wp_mlogin.exe），当时是作为重庆大学法学院研究生外语科目（第一外语）的作业，由章劳恩同学对该法做了初步翻译，之后笔者在完成《日本的"庙会法"及其相关问题》一文的写作时，又通过日本国立国会图书馆"日本法令索引"（http://hourei.ndl.go.jp）的新版本对该法进行了重译，截至2016年9月为最新版本。在此，谨对章劳恩同学的辛苦劳动表示感谢！

第一章 总则(第一条至第二条)

【立法之目的】

第一条 为支持并采取确实有效之措施,利用具有地域特色的传统艺能等文化资源举行各种活动,促进观光多样化、增强吸引国民及外国游客之观光业之魅力,推动国际社会的相互理解;同时也为适应地域性消费生活的变化,实现特定地域工商业的活性化、振兴观光产业和特定地区工商业,以及为建设基于地域民俗文化的、具有丰富之个性的地域社会,促使国民生活更加丰富和整个国民经济健康持续、全面发展,特制定本法。

【定义】

第二条 本法中的"具有地域特色的传统艺能"是指那些在地域民众的世俗生活中所传承的、能够反映该地域固有历史、文化传统的民俗艺能与风俗习惯等。

2. 本法中的"各种活动"是指,以振兴观光产业及特定地域工商业为目的而举行的各种定期性活动,即通过再现或展示地域传统艺能及所使用的服装、器具等,或以传统艺能等为主题,利用这些服饰、器具,有助于振兴国内或国际观光产业及特定地域工商业的各种商业或非商业性之活动。

3. 本法中的"特定事业等"是指在实施各种活动时采取多种措施以确保传统艺能与风俗习惯的表演或演示之人才、表演或演示时的设施、表演或演示时所使用的器物等,以及提供与之相关的衍生制品、广告宣传、增进旅游者和顾客便利的相关事业,或者为了在与相关的事业中确实有效地利用传统艺能与风俗习惯而实施的相关经营活动等。

4. 本法中的所谓"特定地域工商业"主要是指那些利用地域传统艺能等、举行各种活动的市、町、村(包括特别区)所辖区域的小商品零售业,同时也包括向这些小商品零售业提供与利用传统艺能和民俗文化相关之制品和商品的其他都、道、府、县所辖区域的批发业,以及生产传统艺能和民俗习惯所使用之服饰、器具等物品或具有地域传统艺能与民俗文化风格特征的相关制品的其他都、道、府、县所辖区域的制造业等。

5. 本法中的"相关制品或商品"是指那些利用地域传统艺能和民俗文化的风格特征或其所使用之服饰、器具及其他物品的特征，提高地域传统艺能之效果、形象的制品或商品。

第二章 各种活动的实施等(第三条至第七条)

【基本方针】

第三条 国土交通大臣、经济产业大臣、农林水产大臣、文部科学大臣和总务大臣（下称主务大臣①），必须制定利用地域传统艺能等文化资源实施各种活动振兴观光产业及特定地域工商业之基本方针。

2. 前款基本方针，作为次条第一款基本计划之方针，其内容应该包括以下各项：

（一）有关开展各种利用地域传统艺能之活动振兴旅游观光产业和特定地区工商业的基本事项；

（二）有关开展各种利用地域传统艺能活动之事项；

（三）有关开展特定经营活动之事项；

（四）有关作为文化遗产的地域传统艺能的保护与利用之事项，振兴农村、山村、渔村的相关政策之事项以及其他利用地域传统艺能等文化资源、实施各种活动以振兴观光产业和特定地域工商业的重要事项。

3. 根据情势变化，主务大臣可以变更基本方针。

4. 主务大臣制定或变更"基本方针"时，须与其他相关行政机关长官进行商议。

5. 主务大臣制定或变更"基本方针"后，不得迟延、要及时公布。

【基本计划】

第四条 都、道、府、县应根据前条基本方针所要求的内容，结合本

---

① 该法制定之初，其主务大臣为运输大臣、通商产业大臣、农林水产大臣、文部大臣以及自治大臣。之后，在2001年日本行政体制改革后，与该法有关的主务大臣即为国土交通大臣、经济产业大臣、农林水产大臣、文部科学大臣以及总务大臣。

辖区具体情况，制定利用地域传统艺能等文化资源、实施各种活动以振兴观光产业及特定地域工商业的基本之计划。

2. 前款基本计划主要确定利用地域传统艺能等文化资源展开各种活动的基本之事项。

3. 除前款规定的内容之外，基本计划中还应包括以下各项内容：

（一）有关都、道、府、县在自己辖区内利用传统艺能等文化资源，实施各种活动以振兴本地域观光产业和地域工商业的基本之方针；

（二）在实施各种活动时所要利用的传统艺能中涉及"文化遗产"保存的有关事项；

（三）与本地域的农村、山村、渔村等振兴相关联的事项；

（四）其他利用传统艺能等文化资源、实施各种活动振兴本地域观光产业和地域工商业之事项。

4. 基本计划必须是基本方针的具体化体现。

5. 都、道、府、县在制定或变更"基本计划"时，须与相关的市、町、村进行商议；

6. 都、道、府、县在制定或变更"基本计划"后，应立刻公布并向主务大臣备案，不得迟延。

（第五条 删除）

【中小企业信用保险法之特例】

第六条 当利用地域传统艺能从事各种活动的中小企业资金借贷涉及《中小企业信用保险法》[①] 第三条第一款规定的普通借贷保险（以下称"普通借贷保险"）、第三条之二第一款规定的无担保借贷保险（以下称"无担保借贷保险"），或者第三条之三第一款规定的特别小额借贷保险（以下称"特别小额借贷保险"）的（在根据该法第三条第一款、第三条之二第一款或第三条之三第一款规定的借贷担保中，为保证由经济产业省政令规定的、所在市、町、村长官认可的中小企业，基于基本计划实施各种活动时具备所需的必要资金。以下同），在适用该法相应条款时，其中的文字应作以下替换：

第三条第一款中的"保险价额的合计额"替换为"与《关于利用地

---

① 1950年（昭和25年）12月14日法律第264号通过，2015年（平成27年）5月27日法律第29号最终修改。

域传统艺能等资源实施各种活动以振兴观光产业及特定地域工商业之法律》第六条第一款规定的地域传统艺能等关联保证（以下称为'地域传统艺能关联保证'）的保险价格合计额与其他保险关系的保险价格合计额"。

第三条之二第一款以及第三条之三第一款中的"保险价额的合计额"替换为"与地域传统艺能等关联保证相关的保险价额的合计额与其他保险关系的保险价格合计额"。

第三条之二第三款以及第三条之三第二款中的"当该借贷总额中"和"当该债务人"分别替换为"每项与地域传统艺能等关联保证以及其他保证的各自借贷总额中"和"每项与地域传统艺能等关联保证以及其他保证的债务人"。

2. 在普通借贷保险关系中，对与地域传统艺能等关联保证相关的中小企业适用《中小企业信用保险法》第三条第二款以及第五款规定时，该法第三条第二款中的"百分之七十"以及第五款中的"百分之七十（无担保借贷保险、特别小额借贷保险、流动资产担保保险、公害防止保险、能源对策保险、海外投资关系保险、新业务开拓保险、事业再生保险以及特定公司债保险的为百分之八十）修改为"百分之八十"。

3. 在普通借贷保险、无担保借贷保险或者特别小额借贷保险关系中，与地域传统艺能等关联保证相关的保险费额，不受《中小企业信用保险法》第四条之规定的影响，应为保险金额乘以百分之二以内（由政令确定）年利率所得之金额。

【国家等的援助】

第七条 国家以及地方公共团体必须努力地对根据基本计划实施的特定经营活动等（以下称为"基于计划的特定经营活动等"）的实施主体提供必要意见和确实有效的指导以及其他之援助。

2. 为实现基本计划、保障实施的各种经营活动具备充足经费，地方公共团体必须在法律允许的范围内，根据资金状况并考虑地方公共团体的财政收支等，发行地方债。

3. 除前二款规定外，为了基本计划得以圆满实现，主务大臣、相关地方公共团体、相关团体以及相关经营者必须相互合作和相互提携。

第三章　通过支援民间团体推动事业发展（第八条至第十一条）

【支援实施机构的指定】

第八条　根据申请，主务大臣可以指定那些能够恰当且确实合理地利用传统艺能等文化资源，并以支援合理利用地域传统艺能等文化资源为目的而成立的一般社团法人或财团法人为"合理利用传统艺能等文化资源的支援实施机构"（以下简称"支援实施机构"）。

【支援实施机构的事业内容】

第九条　支援实施机构实施的事业内容，主要有以下各项：

（一）收集与计划实施相关的各种活动信息；

（二）为确实有效地实施各种活动，向实施主体提供相关信息；

（三）对计划实施的各项活动提供必要的建议、指导、资金支持及其他援助；

（四）帮助独立行政法人国际观光振兴机构在接待外国游客时提高效率及水平，向其提供相关信息；

（五）对利用地域传统艺能等文化资源振兴观光产业和特定地域工商业而实施的各种活动进行调查、研究，并展开宣传。

【改善之命令】

第十条　主务大臣认为支援事业实施机构在事业运营方面有提高或改善之必要的，可以命令其采取必要措施予以改善或提高。

【指定的撤销】

第十一条　当支援实施机构违反前款之命令的，主务大臣可以撤销其"支援实施机构"之指定。

第四章　杂则（第十二条至第十四条）

【报告和检查】

第十二条　在本法实施的必要限度内，主务大臣可以要求支援实施机构报告其工作，或者派遣工作人员进入"支援实施机构"办公场所对其工作状态或者财产账簿、文件以及其他物件等进行检查，也可以询问相关人员。

2. 根据前款规定被派遣检查的工作人员，必须携带相关身份证件，当有关人员要求其出示证件时必须出示。

3. 根据第一款规定的进入检查之权限，不得解读为犯罪搜查之权限。

【过渡性规定】

第十三条 根据本法规定，制定、改废相关行政命令时，要在合理、必要的范围内对于制定、改废相关行政命令所产生的溯及既往问题，制定相关的过渡性措施（包括罚则的相关过渡性措施）。

【命令的委任】

第十四条 除本法规定外，为了实施本法所需的必要程序或其他事项，由国土交通省省令、经济产业省省令、农林水产省省令、文部科学省省令、总务省省令规定之。

第五章 罚则（第十五条）

第十五条 违反本法第十二条第一款之规定，支援实施机构工作人员不报告或虚假报告，拒绝、妨碍或回避检查，对质询不陈述或虚假陈述的，处以二十万日元以下罚金。

附则 抄

【施行日期】

第一条 本法自公布之日起在三个月内，由政令决定施行日。

附则 1993年（平成5年）11月12日法律第89号 抄

【施行日期】

第一条 本法自《行政程序法》[1993年（平成5年）11月12日法律第88号]施行之日起施行。

【因质询受到不利处分的过渡性措施】

第二条 根据本法施行前的《行政程序法》第十三条之规定，在向审议会以及其他合议制机关的意见陈述、申辩、质询中，与该咨询相关、可能受到不利之处分的程序，不受本法修改后相关规定的影响，适用旧法之规定。

【有关罚则的过渡性措施】

第十三条　对于本法实施前行为的罚则适用，依照旧法之规定。

【有关听证程序的过渡性措施】

第十四条　对于根据本法实施前的法律而举行的听证（不包括不利处分的听证等）或者实施听证之程序等，视为根据改正后的法律规定举行的听证或依照新法实施听证之程序。

【命令的委任】

第十五条　除附则第二条至前条规定的事项外，有关本法实施的必要过渡性措施，均由政令规定之。

附则　1999年（平成11年）12月22日法律第160号　抄

【施行日期】

第一条　本法自（除第二条、第三条外）自2001年1月6日起施行。

附则　1999年（平成11年）12月22日法律第222号　抄

【施行日期】

第一条　本法自公布之日起在两个月内，由政令决定施行日。

附则　2001年（平成13年）12月7日法律第146号　抄

【施行日期】

第一条　本法自公布之日起在两个月内，由政令决定施行日。

附则　2002年（平成14年）5月15日法律第43号　抄

【施行日期】

第一条　本法自公布之日起在两个月内，由政令决定施行日。

【有关罚则的过渡性措施】

第二条　有关本法（前条但书之规定，依照其规定）前行为的罚则适用，依照旧法之规定。

附则　2002年（平成14年）11月22日法律第109号　抄

【施行日期】
第一条　本法自公布之日起在两个月内，由政令决定施行日。

附则　2002年（平成14年）12月18日法律第181号　抄

【施行日期】
第一条　本法自2003年10月1日起施行。

附则　2005年（平成17年）6月10日法律第54号　抄

【施行日期】
第一条　本法自2006年4月1日起施行。

附则　2006年（平成18年）6月2日法律第50号　抄

【施行日期】
第一条　本法自《一般社团·财团法人法》施行之日起施行。

附则　2007年（平成19年）6月1日法律第70号　抄

【施行日期】
第一条　本法自公布之日起在三个月内，由政令决定施行日。

附则　2011年（平成23年）6月24日法律第74号　抄

【施行日期】
第一条　本法自公布之日起经过二十日开始施行。

附则　2011年（平成23年）8月30日法律第105号　抄

【施行日期】
第一条　本法自公布之日起施行。
【有关罚则的过渡性措施】
第八十一条　有关本法（附则第一条各款所规定事项，适用该规定，以下同）施行前行为以及根据附则规定适用旧法之行为的罚则适用，依照旧法之规定。

【命令的委任】

第八十二条　除附则规定的事项外，有关本法实施的必要过渡性措施，由政令规定之。

附则　2015年（平成27年）5月27日法律第29号　抄

【施行日期】

第一条　本法自公布之日起施行。但第二条（除《中小企业信用保险法》附则中增加的一款规定外）、附则第五条至第十二条、第十五条至第十九条的规定，自本法公布之日起在一年内，由政令决定施行日。

后　　记

　　1992—2000年，我曾经先后在日本冲绳及横滨留学，日本各地文化遗产的丰富性给我留下了很深的印象，记得当时就曾对其文化遗产的法律保护问题有所留心，并检索过日本《文化遗产保护法》的相关资料。2001年3月回国工作后，也一直关注国内逐渐兴起的非物质文化遗产的保护运动，并有机会应邀翻译和介绍了日本方面的一些相关学术论文及成果，同时也尝试和国内的相关法律、法规结合起来，进行一些必要的比较文化行政法学的研究，其间有多篇论文发表，并得到了国内一些文化遗产领域前辈的鼓励和指教。2011年9月—2012年8月，我以访问学者的身份，在日本爱知大学国际中国学研究中心（ICCS），从事有关日本文化遗产保护法制体系及中日比较的研究，并在合作教授周星博士的建议和督促下，总结了十多年来自己在这一领域里的学术积累，本书就是具体的成果。我由衷希望本书能够对我国的比较文化行政法学研究有所贡献，也由衷希望它能够对我国文化遗产保护之法制体系的进一步完善和改进有所参考。

　　由于自身所学专业的限制，对于除法学之外的民俗学、民族学、社会学及考古学等领域的知识都面临一个了解和学习的过程，因此，本书的完成过程异常艰苦，很多观点尚不成熟，希望学界的各位前辈、同人以及广大读者能够给予批评与指正。

　　衷心感谢重庆大学法学院的领导和各位同人为我的相关研究提供了很多工作上的便利；也特别感谢周星教授所给予的帮助、鼓励和督促，包括在一些专业知识方面的指导。非常感谢中国社会科学出版社梁剑琴编辑为本书出版所付出的辛苦劳动。最后，我还要感谢家人一直以来的陪伴与照顾。

周　超

2016年9月23日